公共关系学

主编 阎照武 邱伟光

北京师范大学出版集团
BEIJING NORMAL UNIVERSITY PUBLISHING GROUP
安徽大学出版社

图书在版编目(CIP)数据

公共关系学/阎照武、邱伟光主编. —合肥:安徽大学出版社,2011.8
ISBN 978-7-5664-0152-6

Ⅰ.①公… Ⅱ.①阎…②邱… Ⅲ.①公共关系学 Ⅳ.①C912.3

中国版本图书馆CIP数据核字(2011)第100812号

公共关系学

阎照武　邱伟光　主编

出版发行：	北京师范大学出版集团
	安徽大学出版社
	(安徽省合肥市肥西路3号 邮编230039)
	www.bnupg.com.cn
	www.ahupress.com.cn
印　刷：	合肥现代印务有限公司
经　销：	全国新华书店
开　本：	170mm×240mm
印　张：	16.75
字　数：	315千字
版　次：	2011年8月第1版
印　次：	2013年1月第2次印刷
定　价：	34.00元

ISBN 978-7-5664-0152-6

责任编辑：王先斌　刘　强　　　　装帧设计：张同龙
责任印制：陈　如

版权所有　侵权必究
反盗版、侵权举报电话：0551-65106311
外埠邮购电话：0551-65107716
本书如有印装质量问题,请与印制管理部联系调换。
印制管理部电话：0551-65106311

中国高等教育学会公共关系教育专业委员会

公共关系教材编委会

主　任　阎照武

副主任　邱伟光　夏昌祥　贺德亮

委　员　（按姓氏笔画排列）
　　　　　王先斌　王　群　王学俭　王鲁捷　王晓霞
　　　　　尹　雯　尹明丽　韦冬雪　龙志鹤　田丽艳
　　　　　尼玛拉姆　刘庆龙　邱伟光　曲醒夫　李玉鸿
　　　　　李克荣　陈　敏　陈小桃　张　宁　张连海
　　　　　张振宁　张德成　吴满意　范振杰　胡建新
　　　　　贺德亮　钱振林　钱海红　夏昌祥　阎照武
　　　　　景庆虹

序

中国高等教育学会公共关系教育专业委员会组织编写的《公共关系学》教材,在出版之前送我阅读,感受颇多。这里仅就主要之点与大家交流,也是对其要我作序的回应。

一、当代大学生需要培养公共关系素质

首先,中国大学生要全面发展和提高综合素质修养,应当学习、了解现代公共关系学。这已被大量事实所证明。高校在开设思想政治理论课程,对大学生进行世界观、人生观、道德观教育,帮助青年一代形成优良的思想道德品质,并开设专业基础课和专业课的同时,还应设置文学、历史、艺术、心理等社会人文科学课程,以促进学生提高综合素质和健康成长,其中包括属于社会科学的公共关系学的教学。从以往开设公共关系学课程的实践看,大学生的反应是非常积极、肯定的,尤其是在指导学生提升公共关系素质和能力方面,公共关系学课程教育发挥了很好的作用。不少公共关系教师被学生评为"心目中的好老师"或"难忘恩师",有些学校的公共关系课已成为省级"精品课程"。这也有力地表明,公共关系教学是大学生掌握公共关系基本理论、培养良好公共关系素质和能力的内在需求。

其次,熟悉和掌握公共关系学的知识理论和技能,为大学生就业和今后创业创造了有利条件。大学生学习公共关系学课程之后,公共关系理念和思想意识得以初步建立,沟通、协调、策划、实施、评价等方面的能力和技巧得到一定程度的提高,对公众和组织的态度有了某种程度的改善,如此等等,都可以帮助大学生在择业应聘时较为恰当地展示自己的才能和素质,在用人单位、招聘人员面前留下良好的形象,并能在工作过程中与同事和谐相处,相互学习,进而创造出突出的业绩。对此,学习过公共关系学的大学毕业生,曾经多次谈到:公共关系知识、理论和技能使自己在择业、创业时增添了法码;还有的说:学习了公共关系学为自己就业、创业插上了有力的翅膀。这些都道出了公共关系素质教育的重要意义。

二、公共关系学教材建设十分必要

第一,公共关系素质教育亟待编写、出版较高质量的通用教材。公共关系学理论从西方国家传播到中国,不过三十年的时间。现在可以看到的高校公共关系教材、公共关系理论和实务工作者出版的读物,多还停留在简单照搬和相互抄袭的阶段。不少概念、观点众说纷纭,相互矛盾,显得不够成熟,这说明要形成中国化的科学的公共关系学科理论体系必须经过相当长的实践、认识、再实践、再认识的过程。中国高等教育学会公共关系教育专业委员会,在十多年公共关系素质教学和理论研究的基础上,统编、出版这本反映当代中国公共关系学发展水平、能够得到多数公共关系教育和科研工作者认可并受到学生欢迎的新教材,实属难能可贵。

第二,统编、出版高校公共关系学教材是一项复杂的系统工程。要将全国高校中的公共关系教育专家、学者组织起来,统一教材编写的指导思想,拟订书目大纲和撰写细则,集过去教研成果之大成,提交反映当今中国公共关系理论先进水准的文稿,并进一步修改统稿、出版发行,这是需要投入较多精力和财力的艰苦创新过程,或者说是一项艰巨的奠基工程。对此,大家都各尽其力,作出了自己的贡献。中国高等教育学会公共关系教育专业委员会专家、教授云集。他们具有丰富的公共关系教学实践经验和科研、编写能力,又得到安徽大学出版社的大力支持,使得这本《公共关系学》教材在如此短的时间内成稿并即将出版面世,对此,我感到非常高兴,并表示衷心祝贺。相信该书的出版和使用,一定可以有力地助推公共关系素质教育质量迈上新台阶。

三、《公共关系学》教材的几个特点

一是系统性。该教材的框架结构和知识理论体系较为完善,几乎涵盖了公共关系学的全部内容,理论与案例的结合也较为紧密。学习后,同学们不仅能够了解现代公共关系学的发展史和公共关系的要素、本质及公共关系实务操作技巧、过程要求、效果评估等一系列知识理论,并且有助于形成公共关系策划、方案实施和评估能力。

二是严谨性。该教材是在吸收国外公共关系学说的理论精华、基本知识和最新研究成果基础上,认真总结国内高校公共关系教学、人才培养经验以及经典公共关系案例之后完成的。正是作者们实事求是的治学态度和严肃认真的工作,使全书的理论阐述比较严谨,文字语言准确、精练,有较强的说服力。

三是创新性。该教材不仅克服一般同类教材简单照抄照搬的问题,而且力求另出新意,能够反映国内外公共关系学说发展的前沿状态和新见解、新观点、新成果。特别是作者根据中国国情和时代变化以及高校公共关系教学、科研的体验,对部分概念赋予了新的含义,对某些理论进行了新的科学解释和阐述。其中,对公共关系、公共关系实务、公共关系学定义的表述和对公共关系内容、本质、规律的揭示,对公共关系素质、能力及高等学校公共关系的论述等,颇具新意,可作

为创新的实例。

四是应用性。中国高等教育学会公共关系教育专业委员会统编该教材是为高校开展公共关系素质教育教学提供教科书。现在从教材章节内容安排、文字量以及理论与案例的有机结合等方面看,都比较有利于教师讲授和引导学生学习,能够推动当代大学生形成良好的公共关系素质和实践、创新能力。因此可以说,这是一本应用性非常强的好教材,比较适合普通高校本科公共关系教学选用。

在 1995 年中国高等教育学会公共关系教育专业委员会成立大会上,我曾讲过:"中国公共关系理论的普及和提高,希望在高校。"现在,我更加坚定了这一认识。相信该教材的出版一定能在公共关系素质教育和专业人才培养中发挥积极的作用。

于　里

2011 年 6 月

目 录

第一章 绪论 …………………………………………………………… 1

第一节 公共关系的含义、特征及其本质 ………………………………… 1

第二节 公共关系学的内涵与核心概念 …………………………………… 4

第三节 公共关系学的研究领域与研究方法 ……………………………… 8

第四节 公共关系学理论体系及其现实意义 ……………………………… 13

第二章 公共关系的兴起与发展 ……………………………………… 19

第一节 公共关系在美国的兴起和发展 …………………………………… 19

第二节 公共关系在世界部分地区的开展 ………………………………… 28

第三节 公共关系在中国的发展 …………………………………………… 32

第三章 公共关系的构成要素 ………………………………………… 38

第一节 公共关系主体 ……………………………………………………… 38

第二节 公共关系客体 ……………………………………………………… 41

　　第三节　公共关系介体 ……………………………………… 45
　　第四节　公共关系环体 ……………………………………… 49
　　第五节　公共关系状态 ……………………………………… 52

第四章　公共关系的职能与运作程序 …………………………… 58
　　第一节　公共关系的一般职能 ……………………………… 58
　　第二节　公共关系的具体职能 ……………………………… 63
　　第三节　公共关系的运作程序 ……………………………… 68

第五章　公共关系不同类型组织的运作 ………………………… 79
　　第一节　营利性组织的公共关系运作 ……………………… 79
　　第二节　非营利性组织的公共关系运作 …………………… 86
　　第三节　新型组织的公共关系运作 ………………………… 93

第六章　高校公共关系运作 ……………………………………… 99
　　第一节　公共关系意识教育 ………………………………… 99
　　第二节　公共关系能力的提升 ……………………………… 103
　　第三节　高校品牌形象塑造 ………………………………… 106

第七章　组织形象策划与危机管理 ……………………………… 112
　　第一节　组织形象与CIS战略 ……………………………… 112
　　第二节　组织形象策划 ……………………………………… 118
　　第三节　组织形象危机管理 ………………………………… 121

第八章　公共关系专题活动策划 ………………………………… 133
　　第一节　文化型专题活动策划 ……………………………… 133
　　第二节　新闻型专题活动策划 ……………………………… 139

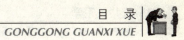

　　第三节　网络型专题活动策划 …………………………………… 142
　　第四节　生态型专题活动策划 …………………………………… 146
　　第五节　会展型专题活动策划 …………………………………… 150

第九章　公共关系心理策略运用 ……………………………………… 157
　　第一节　心理沟通策略运用 ……………………………………… 157
　　第二节　心理交往策略运用 ……………………………………… 163
　　第三节　心理调适策略运用 ……………………………………… 167
　　第四节　心理氛围营造策略运用 ………………………………… 173

第十章　公共关系职业道德 …………………………………………… 179
　　第一节　公共关系职业道德特征 ………………………………… 179
　　第二节　公共关系职业道德要求 ………………………………… 183
　　第三节　公共关系职业道德内容 ………………………………… 185
　　第四节　公共关系职业道德意义 ………………………………… 187

第十一章　公共关系专业人员礼仪修养 ……………………………… 192
　　第一节　公共关系专业人员礼仪修养的道德要求 ……………… 192
　　第二节　公共关系专业人员礼仪修养的内容 …………………… 195
　　第三节　增强公共关系礼仪修养的自觉性 ……………………… 205

第十二章　公关关系技能培养 ………………………………………… 209
　　第一节　公共关系的能力要求 …………………………………… 209
　　第二节　公共关系的技巧运用 …………………………………… 216
　　第三节　公共关系技能的训练 …………………………………… 221

第十三章　公共关系的未来发展 ……………………………………… 227
　　第一节　国外公共关系的新走向 ………………………………… 227

　　第二节　中国公共关系的新发展 …………………………… 234
　　第三节　中国特色公共关系的建设 …………………………… 243

参考文献 ………………………………………………………… 251

后　记 …………………………………………………………… 253

第一章

绪论

📑 内容提要

公共关系即社会组织与其公众之间的内在联系,它是社会组织为获得相关公众的理解、支持及合作,实现互利共赢的目标,运用沟通、协调、管理等手段,与公众共同结成和维护的一种社会关系,具有客观性、互联性、复杂性等特征。公共关系学是以社会组织与公众之间的关系为研究对象,探索、阐述公共关系含义特征及其本质、规律的科学知识体系,是研究领域广泛、多学科交叉综合、注重实践应用的一门社会科学。学习研究公共关系学,应当坚持理论联系实际、学以致用的原则,掌握基本原理和操作方法,重视培养良好的公共关系思想道德素质、科学文化素质、专业技术素质及健康的心理素质,并努力开展公共关系实务活动,提高公共关系实践能力和创新能力,促进人的全面发展。

📑 主题词

公共关系　公共关系学　研究领域　研究方法　理论体系

第一节　公共关系的含义、特征及其本质

一、公共关系的含义

公共关系或公众关系,其英文为 Public Relations,包含两层意思:一是 Public,表示"公众的"、"公共的"、"公开的",即不是私人的、隐秘的;二是 Relations,表示"关系"、"联络"等;词尾 s,表明此种社会关系较为复杂。在中国

引进 Public Relations 概念时，多使用公共关系的称谓，含义仍指社会组织与其相关公众之间的一种社会关系。它是社会组织为获得公众理解支持和合作、为实现互利共赢的目标而运用沟通、协调、管理等手段所维持的复杂关系。

社会组织种类的多样性，决定了公共关系的广泛性。一般认为，公共关系既包括国家机关与公众之间的关系，也包括企业与客户、消费者之间的关系，还包括学校、医院等事业单位与学生、家长、病人及其家属之间的关系，以及社会团体与相关公众的关系等。

社会组织与其公众之间的关系是一种内在的、必然的联系，它由政治、经济、文化、情感因素所决定，需要依靠社会组织主动地与其相关公众进行多方面的沟通、协调、管理来维持。

公共关系主要反映社会组织的生存、发展状态和价值追求，这一特殊属性决定了社会组织在谋求自身发展的过程中应当努力为公众服务。社会组织的利益是在与公众利益相协调的基础上才能得以实现的。如果离开了公众的理解、信任、支持、合作，或者严重损害了公众利益，社会组织就根本不可能有良好的生存和发展前途，也不可能有社会组织的利益满足。因此，公共关系状态是否良好，只能以公众的满意度为具体评价标准。社会组织在制定公共关系策略、计划、措施及其实行的全过程，都必须深刻认识与公众利益的内在关联性，并始终坚持互利共赢的基本方针和宗旨。

二、公共关系的特征

公共关系是社会关系的一个有机组成部分，它所体现的是社会组织与其公众之间的内在联系，就其本质来讲，是一种利益共同体，反映了社会组织与公众之间的利益联结、存在状态和发展趋势等。因此，公共关系具有以下几个显著的特征：

1. 客观性

首先，公共关系作为社会组织与其相关公众之间的一种社会关系，是客观地存在着的，这种必然的内在联系，不以社会组织和任何人的主观意志为转移。任何国家的社会组织都一定有其特定的相关公众，当然也都客观地存在着各自的公共关系。这种普遍性和必然性有力证明了公共关系及公共关系实践活动的客观性。其次，公共关系主体与客体都有各自的权利和义务，这也是不以任何社会组织和个人的意志为转移的。开展公共关系问题研究，必须从客观实际存在的利益关系出发，特别重视了解社会组织履行职责和义务的状况、有无损害公众权利的行为。社会组织所进行的公共关系实务活动，也必须依据自己与公众之间的关系现状,切实解决实际问题。

2. 复杂性

这主要表现在以下两大方面:其一,公共关系类型、层次、结构是非常复杂的。在现代社会中,国家形态、组织机构、法律制度、治理方式、文化传统、思维和行为习惯等具有很大差别,甚至根本不同。每个社会组织要弄清楚所处的大环境和自身功能、角色定位并恰当运行、发挥应有作用,本身就是一件很不易的事情。其二,公共关系双方的目的诉求等是极其复杂的。社会组织与公众既然存在共同的利益关系和相同的目标追求,也必然地有各自的利益要求和特定视角,双方要清醒认识内在的关联性和共同的责任、利益,相互配合协作,或在发生误解和利益冲突时,能经过沟通、谈判作出适当让步,使矛盾、危机得以在一定程度上化解,这同样是很复杂的。其中,作为公共关系主体的社会组织处于矛盾的主要方面,它所开展的公共关系实务,从制定战略、策略到实施方案,采取的一系列措施、手段、方法等,都必须力求科学化,并根据千变万化的具体情况进行适当的调整、作出具体的应对,这显然就是一项复杂的系统工程。

3. 互联性

这主要反映了社会组织与其相关公众之间的利益、行动和效果等等都是紧密地互相联结在一起的。公共关系主体与客体在其发展变化过程中,虽然前者处于主导地位,但后者也并不是被动地受管理或完全由前者来支配。沟通、协调和管理,解决问题或消除危机,平衡利益,建立和谐的公共关系,必须依靠社会组织与其公众的同心协力,即由主体与客体的协作互动来实现双方共同的目标。这一点,无论在外国还是在中国,各类社会组织开展的公共关系实务,想取得好的效果,都必须争取特定公众的理解、信任和支持,而绝不能只是社会组织一厢情愿地管理或单方面地推动。

三、公共关系的本质

公共关系作为社会关系的有机组成部分,其本质是各类社会组织与公众之间客观存在的一种内在利益关系,它直接决定公共关系的性质,集中反映了关系主体与客体共同的目标和价值追求,制约着社会组织的生存和发展前途。公共关系的这种根本属性,要求社会组织必须从公众的愿望和利益出发,真诚地为公众服务。企业老板、店主之所以尊称消费者和顾客为"上帝",或强调"服务第一、顾客至上",其深层和真实的原因在于:只有周到真诚地为公众服务,才能得到公众的认可和支持,使自己与公众保持良好的关系,进而获得实际利益和良好发展。不能清楚认识自身与公众的利益关联性，或是损害了公众的利益，就必然地会导致公共关系问题的出现，甚至造成公共关系危机。社会组织经常利用新闻媒体发布信息或举行座谈会征求公众的意见，进行平等沟通与交流，协商解决公众关心的重大问题等等，主要是由于公众情绪、公众利益等直接关系到社会组织的生存状况。公众的实际利益和需求得不到满足，就不可能保证社会组织的利益，甚至会危害社会组织的存在，当然不可能有社会组织的进一步成长及业务拓展。因此，社会组织与公众利益的平衡或互利共赢，是公共关系得以维持和处于良好状态的根本条件。正如许多公共关系理论家和公共关系实务大师所公认的那样，公共关系的本质在于社会组织与公众的利益联系，这是社会组织成立和获得和谐公共关系状态的关键。一切社会组织和公共关系专业人员，都必须牢固确立与公众"互利共赢"的核心理念，特别是"明确并强调管理部门为公众利益服务的责任"，并以此指导各类公共关系实务，将为公众服务、互利共赢、对社会整体利益负责、有助于可持续发展作为社会组织开展公共关系实务的出发点和终极目标。

在中国，中国共产党和中央政府一直强调并坚持执政为民，就是由于社会主义国家的执政党和一切国家机关以及公共社会组织与人民群众的关系存在着利益根本一致的内在联系。执政为民的正确理念，反映了中国共产党对国家机关与民众关系的科学认识。历史表明，只有各行各业、各类社会组织都在为各自的公众服务和对社会的长期发展进步尽职尽责，为人民服务、振兴中华的理想才能具体得以落实。与此相一致，解决公共关系矛盾、冲突、危机等同样必须从本质上寻找原因和从根本利益上予以平衡，即真心实意地为公众服务和对社会的整体利益及和谐发展负责。

第二节 公共关系学的内涵与核心概念

一、公共关系学的内涵和功能

公共关系学是一门研究公共关系现象及其产生、发展、变化规律并深入探索公共关系的本质与维系方式、方法的社会组织管理科学。其内涵丰富，功能独特，择要而言，至少涉及以下几个方面的问题：

1. 公共关系学的研究对象

科学随人类社会实践和认识的深入而分化、综合出越来越多的分支,即产生出更多的学科门类。但作为任何一门相对独立的科研成果或学说,首先必须有其独特的研究对象。恩格斯在讲到科学分类问题时曾指出:"每一门科学都是分析某个别的运动形式或一系列互相关联和互相转化的运动形式的。因此,科学分类就是这些运动形式本身依据其内部所固有的次序的分类和排列,而它的重要性也正是在这里。"[1]毛泽东更明确地指出:"科学研究的区分,就是根据科学对象所具有的特殊矛盾性。因此,对于某一现象的领域所特有的某一矛盾的研究,就构成某一门科学的对象。"[2]公共关系学是一门独立的科学,当然有其特定的研究对象和需要揭示的特殊矛盾及规律。从总体上和根本上来讲,公共关系学从社会普遍存在的各种公共关系现象入手,深入研究公共关系的本质和矛盾运动规律以及社会组织开展公共关系实务活动的有效形式、途径、方法等理论和技能问题。

2. 公共关系学的基本功能

首先是揭示公共关系主体即社会组织对公众产生积极影响的特点和规律。社会组织处于公共关系的主导地位,是公共关系矛盾激化或出现公共关系危机的主要原因。实践表明,社会组织自觉地从具体国情、文化历史背景和公众的利益来思考、处理各种现实问题,其公共关系状态一般是和谐或良好的。在公共关系产生某些不协调的苗头时,社会组织如果主动地从自身寻找原因,开展认真的调研工作,并快速地传播必要的真实信息,认真地与公众进行平等交流沟通,切实化解误会,解决现实问题,公共关系往往会转危为安。因此,对于社会组织而言,发挥其主动性并采取正确的措施、履行法定的职责以实际行动维护公众的利益,这是十分重要的,甚至可以说具有决定性的意义。

其次是探索公共关系客体即公众心理认知、诉求得以平衡的特点和规律。公众不仅是社会历史和财富的创造者,而且在公共关系中处于重要地位,对公共关系的和谐发展具有非常重要的作用。与此相一致,公众也自然会有自己的利益要求、心理特点和行为方式、习惯等。社会组织只有了解相关公众的心理状态和诉求,尊重公众的情感与愿望,并依靠公众的智慧和力量,满足公众的切身利益和合理要求,才能从根本上真正化解矛盾,使公共关系处于良好的和谐状态。

---

[1] 《马克思恩格斯全集》第20卷,第593页。
[2] 《毛泽东选集》第1卷,第284页。

再者是认识公共关系实践活动措施多管齐下、化解矛盾危机的特点和规律。公共关系实践活动简称公共关系实务,是社会组织在公共关系学理论指导下,根据公众的心理及其实际利益要求所进行的维护公共关系健康和谐发展的经常性工作。其中包括公共关系现状调查、目标策略制定以及方案实施、效果评价等。但是以往的公共关系实务常常强调组织形象设计、危机管理、策略技巧运用、公共关系专业人员的道德与礼仪,而不太重视社会组织自身品行、能力的提升和切实解决公众所关心的利益问题,也较缺乏自觉与政治、法律、行政等影响力的有机结合。事实上,虽然形象是素质能力水平的外化,但过分追求外在形象,容易导致表面文章和无法从根本上解决问题。技巧虽然重要,但积极主动地满足公众的合理诉求和切身利益,才是最重要和最关键的。应当明白,在西方已经实行依法治国的时代背景下产生的公共关系实践都是已被法制化了的。公共关系双方矛盾或危机的化解,除了运用公共关系学强调的方式、方法和软实力之外,也要利用政治、行政、法律等硬的手段和实力。公共关系学必须揭示社会综合因素和多方面形成的整体力量共同化解危机、维持和发展良好公共关系的规律,以利于社会组织更科学有效地开展公共关系实践活动。

二、公共关系学的概念

1. 公共关系学的基本范畴与概念

概念是一门学科的理论体系得以建立的基石。公共关系学同样有其一系列的基本范畴与概念。

(1)社会组织。它是公共关系的主体,是构成公共关系的要素之一,也是公共关系学常用的重要概念。这里的社会组织专指按照社会分工和实际生产、生活、管理等需要,依法或根据一定章程成立并具有特定社会职责、活动方式和目标的专门机构。在中国主要分为国家机关法人、企业法人、事业单位法人、社会团体法人和其他新兴社会组织,如立法、司法、行政组织,生产经营公司,学校、医院以及党团、学术组织、行业协会等。

(2)公众。公众即公共关系的客体及关系构成要素之一,是社会组织的对应方。公共关系学中的公众概念特指与一定的社会组织相关的群体。如学校面对的师生及其关联性较直接的人们等。商业组织的外部公众主要是消费者。

(3)媒介。它是使社会组织与公众发生互动的人们和事物,具有沟通信息、协调关系的连接、推动作用,如主体和客体运用报刊、图书、电视、广播、展览、广告、会议、纪念品等传播观点或诉求,产生互动的效果,以化解矛盾和冲突,维持良好的公共关系,以实现互利共赢的目的。如社会组织利用新闻机构召开的信息发布会、举办的新闻信息网络等等,就是公共关系实务活动的重要媒介。

(4)公共关系环体。是指社会组织开展公共关系活动所面临的外部环境和内部环境。它不仅影响公共关系的主体与客体,也影响公共关系活动的目标、任务以及完成任务和实现目标的手段、方式和方法。

(5)公共关系意识。包括公众意识、平等意识、互利意识、沟通意识、服务意识、创新意识、品牌意识等等。公共关系理念、理论等是公共关系意识发展的最高形态。

(6)公共关系活动。即为维持良好的公共关系状态或化解公共关系危机,达到互利共赢目的而采取的行动,包括公共关系调研,制定公共关系战略和策略、方案,以及实施过程、控制调节和效果评价等。

(7)公共关系事业。指社会组织及公共关系专业人员所从事的,具有一定目标、规模和系统,对社会和谐稳定、可持续发展有重大影响的经常性活动。例如公共关系专业人员把开展公共关系实务与社会进步、人民幸福、国家富强联结为一个有机的整体,并乐于为此奋斗终生,也就是将公共关系职业视为公共关系事业来做。这是职业道德达到很高境界的一种表现。

(8)组织形象。即社会组织在相关公众心目中的印象,是公众对社会组织的一种评价和价值判断。现实一再表明,形象是内在素质、实际能力水平和客观行为作用效果的外化。因此,形象不是社会组织追求的终极目标。

(9)公共关系公司。是指由具有专长的公共关系专业人员依法注册登记,并运用公共关系科学理论和专门技能,受客户委托,专做公共关系业务活动的社会组织,它具有企业法人的性质、地位和功能。

(10)公共关系危机。即公共关系发生严重问题,公共关系主客体双方矛盾发展到尖锐和激烈对抗的程度,是亟待社会组织采取综合有效的措施加以化解和缓解的一种危险状态。

2.公共关系学的核心概念

公共关系学的核心概念是其全部内容的精髓,也是公共关系本质属性的延伸和具体化。因此,社会组织与公众之间的利益联系及沟通协调公众关系的管理活动,应该作为公共关系学的核心概念和要着力解决的根本问题。和谐合作、互利共赢应是公共关系学推崇的理想公共关系状态。

(1)利益联系。公共关系学十分重视揭示公共关系的本质,即社会组织与公众之间所存在的内在的和根本的利益关系。公共关系主体与客体是一对矛盾或说是利益相关的双方,谁也离不开谁,是既有利益冲突又存在共同利益的矛盾对立统一体。认识这种实际利益联系和利益追求的客观差异性,是积极化解矛盾、平衡利益关系的前提。在此基础上,双方只有经过平等沟通和相互理解、相互协调、相互让步、相互协作,才能维持正常的关系,实现互利共赢的目的。因此,利益联系不能不成为公共关系学的核心概念。

(2)沟通协调。社会组织与公众之间的关系,虽然有内在联系并互相依存,具有共同的利益和目标追求,但是社会组织与公众之间的信息沟通往往是不对称的,它需要社会组织积极主动地传播信息,并进行平等的双向沟通,协调双方的认识和行为,平衡双方的利益,从而化解矛盾或消除误会,稳定公众情绪,维持和发展良好的关系,实现互利共赢。因此,沟通协调的工作应当不断地进行,力求及时发现和解决各种矛盾或问题,即开展有效的公共关系实务活动。沟通协调正由于具有如此的重要性,是公共关系实践活动中面大量广的经常性工作,当然要成为公共关系学的核心概念之一。

(3)互利共赢。这是社会组织与公众之间沟通信息、协调关系、化解矛盾、建立并维护良好关系的根本目的和所追求的理想境界。在现实中,社会组织与公众之间的利益和价值取向存在明显的差异,甚至是经常发生矛盾。然而,这些问题又是可以通过采取公共关系技巧和措施予以妥善解决的,如传播、沟通信息,使双方都能意识到客观存在的利益联系,积极化解误会和各自作出让步,尤其是社会组织主动了解公众的愿望与要求,努力做好服务工作,真正思公众之所想、解公众之所需,让利于公众,才能得到公众的认可和合作,建立并维系良好的公共关系,实现互利共赢的目的。唯有如此,社会组织也才可能在公众中塑造良好的形象,获得优良的发展环境,拥有光明的前景。如果仅仅或过分强调公共关系实务中的沟通和传播技巧、手段、方式、方法的运用,不从根本上确立互利共赢的理念和目的,不特别重视多做互利共赢的实事,那就只能是舍本求末,最终还是无法彻底解决问题。因此,公共关系学必须十分强调互利共赢的价值,并将其作为最核心的概念。

第三节 公共关系学的研究领域与研究方法

一、公共关系学的研究领域

公共关系学反映公共关系实践活动的客观规律,其研究领域主要包括以下几大方面:

1. 公共关系产生及其发展的历史

公共关系的产生和发展是有其社会环境条件的,各种公共关系都是特定历史和时代的产物。有什么样的社会组织,就必然会形成与之相对应的公众及其公共关系,只不过人们和社会组织对其的认识与处理水平、方式、方法在不同的时期具有各自不同的特点和差异罢了。一般来说,公共关系及公共关系实践活动随着人类社会的发展变化经历了一个从简单到复杂、从自发到自觉和由浅入深、日趋科学的过程。其演进历史,大致可以分为四个大的阶段。首先是古代的准公共关系时期。研究表明,准公共关系和实践活动在中国的夏、商、周就存在了,到春秋战国时已相当程度地开展了公共关系的实务,并有不少典型和成功的案例,儒家、道家、法家、纵横家、杂家等就是具有指标意义的代表流派。在西方,古希腊雅典和罗马时期也已存在着相应的公共关系及其活动,此时的公共关系理论已初步萌芽并有了比较成功的公共关系实践。第二个时期,可以初步定在整个封建社会,这时的公共关系,往往突出表现为各个行业和官僚机构与其公众或臣民之间的关系。各类行业组织、国家机关、学校等,都比较多地开展了各具特点的公共关系实践活动。第三个时期,即资本主义社会现代公共关系形成和快速扩展的历史阶段,至今仍在延续中。当代中国的公共关系虽然与过去的或历史上的尤其是资本主义国家的公共关系有着某些类似的情况和特点,但它毕竟是在新的社会经济基础、国家制度中诞生的,总还是存在着从性质到特点的差异或区别,所以我们称之为社会主义社会的公共关系(权且称为第四个时期)。作这样的划分,是基本符合历史客观实际的,并非无事实根据的主观臆断。坚持历史唯物主义的观点,能够更清晰、更准确地揭示公共关系产生和发展的历史轨迹,有利于认识公共关系在不同社会和国家形态即特定环境条件下所形成的社会组织与公众的关系本质,有助于正确开展公共关系实践活动,逐步建立有中国特色的社会主义公共关系理论体系。实践将会证明,这是从历史现实考察研究所得出的科学认识,可以站得住脚并将显现其巨大的生命力和良好的效果。

2. 公共关系学的基本理论体系

公共关系学作为多学科交叉综合而成的一门应用社会科学,有其自身的理论基础和知识体系。公共关系学必须从实际出发,开展深入具体的科学研究,以使其知识理论体系的建构更加系统和科学。概括地讲,公共关系学至少要阐述以下几方面的理论问题:一是公共关系学在西方国家是以哪些基本理论和学科作为指导思想及知识来源的;二是公共关系学的主要概念、范畴和规律理论、本质理论、结构理论、过程理论、调控理论等等,究竟应当是怎样的;三是公共关系学的理论创新以及公共关系专业人才培养教育事业应如何开展等。

在中国,公共关系学的知识理论体系研究与建构,既要充分借鉴西方公共关系学的已有成果,又要突出从本国实际出发、逐渐形成有中国特色的公共关系学理论知识系统。其中,应强调如何以马克思主义和中国特色社会主义理论为指导的问题,以及明确中国的社会组织结构、公共关系性质、法律制度规范和行为准则等等。具体一点讲,我们国家的各类机关,其面对的公众是国家的主人,为人民服务是首要的和最根本的职责义务;其从事的管理工作,同样要坚持为人民服务的方向和宗旨,并在管理过程中真正信任和依靠人民群众。国有企业、公办学校和医院等企事业组织所面对的公众及其关系,从本质到内容等也与西方国家此类社会组织与其公众之间的关系存在明显的差别。因此,中国的公共关系学不能完全照抄照搬西方公共关系学那一套理论体系,而必须根据中国的客观现实,进行符合中国国情的研究,并在实践、认识、再实践、再认识和学习、吸收世界上各种公共关系学说的合理因素的过程中形成有中国特色的公共关系学基本理论体系。

3. 公共关系学的实践应用问题

公共关系学是从社会组织处理公众关系的实践中逐步形成的知识理论体系,这种认识一旦产生就必然地又会去指导新的公共关系实践活动。公共关系学说的发展与完善,需要经历一个不断实践和深化认识的过程。公共关系学在其产生后,一直重视理论应用问题,其中最主要的是探索公共关系学理论如何科学地指导公共关系实践活动,争取获得理想的效果,例如将公共关系学的理论、运作、技术方式等应用到公共关系实务的各个环节,指导公共关系的调查以有效地获取相关公众的真实信息,指导各类社会组织确立正确的公共关系活动目标,制定适当的公共关系实务计划、方案,选择最佳传播媒介和沟通方式、方法,建构公众网络,及时、准确地反馈信息,评价公共关系活动实效,以及提高社会组织和工作人员的综合能力与素质,努力化解矛盾、平衡利益,建设并维护和谐的公共关系,以更有力地促进社会科学发展。

与此同时,公共关系学的应用还必须做好和相关学科结合的工作。社会学、法学、新闻学、传播学、行为科学、管理学、心理学、思想政治教育学、伦理学等既各有其独立的理论体系,又与公共关系学有着某些交叉或相通之处。例如沟通、协商、疏导等在这些学科和实践中都是共有的或普遍运用的。公共关系学研究的是社会组织与公众的利益关系平衡与调整的问题,当然不能不研究社会学、管理学、伦理学与自身的联系与区别,并吸收有益于解决公共关系问题的理论和措施、办法等。同样,在公共关系实务中,要与公众沟通、进行信息传播,也就不能不研究如何与公共管理学、新闻学、传播学、行为科学等理论的结合和应用问题。在强调依法治国的当今社会,任何社会组织都是依法成立的,其职责、权利、义务和基本行为准则都是由法律规定的,由主体、客体、内容(双方的权利义务)所构成的公共关系从法学的角度讲,就是一种法律关系或被法制化了的社会组织与公众的关系。因此,社会组织在协调公共关系的时候,必须依法办事,公共关系学的实践和研究,也必须重视自身理论与法学的结合和综合应用。

4.公共关系学的专业学科建设

公共关系学的理论发展和传播、应用,既需要依赖社会组织及其公众的社会实践,还需要加强专门理论和实用人才的培养。为此,公共关系专业学科的建设成为公共关系学研究的重要领域。公共关系学专业学科在西方国家的许多高校中已设立了相当长的时间。近二十年来,中国的高校中也相继设立了一些公共关系本科专业和硕士、博士培养方向,这不仅为社会和经济、政治、文化建设输送了一批又一批的公共关系专业人才,也促进了公共关系学自身的发展,至少为公共关系学研究提供了丰富的认识基础和实践创新条件。因此,公共关系学应当将自己的研究扩展到如何开展专业人才培养和学科建设领域,尤其应尽快解决学科归属和争取进入国家本科专业目录,以保障公共关系理论的有序化、系统化、科学化传播和发展。如果不研究公共关系学科专业建设问题,不搞好公共关系专业人才培养工作,公共关系学的可持续发展与提高势必缺少高层次专门理论研究和实践人才的支撑。

二、公共关系学的研究方法

公共关系学的研究,从根本上讲应该结合自己的国情和公共关系事业发展状况,在辩证唯物主义和历史唯物主义世界观及理论联系实际的原则指导下,具体运用以下几种基本方法:

1.调查研究、总结经验

这主要是对各类社会组织所进行的公共关系实践活动进行深入系统的了解,掌握其动机、行为过程和所达到的实际效果,探索公共关系良性发展的基本路径和措施,总结能够指导社会组织科学、有效开展公共关系实务的感性认识材料或调研报告。它强调从大量的公共关系实践活动中选择最具普遍性和代表性的典型案例开展研究,特别重视掌握真实的第一手资料,并进行定量和定性分析,即从客观事实中得出结论,由现象揭示本质和获取经验性的认识。一定要尊重客观实际,必须了解事件发生、发展、变化的全过程,并经过进一步的研究,总结出具有规律性的东西,坚决反对那种凭主观臆断和粗制滥造而得出"经验"的做法。

调研常用的方法有:个别访谈法、会议座谈法、问卷调查法、历史文献检索法等等。通过面谈和书面了解民意和公共关系实际状况,并从中找出导致此现状的主要原因,提出改善的建议,这是一个复杂的研究过程。要重视成功案例的经验总结,也要注重公共关系危机及其管理失败的案例,并总结经验教训。实践表明,只有具备正反两方面的认识,才能形成可以指导社会组织有效开展公共关系实务的科学理论。

2. 比较鉴别、历史分析

进行多方面的和具有可比性的事实、案例比较鉴别,是公共关系研究中常用的方法。同一社会中同类社会组织所开展的公共关系实践活动及其效果,以及不同社会和不同组织的公共关系实践,都是可以而且应当进行对比和鉴别研究的。从中获得的信息和认识,在一定程度上能促进公共关系学理论的深化和发展完善。但是,各种比较鉴别工作都不能脱离特定的历史条件,因为任何成功的或失败的公共关系实践活动,以及公共关系的理论成果,都是一定社会条件下的产物。无论是纵向的或横向的比较与鉴别研究,都是从客观现实中认识事物的一种方法。开展公共关系学的研究工作,对公共关系案例的比较与鉴别都应当作具体的、历史的分类和判断,进而把握事物的本质。注重多角度比较鉴别,可以减少片面性,有利于人们总结出正确的理论成果,这是已被实践证明了的科学研究方法。

3. 综合概括、科学抽象

调查研究、总结经验,主要是为了获取第一手材料和得到感性认识;比较鉴别、历史分析,重在去伪存真、去粗取精和历史地、发展地研究问题;而综合概括、科学抽象,则要全面地、深刻地概括出事物的本质及其内在联系性,抽象出共性的、具有规律的认识和理论成果,即要进行从感性到理性的提升研究。对此,列宁曾精辟地指出:"自然规律的抽象、价值的抽象以及其他等等,一句话,一切科学的(正确的、郑重的、非瞎说的)抽象,都更深刻、更正确、更完全地反映着自然。"[①]要认识公共关系及其实践活动的本质和客观规律性,就必须经历由个别到一般和由一般到个别的科学分析、抽象的改造制作过程,如果不进行由此及

---

① 《列宁全集》第55卷,第142页。

彼、由表及里的整体性研究与综合性概括提炼，具体的公共关系现象及实践活动和感性材料、经验就不可能自然而然地形成公共关系学的系列概念和范畴，更不会形成规律性的认识成果和科学理论体系。

以上三种具体的研究方法，虽然各有其特点和功能，在使用时需要根据不同的阶段、不同的任务、不同的目的而有所侧重，但作为科学研究的具体方法又是相互联系的，正可谓有比较才能有鉴别，有分析才能更好地综合，有对现象的了解才可能深入认识本质，有感性的经验才能够进一步上升为理性的成果。因此可以说，上述各种研究方法，都是坚持实事求是这一正确认识路线的具体表现，在研究工作中，只有综合应用，才可以收到更佳的效果。

第四节　公共关系学理论体系及其现实意义

一、公共关系学的内容体系

1. 公共关系及公共关系学的历史

这主要包括奴隶社会、封建社会、资本主义社会和社会主义社会的公共关系及其学说发展史，特别是美国和其他西方国家的公共关系和公共关系学产生、发展及实际应用的状态。还应将中国各个历史时期的公共关系及其理论，尤其是当今中国的公共关系实践活动现状和理论成果包含在内。这既符合客观实际，又符合逐步建立有中国特色的公共关系学，以促进我国民主政治、经济、文化、和谐社会建设的现实需要。

2. 公共关系的主体、客体、介体和环体

任何一种社会关系，都是由特定的主体、客体、介体（媒介）和环体（环境）构成的。公共关系当然不能例外。与此相关联，公共关系学的理论也不能只讲主体与客体而忽视公共关系的内容。公共关系学必须研究社会组织和相关的公众以及各自的权利和义务，尤其是阐述并强调社会组织的功能、职责和应尽义务，以满足公众的合理愿望和利益要求，获得公众的理解和支持，维持和发展良好的公共关系，使社会组织得以生存和发展。

3. 公共关系实践活动的基本理论

公共关系实践活动是社会组织在公共关系学理论指导下进行的一种自觉行为。要维持和谐的公共关系，必须确立并实践真诚为公众利益服务的宗旨。为此，社会组织策划的公共关系战略、策略和实施方案等都应依法和按章程规定来履行自己的职能，并采取科学的传播、沟通、协调、管理的方式与方法，取信于公众。当发生公共关系危机时，要求战略策略、目标策划、方案设计、运作程序、传播沟通和调整的内容及手段等等都能依法进行并适合公众的心理及诉求需要，让公众理解和支持其所采取的各种措施，积极有效地化解矛盾，争取合作，共同建设和谐的关系，实现互利双赢的目标。这是公共关系学的主干部分，我们称之为基本理论。

4. 公共关系专业人员的职业操守

社会组织的公共关系战略、策略和方案实施都是依靠组织内的全体成员尤其是领导者及公共关系专业人员的行为来推进的。在公共关系实践活动中，除了科学的形式、方法和技巧的运用必不可少之外，更重要的是社会组织和公共关系专业人员切实维护公众的合法利益，满足公众的正当要求。社会组织和公共关系专业人员以自己的真诚服务与平等沟通、协商，使公众从内心和在实际上感到自己受到尊重，并认识到双方有互利共赢的目标，进而会积极合作，如此将化解矛盾、建立和谐的关系。大量事实表明，仅有社会组织的经济实力及其公共关系专业人员的技能文化、业务素质而缺少了思想品德建设，其组织形象还不能得到公众的高度认可。因此，公共关系学必须研究社会组织及公共关系专业人员应有的道德境界和礼仪文明修养。与此相联系，公共关系学的理论体系中也不能缺少公共关系专业人员职业操守的内容。

5. 公共关系及其学说的发展趋势

之所以将此作为公共关系学的一个有机组成部分，或作为公共关系学研究的重要内容，是因为公共关系学不能停留在对以往公共关系和公共关系实践活动的研究上，即不能仅仅是对历史的总结。在社会发展中，新的社会组织和公共关系不断地出现，公共关系实践中的矛盾和问题客观地摆在公共关系理论工作者面前，亟待人们去研究、去探索。尤其需要从现实发展的趋势上研究与未来公共关系实务相适应的战略和现代化的措施，进行科学的预测，帮助社会组织和公共关系实务人员把握公共关系发展和公共关系实践活动的走向、获得更加接近真理的认识，以更好地解决良好公共关系的建设和维护问题，推动社会稳定和科学发展,这既是实践活动的需要,也是公共关系学进一步完善提高的客观要求。所以,应当将发展趋势的研究与预测作为公共关系学理论的一个重要部分。

二、公共关系学理论体系建构的意义

公共关系学在西方国家已形成了比较完整的理论体系,并得到了广泛应用,取得了较好的社会效果。这与现代公共关系学诞生在美国并首先在西方国家传播和进一步实践研究是相一致的。

公共关系尽管在中国古代就已为某些哲人和学者、官员等所认识,但由于专制制度的长期统治,官本位思想非常突出,公众意识和公众权利受到了严重压抑,那时还不可能有平等沟通、协调理论和双向信息传播渠道及手段。因此,我们将中国奴隶社会、封建社会和新中国成立之前的公共关系理论称之为私有制社会中的公共关系学,当然,那时的公共关系理论还是很不成型的或说是处于零碎的状态;与现代西方公共关系学相比,也存在着很大差异和不同。

现代西方公共关系学被翻译传入中国大陆,只是近三十年的事情。我们对其需要有一个实践、认识、再实践、再认识的反复过程,西方的公共关系学理论的中国化在较短的时间是做不到的。虽然我们不可能一下子就建立中国特色的当代公共关系学,但在中国的实际情况下,引进的公共关系学自然能很快地具有一些中国特点、中国气派。要真正建构比较完备的、科学的、中国化的公共关系学,并能有效地指导中国的社会主义公共关系实践活动,这是一件很困难的事情,需要经过相当长时间的社会实践和研究工作。我们既要有紧迫感,又必须做好长期艰苦奋斗的思想准备并采取切实的行动。现在,先在过去实践认识的基础上搭起初步的、不尽完善的中国公共关系学理论框架和知识体系,这无论是对指导开展公共关系实践活动、推动和谐社会建设,还是对公共关系素质教育教学和专业人才的培养工作,或者进一步开展公共关系理论研究、完善公共关系学说、促进公共关系专业学科建设,都具有重大的现实意义。只有一方面积极借鉴西方公共关系学的已有成果,批判地吸收其有用的、科学的东西;另一方面不满足于他人的和外国的认识水平,重视在本国和各自的实践中进一步检验以往的理论,不断加以丰富、深化,才能逐步地形成完备的、中国化的公共关系学科体系,为中国的社会主义现代化建设和公共关系专业人才培养作出更大的贡献。让我们共同为实现这一目标而努力奋斗吧!

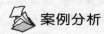

案例分析

【案例】

北京成功申奥

北京奥运会已于2008年成功举办。而在申奥过程中,中国面对来自大阪、巴黎、多伦多、伊斯坦布尔四个强劲对手的竞争,最终取得成功,不仅有中国日益提高的国际地位和不断增强的经济实力作为坚实基础,也和有关人士出色的公共关系工作密切相关。因此可以说,北京申奥的胜利也是中国政府公共关系的胜利。

北京申奥过程是经过精心策划并周密实施的。申奥工作分为国内、国际两个部分,两手抓,两手都硬。两手形成合力,取得了北京申奥的成功。

国内:95%民众支持率

国际奥委会执委何振梁在申奥陈述时说:"选择北京,你们将把奥运会第一次带到世界上拥有1/5人口的国家,让十几亿人民的创造力和奉献精神为奥林匹克服务。"这是北京申奥的理由和目标,也是北京申奥成功的重要原因之一。为此,有关方面做了大量工作(2001年):

4月4日(申奥结果揭晓倒计时100天),北京奥申委提出了4月4日为"全国支持北京申奥统一行动日"的倡议。这个倡议得到了全球华人的积极响应,申奥热潮高涨。

5月8日,全球华人支持北京申奥联合委员会在德国杜塞尔多夫市举办了以"全球华人心连心,齐心协力申奥运"为主题的系列活动。

6月16日,中华全国体育总会和中国台北田协共同举办了"北京奥运·炎黄之光"海峡两岸长跑活动。

6月23日,美国西部华人回国在雄伟的居庸关举办了祝北京申奥成功的"奥运龙——大地艺术作品展示"活动。

国际:良好的公众形象

任何组织的发展和成功都有赖于良好的公众环境,都需要得到公众舆论的认可和支持。北京奥申委吸取了悉尼申奥的成功经验,"不要光自己说,更要让人家看"。不仅努力做好国内动员,而且花大力气做好国际宣传。

北京奥申委主动与西方媒体广泛接触,邀请外国记者来华访问,让世界了解中国、了解北京。2001年2月21日,以海因·维尔布鲁根主席为首的国际奥委会评估团一行17人,对北京进行了为期4天的考察。维尔布鲁根说:"评估团看到了一个真实的北京,北京申办奥运会得到了政府和民众的大力支持,北京奥申委的工作是积极有效的。"7月13日,北京申奥代表团陈述报告一结束,立刻就有各国奥委会委员轮番提问,涉及环境、场地、语言、运动设施、反兴奋剂、资金盈余等问题。正如北京申奥代表团助理所说:"提问多是一件好事,说明大家对北京特别关注,很想知道详细情况。"

2001年6月12日,北京奥申委派代表参加了在肯尼亚举行的非洲国家奥委会联合会第9次大会。6月23日晚上,古老的紫禁城飘荡起世界三大男高音帕瓦罗蒂、多明戈和卡雷拉斯激昂高亢的歌声,全世界都为这种中西文化合璧之美而赞叹,这是一个难眠的"6·23"奥林匹克之夜。作为国际奥委会副主席、北京申奥代表团顾问的何振梁,从2001年2月以来的5个多月里,他就有69天在国外和飞机上,出访11次,行走20多个国家和地区。所有这些都是为发展外部公共关系而作的努力。

2001年7月13日,李岚清副总理在代表北京申奥代表团陈述时庄严承诺:"如果此次奥运会发生盈余,我们将用它来建立一个奥林匹克友谊基金,来帮助发展中国家的体育事业。如果发生赤字,将由中国政府承担。"这不仅增强了国际奥委会委员对北京办好2008年奥运会的信心,而且激发了国际奥委会委员对中国的好感和敬意。

(资料来源:百度文库 http://wenku.baidu.com/view/48ae64d87f1922791688e8b3.html)

【点评】

所有这些都是加强内部公共关系行动的体现。北京申奥具有最高的民众支持率。95%的北京申奥民众支持率和受中国奥运情绪感染的国际奥委会委员,这是北京申奥最重要的目标公众。挪威籍国际奥委会委员乔恩·奥拉夫感慨万分地说:"北京申奥给我印象最深的是来自中国民众的支持。"

北京在申奥投票第二轮就以56票的绝对优势胜出,其中很多票源自亚非拉国家。中国政府曾提供力所能及的帮助,使这些国家的体育基础设施状况有了极大的改善。不仅如此,中国政府还承诺用奥运会所得收益来发展这些国家的体育事业。这些国家虽然国土面积不大、人口不多、影响力有限,但在国际奥委会大家庭中却享有平等的投票权。中国奥申委的这一系列举措,使这些国家在奥委会工作的委员们大为感动,所以他们支持北京申奥也就理所当然。正由于中国创造了这种良好的公众关系,才确保了北京申奥的成功。

北京申奥的案例是政府公共关系的一个成功案例。一年后,上海申博成功无疑也得益于这个案例的许多成功经验。它对于我们以后申请或组织一些国际性活动将在很长时期内具有借鉴意义。

思考与练习

一、思考题

1. 公共关系的含义及特征是什么?
2. 公共关系、公共关系实践活动、公共关系学的内在联系和区别是什么?
3. 公共关系学的核心概念有哪些?
4. 公共关系学的研究领域包括哪些内容?

二、辨析题

公共关系既可指公共关系学,也泛指公共关系实践活动,没有必要作严格区分。这种观点应当继续传播和使用下去吗?为什么?请予以分析。

第二章
公共关系的兴起与发展

内容提要

任何一门学科或一种职业的产生都有一个历史发展过程。公共关系及其理论从产生到成熟的过程始终是和社会变迁、社会经济、政治、文化的发展紧密联系的。弄清现代公共关系的来龙去脉及其在国内外的发展演变,有助于从整体上把握公共关系学形成的社会基本条件,深刻理解公共关系的内涵和本质特征,遵循历史规律和科学原则,有效地开展公共关系活动。

主题词

公共关系的起源　兴起　发展

第一节　公共关系在美国的兴起和发展

公共关系虽是一门新兴的学科,却是一项古老的活动。它作为一种客观存在的社会关系和一种思想与活动方式古已有之。公共关系的源头可追溯到古代人类文明开始的地方——古埃及、古巴比伦、波斯和古代中国等国家。考古学家在伊拉克发现早在公元前 1800 年的古巴比伦王国的一份农业公告,这份农业公告被称为人类历史上最早的公共关系活动痕迹。

古希腊的民主政治促进了公民代表会议和陪审团制度的形成,公众因此拥有了一个表达自己意见的舞台。公元前 4 世纪,古希腊出现了一批从事法律、道德、宗教哲学研究与演讲的教师和演说家,苏格拉底、柏拉图和亚里士多德是他们的代表。亚里士多德的《修辞学》被西方一些学者视为人类历史上最早的公共关系学著作。

在古罗马时代,人们更加注重民意,并提出"公众的声音就是上帝的声音"。在古罗马,第一位运用舆论工具的大师就是古罗马的独裁统治者恺撒。他发行了世界上最早的日报——《每日记闻》,他将其作为自己与臣民进行沟通的工具。由他写作的一本记录自己功德和业绩的纪实性著作《高卢战记》,成为经典之作并广为流传,被西方公共关系学者称为"第一流"的公共关系著作。

从中国来看,早在2500年前的春秋战国时期已经存在着公共关系思想和活动的雏形。无论是盘庚迁都的三次演说还是大禹治水的"三过家门而不入";无论是《左传》中的"子产不毁乡校"还是苏秦、张仪的"合纵连横",商鞅变法"令出必行"、"徙木赏金";无论是诸葛亮"七擒七纵孟获"还是张骞出使西域、郑和七下西洋,这些都是具有公共关系性质的传播活动。其中,最具有代表性的人物有孔子、孟子、老子、墨子等。

如果我们从理性上认真分析以上的思想和活动,不论其历史意义如何,我们不得不承认它们是古代西方和中国社会中典型的公共关系思想和活动范例。但严格地说,这些公共关系思想和活动只是"准公共关系",或者叫"类公共关系",真正意义上的公共关系的历史,是从19世纪30年代开始的。所以,本章主要是对现代公共关系的历史进行回顾和展望。

公共关系作为一种全新的思想、一种新型的职业、一种科学而系统的理论,发端于19世纪30年代的美国,这并非偶然。其历史背景有以下五个方面:一是现代的民主政治与社会平等规定了组织与公众之间关系的平等性,这是现代公共关系兴起的政治条件。二是市场经济与社会组织之间的相互竞争,突出了公众及其利益的重要性,并逐步确定了公众在一切组织工作中的核心和主体地位,直接促进了现代公共关系的兴起。三是人群关系理论、行为科学等人性文化理论的提出,成为现代公共关系得以产生的精神源泉。四是以报刊为代表的新闻和大众传播事业的发展,尤其是传播技术和与传播有关的信息通讯技术、控制技术的出现,为现代公共关系的兴起与发展提供了重要的物质技术支持。五是科技革命改善了公共关系的物质技术条件,带来了人们生活方式和思想观念的巨大变革,成为现代公共关系不断向前发展的根本动力。[①] 特别是美国,当时出现了严重的社会矛盾和公众方面的危机,更是加速了现代公共关系活动的兴起。

现代公共关系发展历史虽然非常短暂,但发展速度非常快,很难以年代为界进行划分,因此,我们以不同年代的杰出公共关系代表人物为线索,来探讨公共关系

[①] 李道平等:《公共关系学》,北京:高等教育出版社,2010。

及其理论在美国的兴起和发展。这些人物主要有：菲尼斯·巴纳姆（Phineos T·Barnum）、艾维·莱德拜特·李（Lvy Ledbetter Lee）、爱德华·伯内斯（Edward·L·Bernays）、斯科特·卡特李普（Scottn Cutlip）等。美国公共关系的历史演进过程如图 2－1 所示：

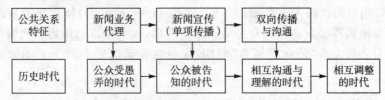

图 2－1　美国公共关系的历史演进过程

资料来源：王伟娅：《公共关系理论与实务》，北京：清华大学出版社，2009。

一、巴纳姆的"公众受愚弄"时期

具有现代意义的公共关系活动的源头，应该是美国企业界利用报纸进行富有戏剧性的新闻广告宣传。19 世纪 30 年代，美国出现了一种廉价的报纸，这种报纸以广大市民为受众，因为只要一便士就可以买到一份，又称为"便士报"。当时的《纽约太阳报》、《纽约先驱报》、《纽约时报》等都属于便士报。由于便士报价格低廉，内容新奇刺激，很快便风行一时并拥有了大量读者。报纸发行量的剧增引起了工商企业家的注意。他们纷纷雇用专门的报纸宣传员，在报纸上编造新闻，虚构情节，以吸引读者的注意力、达到扩大本组织影响之目的。例如：《纽约太阳报》的本市新闻主编博加特提出了"狗咬人不是新闻，人咬狗才是新闻"的新闻主张。在这一思想指导下，新闻代理人为了达到自己的宣传目的、追求宣传效果，不择手段，争相愚弄和欺骗公众。这一时期，最具代表性的人物就是受雇于纽约一家马戏团的菲尼斯·巴纳姆。

巴纳姆为了达到惊人的宣传效果，发明了许多标新立异、哗众取宠的宣传方法。其中最为人津津乐道的宣传手法，就是他自己撰写引人注目的新闻稿。例如，巴纳姆说，马戏团里有一个名叫海斯的女奴，已经 160 多岁了，100 多年前曾养育过美国第一任总统乔治·华盛顿。于是，许多人怀着好奇心，纷纷到马戏团一睹海斯的风采，马戏团票房收入大增，巴纳姆每周从观光者那里获得 1500 美元的收入。为了取得更大的轰动效应，巴纳姆又借不同的笔名向其他报刊寄去许多表明不同看法的"读者来信"，人为地导演了一场争论。但是，海斯死后经尸体解剖，被确认才活了 80 多岁。一时舆论哗然，人们纷纷谴责巴纳姆是个骗子。可是他竟厚颜无耻地说："凡宣传皆好事。"对他来说，不论是公众赞扬还是咒骂，只要报纸别把他的名字拼错就行了,他要的就是扬名四方。巴纳姆打着"凡好事皆宣传"的幌子,利用煽情、造假、夸张、捕风捉影等手段为雇主的经营行为唱赞歌,他的成功之中夹杂着谴责、谩骂、诅咒和敬仰、追捧、顶礼膜拜。与此同时,垄断资本家为了使自己的企业能够赚钱,完全不顾公众的利益,甚至公开嘲笑、谩骂公众。当时的铁路大王范德比尔特(William Vanderbilt)就曾当着新闻记者的面恶毒地咒骂公众:"让公众见鬼去吧!"所以,人们把以巴纳姆为代表的这一时期称为公共关系"公众受愚弄"时期,在公共关系历史上留下了不太光彩的一页。

二、艾维·李的职业化时期(也称单向灌输观念时期)

单向传播式的公共关系是职业公共关系的开创时期,其主导思想是:组织对公众必须坦率和公开,必须"说真话"。其特点是:组织为了自身利益单向地向社会公众传输信息。

1. 艾维·李的生平简介

艾维·李出生于美国佐治亚州的牧师家庭,毕业于普林斯顿大学,曾就读于哈佛大学法学院。大学毕业后,他受雇于《纽约日报》,先后在《纽约时报》和《纽约世界报》当记者。1903年,他辞去了记者工作。1904年,他与当时一名资深记者乔治·帕克(George F·Parker)一起成立了"帕克和李"公司,为社会公众提供收费的公共关系服务,成为美国历史上第一个向顾客提供公共关系服务并收取费用的从业机构。艾维·李的公共关系思想集中体现在他提出的公共关系两项原则上,即"公众必须被告知"和"向公众讲真话"。1906年,他在报界发表了著名的"原则宣言",郑重提出"凡是有益于公众的事务必有益于企业和组织"的信条。1934年,艾维·李去世。尽管有人批评他的公共关系咨询主要是凭经验和直觉进行的,只有艺术性而无科学性,但无论如何,他在世界公共关系职业先驱者的地位是无人可以替代的。

2. 艾维·李的职业公共关系实践

艾维·李公共关系理论思想的核心是"公众必须被告知"、"向公众说真话"。他认为,一个组织要想获得良好的形象和信誉,不能依靠对公众封锁消息或以欺骗的手段愚弄公众,而应该把真实情况公之于众,以此来获得公众对组织的理解和信任。一旦发现披露真情对组织不利,那就应该调整组织的行为,而不是极力去掩盖事实真相。因此,企业要想获得新闻界和社会公众的支持、创造最佳的生存与发展环境,其最根本的理念就是必须"说真话"。

第二章 公共关系的兴起与发展

艾维·李为了实践这一公共关系指导思想,奋斗了自己的一生。1905年,艾维·李被美国著名的实业家小约翰·洛克菲勒聘为私人顾问。当时的洛克菲勒因科罗拉多州燃料公司和钢铁公司工人罢工而处于焦头烂额的境地。艾维·李临危受聘前来解决这一难题。艾维·李提出两项要求作为受聘的前提条件:一是必须有权与行业最高层决策者接触;二是必要时有权向社会公开全部事实真相。在罢工和社会舆论的强大压力下,老板们只好接受这两个条件。于是艾维·李采取了几项不同凡响的措施:调查事发原因并公之于众,聘请有声望的劳资关系专家来主持调查,以示公正;聘请工人代表参与商讨解决劳资纠纷的办法;建议增加工人福利和向慈善事业捐款,以改变组织形象。艾维·李一举成功,顺利地处理了这次罢工事件,在社会公众中树立起了良好的信誉。多年以后,洛克菲勒承认,在科罗拉多州的罢工中所取得的公共关系成果,"是洛克菲勒家族史上最重要的事件之一"。从此,洛克菲勒成为美国慈善捐助事业的榜样。

1906年,艾维·李在报界发表了著名的《原则宣言》(Declaration of Principles)。《原则宣言》指出:宣传顾问事务所,"不是秘密新闻部,我们的一切工作都是公开进行的。事务所也不是广告代理,如果阁下收到我们的资料认为应该交由贵刊的营业部(广告部)处理,请随意取舍,斟酌采用……总的来说,我们的计划是公开而坦诚地代表企业和公共事务机构,将对公众有影响且为公众乐闻的课题或信息向报界和公众提供,并保证其准确性和迅速性"。正是这个《原则宣言》推动了新闻业务代理向新闻宣传的演进,对新闻宣传向公共关系活动的转变带来了深刻影响。例如,1906年,美国宾夕法尼亚州铁路公司发生了一次严重的交通事故,造成了重大伤亡。艾维·李采取了许多人都无法理解的做法:尽快公布事实真相;及时认真检查事故原因,制定避免此类恶性事故发生的有效措施;向死难者家属提供赔偿,为受伤者支付医疗费;向有关各方诚恳道歉等。从事件处理的结果可以看到,艾维·李把"重大交通事故"变成了一次改善以往形象的机会,使其成为一场积极的公共关系实践活动。新闻媒介提供给社会公众的翔实事件报道,不仅平息了公众的不满情绪,还增进了公司与公众的相互理解,特别是与新闻界建立了良好的合作关系,使公司获得了前所未有的最佳效益。艾维·李也为他本人和其公共关系的思想赢得了巨大声誉。之后,美国许多大公司如美国电话电报公司、美孚石油公司、公平人寿公司、铁路公司等和一些改革派官员都相继聘请他做公共关系顾问或公共关系代理人,他还为洛克菲勒家族一直服务到1934年逝世。

艾维·李从事公共关系工作三十多年。他是把诚实和坦白的原则带进公共关系领域的第一人。他用自己的实践和说教,使公共关系成为一门职业。他通过建立在公开和事实真相基础上的沟通,将公共关系从一个不惜代价以寻求正面公开形象并颇受质疑的行业转变为赢得公众的信心和信任的专业工作,正是这些超过前人的巨大贡献,使他享有现代"公共关系之父"的美誉。

三、伯内斯的公共关系科学化时期

到了20世纪20年代,公共关系不仅在广度上,而且在深度上都取得了进一步的发展。出版商出版了有关公共关系这一职业的书籍,学校开设了公共关系专业的课程,社会家们开始关注这一新兴的领域,报刊等大众媒体也纷纷对此发表评论。这一时期的代表人物就是爱德华·伯内斯。

1. 伯内斯的生平简介

伯内斯1891年出生于维也纳,奥地利裔美国人。他是著名心理学泰斗弗洛伊德的外甥,在刚满周岁时跟随父母移居美国。他把公共关系比喻为"公众支持的发动机"。在公共关系历史上,他有许多破纪录的贡献。他是世界上第一位公共关系理论家兼实践家,撰写了世界上第一部公共关系专著。他又是第一个促进公共关系由职业化转向理论化、科学化的人。伯内斯从事公共关系工作80多年,前50年是做公共关系顾问工作,先后为美国库利奇总统、威尔逊总统、艾森豪威尔总统、发明家爱迪生、汽车大王亨利·福特等担任过公共关系顾问。第二次世界大战以后,他开始全力著书立说,从事公共关系教育工作。1923年,他以教授身份在纽约大学讲授公共关系课程。一直到20世纪90年代,伯内斯在公共关系领域都持续发挥着作者、演讲者、倡导者和批评家的作用。1990年,99岁高龄的伯内斯第二次被选为美国新闻人物"20世纪美国100位重要人物"之一。由于伯内斯的突出贡献,他被称为"公共关系学科化的助产士",成为真正的"公共关系学之父"。

2. 伯内斯的公共关系理论思想

1919年,伯内斯和夫人在纽约开办一家公共关系公司,开始致力于公共关系理论研究。1923年,伯内斯出版了他的第一部论述公共关系理论专著——《舆论明鉴》,被视为公共关系发展史上的一个里程碑。在这本书中,伯内斯详细阐述了"公共关系咨询"这一概念。他认为:"公关咨询有两种作用:其一是向工商业组织推荐它们应采纳的政策,这种政策的实施可以保证工商业组织的行为符合社会利益;其二是把工商业组织执行的合理政策、采取的有益于社会的行为向社会广为宣传,帮助工商业组织赢得公众的好感、信任和支持。"书中还提出了公共关系的原理、实务方法和职业道德守则等。从此,公共关系职业及其学说正式从新闻领域分离出来,成为一门独立而有系统的学科。

第二章 公共关系的兴起与发展

1928年，伯内斯出版了《舆论》一书，更加系统地阐述了公共关系的原理和方法。1952年，他又出版了《公共关系学》教科书，使公共关系原理和方法系统化、完整化，公共关系开始成为一门独立、完整的新型学科。

截至1978年，伯内斯已出版了16本有关公共关系、宣传和舆论方面的著作。他参与撰写的公共关系著作达56本之多，他还发表了近300篇公共关系论文。更令人称奇的是，他在97岁时，还到香港讲学，参加讲座和研讨会。99岁时，他还在著书立说，发表公共关系理论文章。他穷其一生的精力，对自己的公共关系实践进行了全面而系统的总结和概括，从而在理论上不断深化和发展了公共关系学。①

伯内斯公共关系理论思想的核心是"投公众所好"。他认为"投公众所好"是公共关系活动的立足点，主张获得公众的谅解和合作应当成为公共关系的基本信条。他认为，以公众为中心，了解公众的喜好，明确公众对组织的期待、要求和态度，确定公众的价值观念，应该是公共关系最基本的工作。只有按照公众的意愿进行宣传，才能搞好公共关系工作。

伯内斯对现代公共关系领域的重要贡献表现在：公共关系活动职业化；公共关系行业摆脱了对新闻的从属地位；将公共关系运作的程序、方法、技巧规范化，提出了公共关系的整个运作过程应当包括从计划到反馈最后到重新评估等8个基本程序；初步建立了现代公共关系学的理论体系。

四、卡特李普的"双向对称"时期

双向对称模式标志着现代公共关系理论和实践进入一个新阶段。这一时期的代表人物是美国著名学者斯科特·卡特李普和阿伦·森特（Auen Center）。卡特李普强调"公共关系是双行道"，即"双向沟通，双向平衡，公众参与"。

1. 卡特李普的生平简介

卡特李普生于1915年，1941年获威斯康星大学哲学硕士，1971年获西弗吉尼亚卫斯理学院文学博士。他早期曾任记者、编辑，历任威斯康星大学教授、副院长，Henry W·Grady 新闻传播学院院长，长期从事公共关系科研和教育管理工作。

2. 卡特李普对公共关系发展的贡献

卡特李普的主要贡献表现在他对公共关系理论研究的创新上。1952年，卡

---

① 陈先红：《现代公共关系学》，北京：高等教育出版社，2009。

特李普和森特合作出版了一本公共关系学方面的权威著作——《有效的公共关系》。这是一部集公共关系理论研究成果之大成的代表作。其后多次修订再版,2000年出了第八版,被翻译成十多种语言,成为世界畅销书。50多年来,它在公共关系领域一直被人们视为公共关系的"圣经",被世界各大学广泛用于公共关系教学。该书对公共关系研究有三大贡献:一是提出了"双向对称的公共关系模式",把公共关系看成社会组织与公众之间的互动过程,揭示了现代公共关系的真正本质,强调公共关系职业必须将公众的利益而非金钱的动机作为第一位的目标;二是首次提出了公共关系"调研、策划、实施、评估"的"四步工作法"概念,奠定了公共关系实务科学操作的理论基础;三是提出了"调整—适应"的公共关系发展模式,认为任何组织都是在开放的社会生态环境中存在和发展的,公共关系活动的任务就是帮助组织通过自我调整,更好地适应公众与社会环境,极大地扩展了公共关系的发展空间。

卡特李普另一本公共关系学大作——《看不见的力量:公共关系史》是一部完整的美国公共关系的发展通史,对20世纪中后期公共关系理论的发展起了极其重要的作用。

卡特李普的"双向对称公共关系模式"提出的前提条件有两个:一是把公共关系看作开放系统,二是把公共关系看作一门职业,一门应用性社会学科。他认为"开放系统"就是指不断地对外界环境变化作出反应,通过与外界环境的交换而得到生存和发展,而开放系统的"双向对称公共关系模式"的基本思想是:在公共关系目标上将组织与公众的利益置于同等重要的位置,强调传播的主体与客体在开放系统中的平等的相互交流、相互影响、相互理解、相互调整;在方法上坚持组织与公众之间的双向传播与沟通,这正是现代公共关系三大基本要素之间的互动关系。这种"双向对称的公共关系模式"如图2—2所示。

图2—2 "双向对称"模式示意图

资料来源:王伟娅:《公共关系理论与实务》,北京:清华大学出版社,2009。

至此,公共关系学正式进入科学化阶段。一门充满时代特征的、具有实用性的新型学科以崭新的身姿崛起于学科之林。

五、美国公共关系的发展

1. 公共关系教育逐渐普及

自 1923 年伯内斯首次在纽约大学讲授公共关系课程之后,1937 年,美国公共关系学创始人之一的雷克斯·哈罗(Rexl·Harlow)博士在斯坦福大学开设公共关系课程。1947 年,美国波士顿大学创办了第一所公共关系学院,吸收经过两年大学文科班训练并且有技术修养的学生专修公共关系理论与实务,培养公共关系学的学士和硕士。1955 年,美国有 28 所学校设置了公共关系专业,66 所学校开设了公共关系课程。1956 年,美国公共关系教育委员会设立了公共关系教育和研究资金。1957 年,美国公共关系协会又成立了教育咨询委员会。这些都成为推动学术团体建立、支持公共关系教育与学术研究、促进公共关系领域朝着专业化方向发展的重要力量,标志着美国公共关系教育达到一个新的高度。

1978 年,美国已有 292 所大学设立公共关系专业并教授公共关系课程,其中 10 所大学设立博士学位,23 所大学设立硕士学位,93 所大学设立学士学位,这表明公共关系教育开始走向高层次。从 80 年代开始,美国公共关系教育向纵深发展,出现了企业公共关系、政府公共关系、新闻界公共关系等行业公共关系教育。全美有 3 份正式出版的公共关系杂志、数百家专业通讯机构,出版了 5000 多种公共关系著作。

2. 各种公共关系协会纷纷建立

1948 年,美国最具权威的公共关系组织——美国公共关系协会(Public Relations Society of America,PRSA)成立,雷克斯·哈罗博士担任第一届主席。截至 2007 年底,该协会已拥有 20000 名会员、116 个地方分支机构,制定了《公共关系人员职业规范守则》,作为维护公共关系人员信誉和职业道德的"行业法律"。1968 年,美国公共关系国家理事会(NCPR)成立。1976 年,人类沟通委员会(NCCHS)同美国公共关系协会合并,成立了世界上最大的公共关系组织。除了全国性的综合协会外,美国全国性的公共关系专业协会也纷纷成立,如美国公共关系学生会、美国医学公共关系协会、化学公共关系协会、政府公共关系协会、图书馆公共关系协会、国民小学公共关系协会、铁路公共关系协会、宗教团体公共关系协会等。

3. 公共关系职业化程度越来越高

美国的公共关系活动在各行各业中显示出神奇的功效,因而公共关系从管理与行政职能中逐步分化出来,成为一门独立而热门的职业。1937年,美国公共关系从业人员有5000多人,1960年达到10万人,2007年达到20万人,现在全美已有50万人从事与公共关系有关的工作。据美国劳工统计局统计,在美国有超过7000家公共关系公司,2008年有64000人受聘为公共关系经理(2007年为63000人)和135000名 公共关系从业人员(2007年为132000人)。2009年Veronis Suhler史蒂文森(VSS)通讯产业预测,公共关系收入2010年将增加4.9%,为54亿(美元),未来五年内上升至8.1%。[1] 美国不仅是公共关系的发源地,也成为世界上公共关系事业最为发达的国家。

第二节 公共关系在世界部分地区的开展

从20世纪20年代开始,美国开始向西欧国家"输入"公共关系,最初进入英国,而后走向其他国家。在第二次世界大战前,公共关系的开展还局限于英语国家。战后,随着美国实力在世界范围内的膨胀和扩展,世界的政治格局发生了很大变化,经济得到了迅速恢复和发展,国际贸易往来加快,世界各国特别是欧洲各国充分领略到美国政府和军队应用公共关系的威力,因此,公共关系事业在欧洲的许多国家迅速扩展起来。在中美洲、南美洲一些国家和澳大利亚、新西兰、日本、南非等国家和地区,也都活跃着"公共关系顾问"的身影,并先后建立起专门从事公共关系业务的机构。进入20世纪70年代以后,各种公共关系活动和业务已扩及世界主要国家和地区,其势头至今依然方兴未艾。公共关系在世界各地的开展情况如图2—3所示。

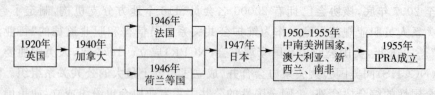

图2—3 公共关系在世界各地的开展
(资料来源:编者根据相关资料整理编写)

---

[1] http://media.prsa.org 美国公共关系协会官方网站。

一、世界各国公共关系组织纷纷建立

早在1920年,公共关系走出美国,最先传入英国。1926年,英国成立了第一家正式的公共关系机构——皇家营销部。为弥补因经济萧条带来的重大损失,响应首相"买英国货"的号召,皇家营销部竭尽全力组织了一次声势浩大的公共关系活动。该活动获得圆满成功,人们因而充分认识到公共关系能创造社会价值和经济价值。1948年,英国公共关系协会(IPR)在伦敦成立。该组织成员现已发展到以英联邦国家、地区为主的12个地区性的团体和3500多名会员,每年出版8期《公共关系》杂志。1969年,英国还成立了公共关系顾问协会(PRCA),这是一个专业"咨询服务机构"式的协会组织。它所制定的协会章程、准则、仲裁和纪律程序等,基本上被欧共体国家公共关系组织所采用。

1940年,公共关系传入加拿大。1948年,加拿大公共关系学会(CPRS)成立。

1946年,公共关系在法国崭露头角。法国许多企业为适应企业与社会之间的新变化,积极开展各方面的公共关系工作。例如,向社会公众开放工厂,注意加强社区联系等。法国公共关系从一开始就被视为一门学科,在大专院校设立公共关系专业,培养高素质的公共关系专业人才。1955年,法国公共关系协会成立,现代公共关系在法国得到迅速发展。

1946年,荷兰出现首批公共关系事务所。紧接着,挪威、比利时、瑞典、芬兰、联邦德国等相继成立了公共关系协会。

1947年,美国通过盟军将公共关系引入日本,强行在日本各地县政府设立公共关系机构,并举办多种讲习会、训练班,广泛发动宣传,在日本兴起了公共关系热。日本的"PR王国"——电通广告公司便是其中的突出代表。1957年以后,公共关系作为一门独立的事业在日本快速发展起来。

1950—1955年,公共关系在中、南美洲国家以及澳大利亚、新西兰和南非等国扎下根。20世纪后半期,除美国外,在世界上70多个国家,先后建立了100多个全国性或地区性的公共关系协会、学会。

世界各国公共关系产生和发展的推动力主要来自三个方面:一是各国间经济交往日趋频繁,国际贸易快速增长;二是战后国际政治格局发生了很大变化,和平与发展成为国际政治的主流,人们渴望和平,要求重建国际秩序,各国间、各政府间、各阶层间协商对话得到加强;三是科技进步,通信传播技术迅猛发展,世界日益成为一个天涯若比邻的地球村,文明开放的公共关系日显重要。

二、国际性公共关系组织的成立

1955年,国际公共关系协会(IPRA)在英国伦敦成立,总部设在瑞士的日内瓦。现在这一组织有会员上千人,分布在欧、美、亚、非、大洋洲的70多个国家和地区。

1959年,在比利时建立了由比、英、希、荷、联邦德国等国参加的公共关系联盟(CEPR)。它是欧洲最大的公共关系组织,现已拥有142个集体会员。同年,泛美公共关系联盟在墨西哥城成立,美国和大多数拉丁美洲国家的代表出席了大会。

1967年,泛亚太平洋地区公共关系联盟在夏威夷的檀香山成立。它包括澳大利亚、中国台湾、印度、日本、新西兰、菲律宾等国家和地区的公共关系组织以及来自夏威夷、中国香港、印尼、韩国、新加坡、泰国、澳大利亚、中国台湾、印度、日本、新西兰、菲律宾等国家和地区的会员。

1975年,在国际公共关系协会的赞助下,在肯尼亚首都内罗毕举行了第一届全非公共关系工作会议。至此,全球的公共关系事业已蔚为大观。

三、公共关系学科发展和理论研究在世界范围内取得重大进展

1. 公共关系实践广泛展开,学科发展全面推进

在加入国际公共关系协会的70多个国家和地区的大学里普遍开设公共关系专业和公共关系课程,培养包括学士、硕士、博士在内的高素质的公共关系高级专业人才。世界上普及公共关系教育的国家已将公共关系专业人员列入职业名录,并组织统一的资格认证考试。各国都采取各种形式对公共关系专业人才进行培训,并注重公共关系专业人员的继续教育,使公共关系从业人员的结构和素质发生了很大变化。

20世纪50年代以来,世界各国在公共关系实践和学科发展方面表现出以下几个特征:一是企业公共关系、政府公共关系更加受到重视,其他如军事领域、文化领域、非政府组织等公共关系也有非常广泛的应用。目前,国际上已经形成公共关系三大公认的应用领域:各级政府和各类政治机构、包括各行各业在内的经济实业界、非营利性组织等。二是经济全球化进程加快及互联网和信息技术的迅猛发展,为公共关系提供了更加便捷、低廉、灵活、即时、互动的信息传播手段,开辟了空前巨大的信息资源和工作空间,公共关系学科理论框架和概念体系在世界各国广泛地传播开来。20世纪80年代是公共关系学科在世界各国"激情燃烧"的年代。90年代,包括中国在内的各国公共关系机构与人员的互动和

交流趋向频繁,公共关系活动及其理论快速地走向规范化、国际化。三是 21 世纪初有人提出的真正以顾客需求为导向的"后经济时代"的到来,使公共关系学界又向自己提出了新的挑战。如何从几十年来一贯以短期效应为公共关系主旨的运行模式转向以关系管理为长期目标的战略发展模式,这是世界各国公共关系领域的最新动向。四是众多相关学科的发展、新型学科的不断涌现,为公共关系的学科发展提供了更多的借鉴。公共关系学吸收了更多的理论和知识,具有宽广、深厚的理论基础,已成为一门应用型综合交叉学科。

2. 公共关系理论研究更加深入,取得了重大进展

公共关系理论在研究和发展进程中,除本章前面介绍的艾维·李、伯内斯、卡特李普外,这一时期最有影响的公共关系理论家还有:美国的格鲁尼格、英国的布莱克和弗兰克·杰夫金斯。

格鲁尼格是美国马里兰大学新闻学院的教授。他十分注重理论同公共关系实践的紧密结合,强调公共关系实务是某一组织与其公众之间的沟通管理。1984 年,他与托德·亨特合著出版的《公共关系管理》是其代表作。书中提出了不少新颖独到的观点,其中最具影响的是公共关系实践的四种模式:新闻代理型模式、公共信息模式、双向不平衡模式、双向平衡模式。格鲁尼格的四种模式说可以看作描述现代公共关系的发展史,但就其性质、效果和发展而言,双向平衡模式是最能体现公共关系的本质的。从 1985 年开始,格鲁尼格和夫人共同主持了"卓越公共关系"国际研究项目,领导一个来自美、英两国的研究小组,历时 15 年,覆盖 10 多个国家,从美、英、加等国的 200 多个组织收集数据,对公共关系的理论和实务进行全面评估,先后出版了三本论著:《卓越公共关系与传播管理》(1992 年)、《卓越公共关系与传播管理经理指南》(1995 年)、《卓越公共关系与有效的组织:三个国家的传播管理研究》(2002 年)。

布莱克教授是英国公共关系协会和国际公共关系协会的创始人之一,先后主编过英国公共关系协会的《公共关系》杂志和国际公共关系协会的《国际公共关系评论》。他写了 10 多本公共关系著作,其中,《基础公共关系学》、《国际公共关系案例研究》等著作在国际公共关系界很有影响。1982 年,他在任国际公共关系协会主席时,主持编写了该协会第四号"金皮书"——《职业公共关系教育的模式》,对世界各国公共关系职业教育的规范化发展具有重要的指导意义。

弗兰克·杰夫金斯是英国公共关系协会顾问,著名的公共关系教育家、理论家。他早年主修经济学,并曾在伦托基尔公司从事公共关系与传播工作。1968 年,他创办了英国公共关系学院,讲授公共关系、广告和市场营销等多门课程。与此同时,他周游 20 多个国家和地区,传播公共关系。他不仅实践经验丰富,而

且学识渊博，一生编写了几十部著作，主要有：《公共关系与市场管理》、《市场学、广告学和公共关系学词典》、《有效的公共关系设计》、《市场学和公共关系学媒介设计》、《公共关系学》、《公共关系与成功企业管理》等。这些书简明扼要，通俗易懂，实用性强，不仅扩大了公共关系的应用范围，而且把公共关系与相关学科有机地结合起来，极大地丰富和发展了公共关系的理论和实践。

第三节 公共关系在中国的发展

公共关系在美欧各国风行了近半个世纪以后，于20世纪60年代传入我国的台湾和香港地区。80年代初，公共关系伴随着改革开放的春风传入中国大陆，并呈现出由南向北、由东向西、由服务行业向工业企业、由外资企业向国有企业、由企业组织向政府组织和其他组织逐步发展的格局。总体来说，公共关系在中国首先是以一种实践的形态被认识和运用、随之作为一门学科和专业逐步发展起来的。

一、公共关系在中国大陆的发展历程

纵观近三十年的公共关系在中国的发展历程，大致经历了四个阶段。

1. 积极引进和传播阶段（1986年前）

这一阶段中国公共关系的特点可以概括为：一见钟情、一夜成名、一帆风顺。中国人传统的"人情大于义理"的"关系情结"使得人们对公共关系一见钟情；电视连续剧《公关小姐》的播出，使公共关系一夜成名；酒店公共关系活动的成功开展和新闻界、学术界及社会各界的广泛传播使得公共关系发展一帆风顺。这一阶段的公共关系事件有：

1980年，深圳蛇口华森建筑设计顾问公司率先成立了我国第一个公共关系性质的专业公司。1982年，深圳竹园宾馆成立公共关系部，开展以招徕顾客为目标、扩大影响的服务性公共关系活动。1983年，中外合资的北京长城饭店成立了公共关系部，并因成功地策划接待了当时的美国总统里根访华而扬名海内外。1984年，广州中国大酒店设立公共关系部。后来，广东电视台以此为题材，拍摄了中国第一部反映公共关系理论与实践的电视连续剧《公关小姐》。同年，我国国有企业的第一家公共关系部——广州白云山制药厂公共关系部正式成立。1985年，世界第一大公共关系公司——博雅公司与中国新闻发展公司达成

第二章 公共关系的兴起与发展

协议,成立了中国第一家独资的公共关系公司——中国环球公共关系公司。1986年,上海公共关系协会成立。至此,中国人用照搬照抄的方式完成了公共关系在中国的引入和传播。

2. 普及成长阶段(1987—1993年)

这一阶段又称徘徊成长阶段,其特点可概括为内冷外热、内忧外患、内通外联。

内冷外热指新闻界、学术界的热炒使公共关系成为人们津津乐道的话题和趋之若鹜的职业,而实际上人们对公共关系不求甚解,知之甚少,在短期内看似一片繁荣,但盛名之下,其实难副。有相当一部分人将公共关系与人际关系混为一谈,特别是当时许多人对公共关系持有一种庸俗化态度,更有甚者将公共关系与自由化和不正之风联系起来。

内忧外患是指"美女"公共关系、拉关系的公共关系、行骗的公共关系、赶时髦的公共关系纷纷出现,恶化了公共关系活动和理论传播的外部环境,公共关系在中国的发展受到了阻碍,开始由高潮步入低谷。

内通外联是指公共关系在徘徊中成长,在成长中有所发展,对内通过构筑中国特色公共关系理论,奠定公共关系在中国成长的理论基础;对外则通过与广告、营销、新闻、宣传等相关领域的对接,寻求新的契机和发展点。这一阶段的公共关系事件主要有:1987年,中国公共关系协会成立,此后,各省、市、自治区相继成立了公共关系协会。1991年5月,中国公共关系协会在北京召开了全国公共关系工作会议。党和国家领导人李瑞环等同志在给会议的贺词中充分肯定了中国公共关系事业取得的成绩,明确指出了公共关系事业的发展方向和根本任务。1991年,中国国际公共关系协会在北京成立,标志着中国公共关系事业已经逐步普及全国并开始走向世界。

3. 实践发展阶段(1994—1999年)

这一阶段公共关系活动的特点:一是公共关系工作开始从宣传接待型走向咨询策划型;二是引进了CI、CIS组织形象设计新内容;三是以市场营销、形象塑造为主的企业公共关系创造了不凡的业绩;四是在拓展服务范围、工作领域方面有了新的突破。这一阶段的公共关系事件有:广东健力宝饮料盛行一时,广东太阳神、郑州亚细亚等企业昙花一现,海尔、长虹等企业步入辉煌,都留下了许多意味深长、可圈可点的公共关系记录。江苏张家港精神文明建设中的形象工程、济南交警的文明上岗等活动也都从各方面展示了公共关系的广泛影响和积极作用。最引人注目的是新华社《中国品牌》杂志社等单位策划和主办的"香港回归祖国"倒计时活动,这一活动以"祖国迎香港,同胞盼团圆"为主题,历时932天,在海内外产生了重大而深远的影响。1997年,国家劳动和社会保障部成立了中国公共关系职业审查委员会,正式确定中国公共关系职业命名为"公关员",并于1999年将公共关系职业列入《国家职业分类大典》,这说明经过近二十年的发展,公共关系职业终于获得了社会的认可。

4. 中国公共关系在整合中提高和稳步发展阶段(也称稳定增长阶段)(2000年至今)

这一阶段中国公共关系发展的主要特征有:一是政府积极运用公共关系推动工作,如申办和举办北京奥运会、上海世博会以及政府应急管理等;二是企业普遍自觉采用或自创公共关系手段创造佳绩;三是国际公共关系合作方兴未艾。这一阶段的公共关系事件主要有:2000年,我国在全国范围内开始推广公共关系人员上岗资格考试,使"公关员"走上了职业化和专业化的道路。同年,北京申办2008年奥运会的活动成功,更是一次向世界展示中国、振奋民族精神的全国规模的公共关系大写意。2003年,中国国际公共关系协会宣布,将把每年12月20日定为"中国公关节"。进入21世纪,那些大的外资和老牌公共关系公司,凭借自己的雄厚实力和丰富经验,在中国市场的业务量稳步增长,而在京、沪、深等发达地区涌现出如中国环球公共关系公司等30多家更专业、更有竞争力的中资公共关系咨询服务公司。中国国际公共关系协会2008年度的调查报告显示:在中国市场上排名前20名的公共关系公司中,中国环球公共关系公司、蓝色光标公共关系机构、海天网联公共关系顾问有限公司、迪思公共关系顾问有限公司等均位列其中。在中国,员工在20人以上、拥有三家以上固定客户的专业公共关系公司现约有100家。2004年,中国国际公共关系协会申办2008年世界公共关系大会取得成功。2005年,美国公共关系协会、全球公共关系联盟负责人来华,举办了中美公共关系高层峰会,双方商定在公共关系的组织建设、行业发展、教育培训等方面进行合作。世界著名的公共关系大师格鲁尼格等人多次来华,与中国公共关系界进行对话和交流。中国的一些公共关系专家学者也多次应邀出席国际会议,参与公共关系项目的评奖,与国外公共关系界进行广泛的交流。

二、中国公共关系的学科建设和理论研究

1. 公共关系教育和培训体系日趋成熟

中国公共关系教育的发展过程经历了从社会的一般普及性的专业讲座到面向全体大学生的基础素质课程教育;从高校的专业性的大专层次教育到普通的

本科教育,再到高层次的研究生教育;从业界的短期职业培训到有系统的、标准化的终身职业教育培训三个方面的发展过程。已经形成了从中专、大专(高职)、本科到硕士、博士的规范性教育与证书培训教育并行发展的格局。

1985年,深圳大学首先设置公共关系专科。此后,中山大学、北京大学、兰州大学、首都师范大学、复旦大学、清华大学、中国人民大学等百余所大学相继讲授公共关系课程或设置公共关系专业,一些理工科院校也相继开设公共关系选修课。1994年,经国家教委批准,中山大学创办了我国第一个公共关系本科专业。经过十几年的发展,全国已有近20所大学设置了公共关系本科专业,1000多所高校开设公共关系课程。同年,中山大学开始在行政管理硕士点培养公共关系方向的研究生,厦门大学、国际关系学院等高校也分别在传播学等专业招收公共关系方向的研究生。2003年,复旦大学新闻学院设立公共关系硕士点,后来,又开始培养该方向的博士研究生。2006年,上海外国语大学、上海交通大学等也相继培养公共关系方向的博士,中国公共关系的学科建设再上新台阶。

1995年,中国高等教育学会公共关系教育专业委员会成立。十几年来,该专业委员会定期就公共关系专业建设和公共关系素质教育工作进行交流和研讨,取得了丰硕的成果,对全国高校的公共关系教育教学和专门人才培养事业产生了较大影响。2006年,该专委会对十几年来在公共关系教育教学中作出突出贡献的集体和个人进行了表彰。2009年又表彰、奖励了一批教研优秀人员。

2004年,国家职业资格工作委员会公共关系专业委员会又颁布了《公关员国家职业新标准》,增设了高级公关师(国家一级)和公关师(国家二级)标准,进一步完善了国家对公共关系从业人员资格的培训和认证工作。至此,中国公共关系培训已形成了既有培养公共关系专业人员的自学考试、夜大、电大培训,又有公共关系专职培训、资格证书培训,还有内部厂长、经理、党政干部与公关师培训等多种形式。

2006年,中国国际公共关系协会学术工作委员会也专门设立了"中国公共关系教育研究会",并与国家人事部高级公务员培训中心合作,开展了"公务员公共关系专业培训"工作。

2. 理论研究进一步发展

20世纪80—90年代,一些公共关系名著,如《国际公众关系原理与实务》、《有效公共关系》、《公共关系学》被翻译出版。《公共关系报》、《公共关系导报》、《公共关系》、《公关世界》、《国际公关》等专业报刊先后问世,之后公共关系网纷纷建立,对传播、沟通公共关系信息,促进公共关系理论体系的完善和实务规范起到了积极的推动作用。

为了推动公共关系的理论研究,中国国际公共关系协会在 2003 年与复旦大学合作,成立了"国际公共关系研究中心",并与中国传媒大学合作,成立了"现代公共关系教育研究所"。公共关系理论与应用研究逐渐受到国家和地方政府的重视、支持。中国国际公共关系协会主持了"抗击非典危机管理"研究项目,并积极参与北京"申奥"、上海"申博"过程中的公共关系活动,组织了"国际贸易与公共关系高层论坛"。复旦大学承担了"中国对外形象传播战略研究"、"2010 年世博会上海形象战略研究"等重大科研项目。中山大学公共传播研究所主持了国家社科基金重点课题"公共危机事件的传播管理研究"等。中国高等教育学会公共关系教育专业委员会有计划地开展了"依法公共关系问题研究"、"公共关系素质教育研究"和系列基本理论研究等。中国公共关系的理论研究已从引进、吸收和消化相关理论转向多元化的理论探讨,从量的扩张走向质的提升。在过去的十多年,"行业公共关系主题、公共关系基本理论、公共关系管理和政府公共关系"构成了四大研究重点,取得了可喜的成果。现在,全国公开出版的公共关系专著、教材、译著、工具书已超过 1000 种,涉及公共关系理论、公共关系策略和招数、公共关系传播媒介、公共关系语言、公共关系礼仪、公共关系实务、公共关系调查、公共关系策划、网络公共关系和公共关系心理学等各个方面,为构建中国特色的公共关系理论体系奠定了重要的基础。

通过对中国公共关系近十年的研究内容进行分析,中国公共关系论文主题包括以下十一个方面:一是行业公共关系研究;二是公共关系基本理论研究;三是公共关系管理;四是政府公共关系研究;五是公共关系教学研究;六是公共关系与社会变迁;七是公共关系与品牌、营销;八是媒体公共关系;九是公共关系语言与文化;十是学校公共关系;十一是低碳公共关系探索研究。①

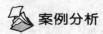
案例分析

【案例 1】

子产不毁乡校

春秋时期,郑国人喜欢聚集在乡间的学校里,七嘴八舌地议论国家主政的官员。大夫然明便对丞相子产说:"下道命令,不让他们聚集议论,以免弄出是非,可不可以呢?"子产说道:"为什么要这样做? 那些人早晚聚在一起休息、谈笑,当然要议论我们治理国家的好坏。他们肯定的,我就努力去做;他们讨厌的,我就

---

① 薛可等:《公共关系学——战略·管理与传播》,北京:科学出版社,2010。

马上改正。他们是我们的老师啊,为什么要打击他们呢?我只听说忠诚为善可以减少怨恨,没有听说以势作威就能防止怨恨。如果作威防怨不能止住怨恨,就会像大河决口,我就无法救治了。所以,不如开个小决口,让人们的怨恨有发泄渠道,我就能从容地听从并改正了。"然明被子产的话折服了。弱小的郑国也在子产的开明治理下,出现了政通景明的气象。

（资料来源：编者根据相关资料整理编写）

【点评】

上述案例可以理解为中国早期的舆论监督,若不让人讲话,则可能出问题。同时,让我们明白一个道理:古今中外的社会中都有公共关系活动的身影,它一直伴随着人类文明的进程。

【案例 2】

电灯发明 50 周年庆祝活动策划

1939 年,伯内斯受发明大王爱迪生委托,为其策划纪念电灯发明 50 周年的庆祝活动。伯内斯建议:第一,在白宫举行盛大的庆祝仪式,邀请当时的美国总统胡佛及各界名流参加;第二,由爱迪生在胡佛及众嘉宾面前,当场表演发明电灯的全过程;第三,邀请全球的电力公司,在当天某个时刻同时停电一分钟,以示庆祝。这种史无前例的国际庆祝仪式,轰动了世界,获得了巨大的成功,甚至美国邮政总局也为此活动而发行了一枚 2 美分的邮票。

（资料来源：陈先红：《现代公共关系》，北京：高等教育出版社。）

【点评】

这次庆祝活动堪称一次非常成功的公共关系策划活动。它主题鲜明,构思奇妙,可以引发人们无尽的遐想。正是通过"投公众所好"的一系列成功的公共关系咨询活动,伯内斯获得了极高的社会声誉,他不仅名闻美国,而且名扬四海。

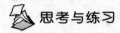

思考与练习

一、思考题

1. 美国公共关系的历史进程是怎样的?
2. 现代公共关系在中国的发展经历了哪几个阶段?
3. 联系实际,谈谈中国公共关系产生与发展的社会环境。

二、辨析题

艾维·李提出"讲真话"的观点,直到今天,这一思想在公共关系实践中仍然遭遇尴尬。试分析为什么说真话这么难?它的阻力来自哪里?

第三章
公共关系的构成要素

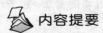 内容提要

公共关系学所要研究的是在特定的环境中社会组织如何运用传播、沟通等手段协调与公众的利益关系问题。公共关系是由社会组织、公众、传播、环境四个基本要素构成的。缺少其中任何一个要素,都无法开展公共关系实践活动。只有要素与要素之间相互作用、相互协调,才能形成良好的公共关系状态。

 主题词

社会组织　公众　传播　环境　状态

第一节　公共关系主体

公共关系的主体是公共关系中处于主导地位的社会各级各类组织机构,如政治组织、经济组织、军事组织、文化团体以及民间组织等具体机构。它是实施公共关系活动的主体,它可以发起和从事各种公共关系活动。

一、社会组织的基本特征

社会组织就是指为达到某种共同的目标,通过对人员进行不同的分工,使之发挥不同的功能,并利用不同的权利和职责合理地协调群体活动的体系。社会组织是公共关系的第一构成要素,它主导着公共关系的状态、活动、发展方向。在协调公众关系、改善公众环境中,在树立自身形象、提高社会信誉中,在内外沟通联络、谋求合作发展中,社会组织都是总体的控制者和组织者,处于公共关系

的主动地位。社会组织有其鲜明的特征,具体表现在:

1. 社会组织的目标性

任何社会组织都是为了实现一定的目标而依法建立起来的,组织目标是辨别组织的性质、类别、职能的基本标志,也是确定组织原则、组织宗旨、组织章程、组织计划的基础,对组织的活动起着指导和制约作用。不同的组织有不同的目标,但同一个组织内都有一个共同目标,这是维系组织和开展公共关系活动的基础。因此,社会组织虽然形式多样、内容各异,但它们的活动都是围绕着自身的共同目标和利益而展开的。如学校的目标是培养人才,医院的目标是救死扶伤,工厂的目标是生产产品等。

2. 社会组织的系统性

社会组织是由其下属的各部门按一定的结构组合而成的整体,具有系统性。社会组织是按照系统方式构建的。组织系统内部各部门之间是相互联系、相互制约的,其中任何一个部门发生变化都会影响整体变化。从内部结构看,组织成员按一定的人事关系形成系统;从外部环境来讲,社会是一个多层次的复杂的大系统。社会组织存在于一定社会环境之中,组织系统与外部大系统都发生相互联系。因此,组织以系统的方式来进行公共关系活动时,需要发挥组织中每一个人的积极性和创造性,促使他们进行互动,以形成良好的系统运作方式。

3. 社会组织的开放性

任何社会组织都是在一定的社会环境之中与环境不断进行精神、物质、信息和能量的交流,以适应和影响变化着的环境。因此,社会组织是一个开放性系统。社会组织的生存与发展离不开环境,它既受环境的影响,又对环境产生作用。一方面,组织要有适应性,根据环境输入的物质、能量、信息而调整自己的结构或功能。另一方面,组织又要发挥自身的能动性,以自己的功能影响或改变与组织发生联系的环境。

4. 社会组织的变动性

社会组织生存在社会环境之中,社会发展及其社会环境的变化对社会组织的生存与发展必然产生一定的影响。组织的新生与消亡,在某种程度上取决于社会环境的变化。组织的变动性具体指两方面:一是社会环境是不断变化的,要适应这一变化,社会组织就应适时地进行目标、功能、机构及人员的调整。二是社会组织本身也会不断发展变化,在不同的发展阶段,组织追求的目标也会有所不同。因此,随着环境的变化,组织也要不断修正、调整自身及其公共关系工作的目标、职能、机构、运作方式以及对人员的要求等,以加强自己的应变能力,创造更有利于组织的生存和发展的条件。

二、社会组织的类型

对社会组织进行分类,是为了开展公共关系工作时,能够比较准确地判断其组织性质、任务,进而把握其公共关系行为和公众类型,为以后的公共关系工作寻找策划运作的依据。一般认为,社会组织可按照如下标准和性质进行分类:

1. 按组织的社会职能分类

按组织的社会职能,可以把社会组织划分成以下五种类型:

(1)经济组织。它是最基本的社会组织。它担负着向人们提供衣、食、住、行和娱乐等物质用品和精神享受的任务,并要实现其所有者和经营者的利益。其特点是,从事经济活动,具有经济职能。它包括工商企业、金融组织、交通运输组织、服务性组织等。经济组织公共关系的主要任务就是要树立一个良好的生产经营者形象,争取更多的顾客,得到消费者和其他公众的支持,以使本组织不断增强竞争力,获得较多的利润。

(2)政治组织。这类组织是为某种政治目的而组建的。它包括政党组织、国家政权组织、国家武装力量组织、国家司法组织等。它代表占统治地位的阶级的利益和意志,为其提出奋斗目标、制定方针政策、组织社会的经济建设、保卫国家政权、处理与他国的关系等。政治组织公共关系的主要任务是为国家的各项事业和民众的利益服务,树立其良好的领导者、管理者、保卫者、服务者形象,得到广大人民群众的拥护、理解和支持,履行其政治职能。

(3)文化组织。如文化艺术团体、教育科研单位、博物馆、文化馆、体育馆、俱乐部、医疗卫生保健部门等。这类组织以满足人们的文化和精神需求为目标,以从事精神文化活动为任务,争取社会各方面和尽可能多的人民群众的支持、关心、参与,发展精神文明和文化教育卫生事业,促进社会和谐发展与人的素质能力提高。

(4)群众组织。这类组织是由具有共同利益和共同志趣的个体组织起来的群体。它包括群众性协会、团体、学术性组织等。在我国,工会、共青团、妇联、青联、文联、作协、科协及其他专业学会、协会等都是群众组织。这类组织公共关系的主要任务是:反映、维护社会利益和群众利益,争取社会各方面和人民群众的支持,发挥和调动各方面的积极性、创造性,推动社会各项建设事业协调发展。

(5)宗教组织。这类组织是以宗教信仰为基础组合起来的。我国的佛教协会、道教协会、伊斯兰教协会、天主教爱国会等都是宗教组织。其公共关系的主要任务是：团结、带领信仰本教的群众和本宗教界人士爱国爱教，与有不同信仰的人和平共处，争取得到信仰本教的群众和本宗教界人士的拥护和爱戴。

2. 按照组织是否营利和竞争分类

根据社会组织是营利还是非营利、竞争还是独占两大因素，可以把社会组织划分为以下四种类型。

（1）竞争性的营利组织。这类社会组织受明显的经济利益驱动，又是在激烈竞争中争取公众支持的，因此，这类社会组织的公共关系意识较强，公共关系行为也较自觉和主动。如企业就属于这类社会组织。它们十分注重公众关系，因为公众是它们实现自身利润目标、求得发展的根本。这类社会组织一般容易偏重于对那些与市场活动直接相关的公众进行公共关系活动。

（2）竞争性的非营利组织。这类社会组织不以经济利益为根本追求，但由于它们需要在竞争中赢得舆论的理解和公众的支持，因此，也会十分重视自己的公共关系工作，尽可能广泛地建立和发展自己的公共关系。如学校、医院等就属于这类社会组织。

（3）独占性的非营利组织。这类社会组织不仅没有经济利益的驱动，而且还缺乏竞争压力，因此，它们凭借独占的权力，公共关系工作一般是比较薄弱的，其内部的成员有时不很重视公共关系行为，容易与公众脱离。公众一旦产生误解和不理解，将影响到组织的形象和信誉，不利于应有职能的发挥。

（4）独占性的营利组织。这类社会组织对其产品或服务具有垄断性，即使自己与公众关系不好或自身形象不良时也能营利。另外，由于这类组织的特殊性，在管理机制上不容易输入公众的信息，但又有营利的动机，因此，这类组织比较容易产生损害公众利益的行为。如垄断的电力部门、自来水公司、煤气公司、电信部门、能源部门等。

第二节 公共关系客体

公共关系客体，即公众，是公共关系主体认识和工作的重要对象，是主体为了自身存在和发展所需重视的个人、群体和组织。公众的数量以及态度决定着组织生存环境的优劣。正确认识和分析公众，积极地影响公众，为公众的利益服务，争取不同公众对组织的理解与支持，是公共关系工作的重要任务。

一、公众的基本特征

公众即与特定的公共关系主体发生联系并相互影响的群体、组织和个人,是对公共关系工作对象的总称。公众的基本特征如下:

1. 层次性

组织所面临的相关公众环境是由若干个人、群体和社会团体组合而成的,具有多层次的主体结构。组织的公众从外到内都是复杂的、多样的。因此,要用全面、系统的观点来分析自己面临的公众。不同的群体、不同的层次形成不同的公众:有紧密程度比较高的社会组织,有比较松散的群体组合,还有更松散的初级群体。公众也可分为三个层次:内部公众、外部有组织的公众和外部无组织的公众。

2. 相关性

一个人或一个群体和组织能够成为某一社会组织的公众,是因为他们与该组织存在着一定的相关性。相关公众是具有某种内在共同性的群体,例如职务、年龄、工作、性别不同的消费者,由于购买了某一品牌的产品,就成为该企业的公众,形成了利益共同体,他们的态度、行为就能对该企业产生影响。社会组织鉴定公众、分析公众的依据就是明确这种相关性,以此确定组织的工作目标,选择工作对策和行动方案。

3. 互动性

互动性是指某些公众的意见、观点和行为同社会组织相关且相互作用。公众对组织的目标和发展具有实际或潜在的影响力、制约力,甚至可以决定组织的成败。同样,组织的决策和行为对它的公众也具有实际或潜在的影响,制约着公众所面临问题的解决及需求的满足。

4. 多变性

公众与社会组织之间的联系及相互作用总是处在不断变化和发展中。首先,表现为公众性质的变化性,如相关公众变成无关群体,潜在公众变成行动公众,次要公众变成主要公众,协作关系转化为竞争关系等。其次,公众数量也是随时变化的,如用户增多或减少等;再次,内部员工也经常处于变化之中,如员工的吸纳与解雇等。根据公众的多变性,公共关系工作要随时调整自己的方针政策。

二、公众的类型

组织所面临的公众是复杂多样的,为了更好地了解自己的公众,提高公共关系工作的针对性和目的性,要根据不同的需要,从不同的角度,对公众进行科学的分类,把握其内在的规律性,以利于公共关系工作的开展。

1.按公众的隶属关系分类

按公众的隶属关系不同,可将公众分为内部公众和外部公众。

内部公众一般与社会组织有归属关系,是组织的构成部分,它包括组织的职工、员工、股东等。这类公众与组织有着密切的关系,他们的意见、态度、情感等对组织的生存与发展会产生直接的影响,同时组织的境况也直接影响着他们的利益。他们是组织依靠的公众,协调好内部公众的关系,是公共关系工作中一项重要的任务,是组织内求团结、外树形象和获得更好发展的基础力量。

外部公众是指那些与组织没有归属关系的公众,是组织面临的外部微观环境,包括政府公众、社区公众、媒介公众、消费者公众、同行公众、社会名流公众等。本节后面内容中会有详细的叙述。

2.按公众的重要程度分类

按公众的重要程度不同,可将公众分为首要公众和次要公众。

首要公众是指对组织的生存和发展能够产生重大影响、甚至具有决定性意义的公众,如政府要人、社会名流、新闻记者、意见领袖等。次要公众是那些对组织的生存和发展有影响、但影响程度不大的公众。

一般来说,首要公众是少数的,而次要公众往往是大量的。所以,对于首要公众组织应投入大量的人力、物力和时间,将其作为公共关系工作的重点。对次要公众要注意其群体倾向,做好服务工作,对其某些诉求注意引导、转化。首要公众和次要公众是相对的,两者之间可以转化。

3.按公众对组织的态度分类

按公众对组织的态度不同,可将公众分为顺意公众、逆意公众和边缘公众。

顺意公众是指那些对组织的政策、行为持赞成意向和支持态度的公众。逆意公众指对组织的政策、行为持否定意向和反对态度的公众。边缘公众是指对组织持中间态度、尚未表明观点或意向不明朗的公众。

顺意公众和逆意公众往往只占少数,边缘公众则是大量的。公共关系工作应注意稳定和扩大顺意公众,不断加强与他们的联系;减少逆意公众,做好逆意公众的转化；重点争取边缘公众，引导他们成为顺意公众，防止他们成为逆意公众。

4.按公众构成的稳定程度分类

按公众构成的稳定程度不同，可将公众分为临时公众、周期公众和稳定公众。

临时公众是因某一突发事件、偶然因素或专题活动而形成的公众，如示威游行的队伍，展览会、音乐会的观众等。临时虽然是暂时性的，但有些突发性的事件往往是难以预测的，处理不好会影响公共关系工作。因此，平时要注意"防患于未然"，提高应对突发事件的能力。周期公众是指按一定规律和周期出现的公众，比如节假日的游客，他们的出现是有规律的、可以预测的。所以商家经常利用"五一"或"十一"黄金周开展促销活动。

稳定公众即经常来往的公众，如老主顾、常客、社区人士等。稳定公众是组织的基本公众，数量的多少是衡量一个组织公共关系工作的重要标志。企业如果有大量的铁杆忠诚者，企业的发展就更有保障。

5.按组织对公众的态度分类

按组织对公众的态度不同，可将公众分为受欢迎的公众、不受欢迎的公众和被追求的公众。

受欢迎的公众是指那些主动接近组织、扶持组织、有利于组织生存和发展的公众，如赞助者、投资者、慕名前来的顾客等，对这类公众要给予一定的回报。

不受欢迎的公众是指那些违背组织意愿、对组织构成潜在或现实威胁并损害组织利益的公众。如持不友好态度的记者以及索取赞助费的团体或个人、乱收费者等。这类公众虽然不受欢迎，但也不能不予理睬，而应实事求是地说明情况，争取他们的理解，防止出现双方对立的局面。

被追求的公众是能够给组织带来有利影响但又对组织不了解或不感兴趣的公众，如著名的记者、社会名流等。对这类公众，要设法接近他们，力求与他们建立起密切关系。

6.按公众发展过程阶段分类

按公众发展过程的阶段不同，可将公众分为非公众、潜在公众、知晓公众和行动公众。

非公众是指与本组织无关，其观点、态度和行为不受本组织影响的人们。明确了组织的非公众，可以减少公共关系工作的盲目性，避免浪费。

潜在公众。当某一社会群体、个人与组织发生利益关系时,组织行为引起的某个问题尚未暴露或公众还未意识到问题的存在,这些公众就成为组织的潜在公众。因此,及早发现潜在问题及其可能出现的后果,主动采取行动予以化解,是最佳的公共关系措施。

知晓公众是由潜在公众发展而来的。潜在公众意识到自己面临的问题就发展成为知晓公众。这时,组织就要积极沟通、主动传播,以引导和控制局面。

行动公众是由知晓公众发展而来的。当知晓公众采取实际行动或做了准备要采取实际行动来解决所面临的问题时,他们就成为行动公众。对于行动公众要冷静处理,防止事态扩大化,以使问题得到妥善的解决。

第三节 公共关系介体

公共关系介体是双向传播,传播是指个人间、群体间或群体与个人之间相互交换、传递新闻、事实、意见、感情的信息交流过程。公共关系传播是连接公共关系主体和客体的纽带,它是公共关系工作的基本手段和条件。公共关系传播的质量和效果决定着公共关系活动的效果。

一、公共关系传播的要素

1. 传播者

在传播过程中,传播者处于积极、主动的地位。它确定传播的内容,选择传播的形式、方法。信源影响和制约着传播的全过程:传播什么、向谁传播、在什么时候传播、在什么地点传播、通过什么渠道传播、要达到什么目的等,都是由它所确定的。因此,传播者是信息传播中最关键的因素。

2. 接收者

接收者是信息到达的地方及对象,即接收并利用信息的一方,又称受传者或受众。受众是传播的目标和归宿,在传播活动中虽然处于被动地位,但在对信息的接收上则有决定权。从类型上来说,他们可以是个体、群体,也可以是各种社会组织。公共关系传播只有尊重公众的需要、反映公众的要求,并从传播内容上确保公众接收的可能性,才能使公众真正接收和分享组织传来的信息,取得良好的传播效果。

3. 传播内容

信息是可以被感知、采集、储存和传递的,它是公共关系传播的具体原材料,是传播得以存在的基础。传播内容包括信息的实质内容及其表现形式。公共关系传播的内容一般包括:组织的基本情况、组织的实力情况、组织的产品与服务情况、组织的生产与工作情况、组织的管理与组织的文化建设情况、组织的重要活动情况、组织的荣誉和社会影响情况、公众对组织的评价和反映情况等。选择并加工出质高量足的传播内容,是确保信息传播有效性的关键之一。

4. 媒介

媒介是信息传送的载体或渠道,用于记录、保存、传递、反馈信息,如口语媒介、文字媒介、实物媒介等。在公共关系传播中,信息从发生源到接收源总是要经过一定通道的,这样的通道大致有六种类型,即:人际信息传输通道、组织信息传输通道、大众信息传输通道、邮电信息传输通道、信息网络传输通道、专题活动传输通道,它们从功能作用上彼此之间可以相互交叉和相互借用。

5. 传播反馈

在公共关系传播系统中,传播者将信息传输给接收者,接收者将接收和应用的效果和有关问题作为信息反向传输给信息发出者,以便信息发出者了解传播效果以及为下一次的传播活动决策提供依据,这种信息的逆向传输过程,就是反馈。在传播过程中,传播者可根据受众对信息的反馈来调整自己的传播行为。也就是说,反馈使传播构成了一个闭环控制系统,真正实现了传播的双向交流特性,有利于提高传播的质量和效益。

二、公共关系传播的特点

1. 双向性

所谓公共关系传播的双向性,指传播是公众与组织之间的互动行为,它包括组织的信息向公众传递、公众将这些信息反馈给组织这样两者之间的中介环节。对公共关系人员来说,一个成功的传播活动必须有利于寻找组织与公众双方之间利益相关的热点。组织的信息传递是前提,公众的信息反馈是结果,组织的意图、决策是否正确、是否符合公众的实际利益要求,要靠信息反馈来检验和修正。没有组织的信息传递,便没有公众的信息反馈。

第三章 公共关系的构成要素

2. 情感性

情感在双向信息交流与沟通中起到润滑剂的作用,因为组织与公众都是人群的集合概念,人总是有情绪、有情感的。在传播过程中,情感的特点表现为相互尊重、信任、平等式交流,也表现为互动、认可、合作式沟通。这种情感交流起到调节的作用,有助于组织与公众双向互动关系的发展。同时,一个组织对公众的态度和情感的不同,特别是能否真诚地为公众的利益着想,就会形成公众对组织形象的不同看法和评价,直接影响到组织的生存和发展。

3. 共享性

共享性也是公共关系传播所具有的特点之一。主要是指传播信息在时间和空间上由传受双方共同享用。就空间而言,信息能够同时为众多的使用者所拥有,而且在接收者使用过信息后,不会引起信息在数量上和内容上的任何变化。就实践而言,由于信息扩散的过程也是信息分享的过程,传播者将信息传出以后,自己仍然享用它,并未失去什么。

4. 普遍性和迅速、及时性

首先,公共关系传播具有普遍性。无论是报纸、广播还是电视,几乎家家必备,人人必听、必看,影响面非常广,可以满足不同职业、不同年龄、不同文化程度的公众的需要。因此,公共关系关传播具有普遍性的特点。同时,组织借助于公共关系传播媒介,也能够达到与传播对象接近的目的。其次,公共关系传播具有迅速、及时的特点。由于科学技术的发展以及交通、通讯条件的改善,今天的公共关系传播能够以最快的速度向公众传递信息,可以将社会组织所要传播的信息或观点迅速、及时地扩散到全社会。在这一方面,电子传媒的作用更加明显。因此,只有借助于先进的公共关系传播媒介,信息传播才能不失时效。

三、公共关系传播的类型

在公共关系传播过程中,根据传播对象的不同及传播方式的不同,可以将传播分为以下几种类型:

1. 个体传播

个体传播即个人与个人之间通过电话、信件、面谈等手段和方法进行的信息交流,它是最常见、最广泛的一种公众传播方式。其表现形式分为面对面传播和非面对面传播两种。面对面的传播形式,即指参与传播活动的双方成员均在同一时间和空间层面进行信息沟通与交流,彼此能够看见对方的表情、动作,能听到对方的声音。非面对面的传播则是参与公共关系传播活动的双方成员并不在同一空间或时间内沟通交流,而是采用通信、打电话、发电报等方式来交流信息。如果组织面对的公众是特殊的、重要的而又是个别的,并且需要马上获得信息反馈,就可以运用这一媒介有针对性地实现公共关系的目标。

2. 群体传播

群体传播也可称团体传播,是指在个人传播的基础上,在相对稳定的社会群体内的信息传播。如同事聚会、小组讨论、小型座谈会等。群体传播类型由于是面对一群同行,很显然,传播的范围要比个人传播大得多,如果组织所要解决的问题是这类公众对象,且公众对象带有较大的普遍利益问题,就可以运用群体传播媒介进行传播。

3. 大众传播

大众传播主要是指组织对群体的传播运用的是印刷媒介和电子媒介,依靠职业传播者将大量复制的信息通过大众传播媒介(报纸、广播、电视、网络等)传递给分散的公众。大众传播媒介依靠现代科学技术的力量和最新电子技术的成果,几乎已经涉及社会的每一角落,它已经成为整个社会活动和公众交往中不可或缺的有机组成部分。所以,它也是公共关系工作中最常用、最有效且最为重要的传播类型。

四、公共关系传播的媒介

1. 大众传播媒介

大众传播媒介主要包括报纸、杂志、广播、电视、互联网、电影、书籍等,它具有传播范围广、传播速度快、传播内容重要等特点,能够传播信息、引导舆论、传递组织文化、宣传组织形象和功能、宗旨等。

2. 人际传播媒介

人际传播媒介可分为语言媒介(日常访谈、讨论问题、会议报告、公共关系演讲等)和非语言媒介(书信、图画、体态语言等)。语言媒介具有简便、快捷、易懂、生动、易控的特点,能使人产生亲切感和友好感,但出口即逝,传播范围受到限制。有时非语言传播比语言传播更为确切,如皱眉头表示不满,挥舞拳头表示愤怒,这比语言表达的意见还要生动清楚。

3. 其他媒介

除上述传播媒介之外,还有一些常见的、可以灵活使用的公共关系媒介物,如实物媒介、人体媒介。实物媒介指的是实物充当信息的载体,如产品、公共关系礼品、象征物等。其特点是直观明确、可信度高、视觉和感觉冲击力强,容易引起公众的反应。人体媒介是借助人的行为、服饰、素质和社会影响来作为传递信息的载体,包括组织成员、社会名流、新闻人物以及能够影响社会舆论的公众等。人体媒介容易建立传播双方感情的沟通渠道,在公共关系传播中有其独特的形象影响力。

第四节 公共关系环体

在公共关系主体、客体、介体相互作用的过程中,环体是一个发挥重要作用的因素。公共关系环体就是指社会组织开展公共关系活动所面临的外部环境和内部环境。公共关系的环境,不仅影响公共关系主体,也影响公共关系客体,影响公共关系活动的目标、任务,以及完成任务和实现目标的手段、方式、方法。因此,研究公共关系环境的内容、特征及适应环境变化的意义、方法,对于实现公共关系活动的目标和完成公共关系工作具有重大的意义。

一、环境的内容

社会组织所面临的环境有宏观和微观之分。

1. 宏观环境

(1)社会政治环境。主要是指党和国家的有关路线、方针、政策、规定、规划、国体、政体、政局、政治形势等对社会组织产生影响的政治因素。

(2)社会经济环境。主要指国家的经济制度、经济发展水平、宏观管理体制和经济发展趋势等对社会组织产生影响的经济因素。

(3)社会文化环境。主要包括社会风尚、风俗习惯、民族分布、宗教信仰、道德观念、文化教育、人口构成、家庭结构、消费心理等对社会组织产生影响的文化因素。

(4)科技环境。主要指科学上的发明和技术上的创造,以及本行业的科技发展水平、相关行业的科技发展趋势,产品更新、技术改进、新技术、新工艺、新材料的采用等对社会组织产生影响的科技因素。

（5）法律环境。主要指国家立法机关和政府颁布的宪法、基本法、行政法规以及各种相关的条例、规章等对社会组织产生影响的法制因素。

（6）国际环境。主要是指国际政治经济形势、国际格局、国际关系、国际组织、国际市场、国际贸易、国际惯例、国际科技文化交流等对社会组织产生影响的国际因素。

2. 微观环境

（1）自然物质环境：指影响组织的客观条件。如地理、气候、社区情况、交通、资源、能源、组织设施、设备、资金、人员等。

（2）关系环境：指与组织有关的各类公众的状况。如企业的公众、商业的消费者、上级主管部门、银行、新闻界、竞争对手、经销商、员工等。

（3）意识环境：指影响社会组织的思想意识因素。如本组织在公众心目中的形象地位、员工的职业道德、价值观、公共关系意识、人和程度、社会舆论和流行心理等。

二、环境的基本特征

1. 环境的不确定性

所谓环境的不确定性就是社会组织的决策者对环境信息感知的不确定性，例如缺乏关于影响社会组织决策的环境因素的信息，无法确定因素将在什么程度上影响社会组织决策部门的成功与失败等。这样，在社会组织与其环境之间总是存在一个矛盾。一方面，每个社会组织必须确定自己的奋斗目标；另一方面，每个社会组织又必须使自己在实现既定目标的过程中，确保既定的目标与不断变化的环境条件相适应。公共关系活动可以为组织创造良好的公共关系，因此，在一定意义上可以把公共关系工作视为"营造环境"的行为。

2. 环境的可变性

任何一个社会组织的环境都不可能是一成不变的。社会环境是一个动态的系统，它具有可变性的特征。对组织的决策者来说，最重要的是要知道环境变化的速度和可预测度。如果环境变化很快，而且变化的情况难以预测，那么将给组织的决策带来困难。在这种情况下，组织就应该迅速调整其结构和目标以适应环境的变化。

从某种角度说，组织是环境的产物，但它不是一个任凭环境摆布的实体。事实上,任何一个开放的社会组织都是一方面受环境的影响和制约,另一方面又反过来对环境有所影响、有所改造,甚至有所超越。社会组织是行为的主体,应该而且必须按照自己的既定目标来策划各种旨在影响环境的公共关系活动。

3.环境的复杂性

所谓复杂性是指环境构成因素的多少和它们的差异程度。具体地说,如果环境的构成因素较多,而且差异程度也比较高,那么这样的环境就比较复杂;反之,其复杂性就小一些。组织的决策者必须考虑对其环境中所有因素的具体情况和每一种因素的独特情况,在充分获取和掌握其环境因素信息的基础上,作出能与环境相适应的决策。随着社会的发展进步,组织环境日益复杂化,具体的发展趋势表现为:

(1)组织与环境的相互依赖性增强。社会化大生产使得社会分工越来越细,各组织之间相互制约、相互影响、相互依存的关系就必然越来越强,甚至还会出现这样一种复杂的情况:每个组织的决策和活动都与其他组织的策略和行为互为环境关系。所以,公共关系专业人员不仅要注意组织对活动的制约作用,同时要注意本组织相对于别的社会组织也是环境的构成部分。

(2)公众舆论的作用逐渐强大。这是因为,第一,由于经济生活中的联系加强,社会整体性提高,对社会的重大问题、决策和事件的反应,一方面是受直接或间接影响的面越来越大,舆论代表的人数也就越来越多;另一方面是由于各组织、阶层和个体都更加关心自己的权益而纷纷发表意见,促使舆论形成和强大起来。第二,随着政治民主化水平的提高,政府以及各社会组织将更加注意公众舆论,用以改进工作。

(3)争取公众的竞争日益加剧。由于公众舆论作用日益强大,在政治上必然会推动民主化进程;在经济上由卖方市场转为买方市场,各组织、企业为扩大市场占有率,争取公众的竞争就会日益激烈。

(4)社会化专业水平提高与沟通愈加困难。从微观经济的视角看,专业化程度的不断提高,社会各部门、各行业和各组织之间就会越来越缺乏共同语言,互相理解、互相沟通的障碍增大。这时公共关系环境就会变得恶劣,具体表现在:一是公众容易对组织产生误解;二是由于缺乏沟通导致公众疏远组织。

三、主动适应环境的变化

任何组织都不能孤立地存在于社会之中,它们的生存和发展总是受到与之相联系的环境变化的极大影响,这种影响贯穿于组织发展的整个过程。组织要想使自己更好地适应环境的变化,就要认清各种环境因素及其变化情况,在变化的环境中不断构建良性的公共关系运行状态。

公共关系专业人员在发挥主体适应环境的能动作用中必须注意三种情况,即环境的不确定性、环境的可变性和环境的复杂性。因为:其一,正确地帮助组织获得各种环境信息,是公共关系专业人员的职能之一。公共关系专业人员应努力向组织提供正确、真实的各种环境信息,而不是错误、虚假的信息。帮助组织的决策者改善感知环境的方式、提高感知环境的能力。其二,全面地帮助组织了解环境变化因素,适应环境的复杂性,是公共关系专业人员应尽的职责。公共关系专业人员应对组织所处环境的复杂性保持清醒的认识,并帮助组织了解在复杂环境中各种因素与相互关系,而且要做到全面地反映和深入地分析,不能片面,不能浅尝辄止,这样才有利于组织作出正确的决策,使组织在复杂纷繁环境中做到胸中有数,处变不惊,有条不紊,积极应对。其三,及时地帮助组织适应变化了的环境,提高对环境变化的预测度,是公共关系专业人员义不容辞的责任。公共关系专业人员面对不断变化的环境,必须及时地向组织决策者提供环境变化的预测,提出适应环境变化的组织结构、组织目标依据和意见,供领导参考。这有助于领导及时迅速地进行调整,以适应环境变化的速度,并根据大量的环境变化信息,从中分析研究出带有规律性的东西,使组织处于相对稳定的状态。

所以,只有正确、及时、全面地掌握环境变化的各种信息,才能发挥组织的主导和能动作用;也只有在充分掌握、了解环境信息的基础上,才能够发挥组织的主观能动作用,按照自己的既定目标来策划、组织实施各种旨在影响环境的公共关系活动。而这种能动作用的发挥,在很大程度上是由组织的公共关系部实现的。没有公共关系专业人员的密切配合和得力工作,组织的能动作用就难以发挥,组织与环境的平衡也难以实现。

第五节 公共关系状态

公共关系状态是指一个组织所处的社会关系和社会舆论的状态,即这个组织在公众心目中的现实状况。任何组织都处在一定的公共关系状态之中,这是一种客观存在的形态。社会关系状态,是指组织机构与其相关公众之间相互交往和共处的状况;社会舆论状态是指公众舆论对组织机构的反映与评价状况。组织的公共状态是客观存在的,它制约或促进着组织的发展。因此,公共关系状态既是开展公共关系活动的出发点,也是公共关系活动的结果。

一、公共关系状态的构成

社会组织的公共关系状态是由组织内、外公众对该组织的态度构成的。从不同的角度分析,可将其分为静态的公共关系状态和活动中的公共关系状态两类。前者指尚未被自觉意识和互动的公共关系状态,即:无论是否从事公共关系活动,一个组织必然处在某种公共关系状态中。后者指公共关系活动及其追求的目标,即良好的公共关系状态。无论分析哪一类公共关系状态,都应从分析公众的态度入手。

公众对组织的态度大致有三种:即支持、反对和中立。通过对公共关系状态的分析、了解,掌握有多少公众对组织持支持的态度,有多少公众对组织持中立的态度,有多少公众对组织持反对的态度。公共关系工作就是要针对不同状态,提高公众对组织的知晓和认可程度。

在实际工作中,我们还可以发现从中立到反对的态度之间,还可细分为敌意、偏见、无知和冷漠四种态度。敌意是一种坚决反对的态度,同组织有着直接的利益矛盾,往往难以靠一般的公共关系实务工作改变其态度。只好在等待时机的同时,正确协调利益关系,尽量注意化敌意为和平相处。偏见、无知和冷漠,大多来自对事物缺乏全面、真实的了解,应持续不断地进行多方位的宣传介绍,为这部分公众提供充分了解的机会,使其在沟通信息和明确事实的双重作用下,逐步转变原来的态度。

总之,面对态度不同的公众,公共关系工作必须努力做到化坚决反对为一般反对、化反对为中立、化中立为支持、化一般支持为坚决支持。应该明确,公共关系工作的开展就是一个影响和改变公众态度、力求互利共赢的活动。

二、公共关系状态的种类

一般来说,公共关系有四种状态:第一种是高知名度、高美誉度的和谐关系,这是组织最理想的状态;第二种是高知名度、低美誉度的公共关系,这是最不理想的状态,是组织所处的一种危机状态;第三种是低知名度、低美誉度的原始公共关系状态;第四种是低知名度、高美誉度的公共关系,这是组织的一种较为稳定和安全的状态,说明组织处于发展阶段,有很好的发展前景。任何组织都会有一种公共关系状态,且属于这四种状态中的一种。

三、公共关系状态的运行

公共关系状态运行是社会组织主动影响公众的过程,社会组织通过施加公共关系影响改变公众态度、构建良性的公共关系运行状态。

1. 社会组织主动影响公众

社会组织主动影响公众是通过有计划、有目的地开展公共关系活动,反映社会组织的公共关系目标要求,最终又以符合社会组织的公共关系目标来衡量和评价公共关系活动的实际结果。公众态度的改变和公共关系状态的构建,都取决于社会组织对公众施加的公共关系影响能否形成有利于组织发展的良好公众舆论和公众环境。

2. 社会组织与公众双向认知

社会组织与公众的双向认知是由社会组织主动影响公众派生出来的,由于社会组织在公共关系状态运行过程中始终处在主动地位,这种能动性与自觉性不仅表现为主动影响公众,而且表现为主动地认知公众。认知公众是影响公众的前提。如果社会组织在公共关系活动中不了解公众的态度,或者了解公众的情况不全面、不正确,这就势必影响组织制定计划和方案、确定目标和选择活动方式,造成组织行为与公共关系活动的盲目性,显然这是无法对公众施加有效影响的。另一方面,在公共关系活动中公众虽然居于被影响的地位,但他们也具有自觉的能动性和选择性。他们是否愿意和组织发生关系,以及采用何种方式和社会组织发生关系,是以其对社会组织的认知为基础的。公众对社会组织不了解、不认识、不理解,同样不会产生符合社会组织期望的行为。

社会组织认知公众,为的是能够影响公众。公众对社会组织的认知并不存在自身必然的需要,而是社会组织的需要。社会组织为主动影响公众而需要认知公众,并且被公众所认同。社会组织与公众的双向认知是社会组织的要求,但是它也反映公共关系活动中组织与公众的本质的、必然的、稳定的联系,因而必然是公共关系状态运行过程中的基本特征。

社会组织是公共关系活动中影响公众的主导方,但开展公共关系活动是社会组织的要求,也是公众的要求。所以,在公共关系活动中遵循组织和公众双向认知规律、增进相互了解、防止和消除误解,就成为社会组织的必然任务。

3. 社会组织、公众和环境的相互协调

社会组织、公众和环境的相互协调,除了社会组织主动地对公众施加公共关系影响外,公众和社会组织也受到外部环境和内部环境的影响。只有当社会组织、公众的作用和内外环境的作用相协调时,公共关系活动才能收到理想的效果。

(1)社会组织、公众和内部环境作用的协调性。社会组织、公众的作用和内部环境的作用是否相协调,主要表现在两个方面:其一,社会组织的行为与其内部的心理环境相协调,特别是社会组织及其公共关系专业人员的心态要及时调适,要与公共关系状态相一致,而不能产生不平衡。这是由形成良性公关状态运行的心理机制判断决定的。其二,社会组织的行为和公众的心理环境相协调。社会组织主动影响公众的过程,是通过公众心理活动的认可而实现的。对公众来说,社会组织所施加的公共关系影响只是一种外部影响,并且这种影响是不带有强制性的。因此,社会组织对公众产生影响的大小,关键要看这种影响是否符合公众心理的需要。社会组织的行为和公众心理环境相协调,社会组织行为就能激起公众的积极响应,就能使公众行为自觉地趋向于公共关系目标,与组织行为保持一致。社会组织、公众和内部环境的一致性,要求社会组织及时调整心态与公众心理需要保持一致,能按照公众心理特征和心理过程开展公共关系活动,能在共同心理协调的基础上,促进公共关系的和谐发展。

(2)社会组织、公众和外部环境作用的协调性。社会组织开展公共关系活动时,社会组织、公众必须顺应外部环境,但这不是机械的服从。外部环境并不是不可以改变的,社会组织、公众可以在一定程度上发挥对外部环境的能动作用。一个新的组织形象的确立,一种产品打开新的市场,一个健康向上的公众环境的形成,这在一定意义上就是改变外部环境。而这种改变外部环境的成功,又是利用了外部客观环境中的有利因素。社会组织在发挥主动影响公众的作用时必须充分考虑外部环境,社会组织与公众双向认知时也要考虑外部环境的影响,但外部环境的影响本身也是由多种因素构成的,社会组织应当积极利用外部环境中的有利因素,通过协调的手段以及某种程度上的不协调的手段,主动地对公众施加影响,求得社会组织及公众与外部环境的协调发展。

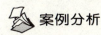

【案例】
中央电视台举办大型赈灾晚会

《爱的奉献——2008宣传文化系统抗震救灾大型募捐活动》在中央电视台播出后,在全国各地和海外华人中间引起强烈反响。胡锦涛总书记批示:"感谢中央电视台和发起单位的同志们,感谢广大文艺工作者!我们心连心,同呼吸,共命运,就没有克服不了的困难。胜利一定属于英雄的中国人民。"

《爱的奉献》赈灾义演活动于2008年5月18日20:00在央视直播一套、三套、四套并机全程直播,历时4个小时,中共中央宣传部、中共中央对外宣传办公室、中华人民共和国文化部、国家广播电影电视总局、国家新闻出版总署、中国人民解放军总政治部、中国文学艺术界联合会、中国作家协会、中华全国新闻工作者协会共同主办。八位主持人联袂主持,上百位演艺明星、企业和社会团体积极参与。这是建国以来我国宣传文化界最大的一次募捐活动,辅以文艺表演与播出抗震救灾宣传短片穿插进行。

影视界、音乐界、戏剧界、曲艺界、文学界、美术界、体育界代表登台演唱并参与捐款。所有的节目都是以合唱或诗朗诵的集体表演形式出现的,歌曲《爱的奉献》、《我的祖国》、《人在青山在》、《让世界充满爱》、《祖国在召唤》、《明天会更好》,诗朗诵《我们与你同在》,都在用实际行动表达着"心系汶川"的关切之情。

地震受灾地区的工作人员、志愿者不惜一切力量救助伤患,广播电视传媒工作者不顾危险,深入一线采访,央视连续100多个小时进行现场直播。同时,地震之后20个小时开始筹备这场大型活动,24小时之后开始创作节目。由于时间紧促,《爱的奉献》整场活动全是老歌登场,在筹备活动的同时,创作者们用最短的时间创作三首诗,由文艺界艺人和主持人在现场朗诵。央视文艺中心260余人参与。导演高希希说:"我是15号收到参加《爱的奉献》通知的,这期间我特别关注灾区的情况,在电视里看了那边(地震灾区)的画面,有点受不了,每次看了都掉眼泪,看着那边的孩子们,受不了……我今天(18号)在现场要捐钱,而且今天有两份捐款,一份是我自己的10万元,另一份是和我们《狙击手》剧组一起捐的,能尽力为灾区做点事就多做一点……其实在晚会现场的人都捐款了,但很多人都没有提及具体数字,大家都想为灾区同胞出一点力,也是默默地献一点爱心,不必张扬。"

据统计,全国5.5亿观众收看了中央电视台的现场直播,全球49个国家和地区的电视媒体转播或使用了中央电视台的直播信号。无数观众和海外人士通过网络、电话、手机短信等方式真情表达"一方有难、八方支援"。

(资料来源:百度 http://space.tv.cctv.com/podcast/zzyy)

【探讨】

结合案例分析,《爱的奉献》赈灾晚会是怎样体现公共关系状态的特征和良性运作的?

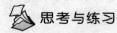
思考与练习

一、思考题

1.公共关系的构成要素包括哪些?

2.公共关系应该怎样主动适应环境的变化?

第三章 公共关系的构成要素

3.公共关系状态是主观的,还是客观的?如何建立良性的公共关系运行状态?

二、辨析题

俗话说:"好酒不怕巷子深。"这种说法是否正确,为什么?

第四章

公共关系的职能与运作程序

内容提要

公共关系的职能是社会组织和公共关系专业人员应尽的职责与公共关系活动主体的作用及要完成的任务。社会组织只有认清和落实公共关系职能,按照公共关系运作的程序,才能构造良好的公众关系,取得最佳的公共关系效应。

主题词

一般职能　具体职能　运作程序

第一节　公共关系的一般职能

公共关系的一般职能是指公共关系对其功能对象及社会组织直接发挥的作用。一般职能总体而言能帮助社会组织实现自身的公共关系目标。组织公共关系目标是组织得以存在和运转的前提,任何组织公共关系目标的制定和实现都必须以满足环境特别是公众的需要为基本原则,同时应考虑组织内部成员的需求。公共关系的一般职能就是从塑造良好的组织形象、协调组织的内外关系、增进组织的工作效益三个方面来帮助组织实现公共关系目标的。

一、塑造良好的组织形象

组织形象是社会组织在公众中的知晓程度和声誉好坏程度,良好的知名度和美誉度是组织安身立命的重要条件。但组织形象和信誉并非天然产生的,而是要经过公共关系专业人员和全体员工的持久努力才能求得,并且是建立在有利于公众和社会发展进步基础上的。塑造社会组织的形象,必须遵循整体性、社会性、真实性、艺术性、创新性原则。

1. 整体性原则

由于塑造形象、建立信誉是一种全方位、多层次的工作,所以需要在四个方面树立整体性形象。一是通过公共关系意识教育,在组织的内部员工中树立起与组织共同进退的整体意识,由全体职工共同努力来完成树立组织良好形象的巨大工程。二是通过形象系统的整体功效,多层次地增强社会组织的影响力,重点是切实对公众负责,例如企业组织要完善产品、管理、服务、品牌、知名度、美誉度、支持度、信任感等形象体系要素的复合联动。三是充分考虑各种传播的性质和机制,精心遴选合适的传播媒介,发挥有利于社会组织的宣传效应。四是合理、有序地开展宣传活动,使公众接受和认同组织的完整形象,避免产生以偏概全的负面影响。

2. 社会性原则

社会组织具有其作为社会子系统的属性和社会责任。因此,社会组织形象的塑造不但要符合组织自身的特色,展示组织的产品特征,还要符合社会的要求,体现社会性原则。从公共关系目标对象的角度来看,为同时满足公众的物质需要和精神追求,组织形象的塑造也必然要考虑物质和精神的双重效应。既要为公众提供更多、更好的产品和服务,同时要对整个社会的经济结构和生活方式产生潜移默化的深远影响,为社会的和谐及可持续发展尽职尽力。

3. 真实性原则

在公共关系的形象塑造和宣传过程中,各类社会组织都必须遵守真实性原则,例如企业要实事求是地根据组织的产品、价格、服务和营销业绩,传播真实的信息,只有这样才能使公众对组织及其产品产生信赖感。相反,如果言过其实,甚至欺瞒哄骗公众,一旦被揭露,组织形象的损失将无可估量,甚至连原有的形象效果也难以维系下去。

4. 艺术性原则

公关关系学是一门沟通、管理的艺术,因此应该广泛借助语言、文字、色彩、图像、荧屏、声响等各种形式和手段,加强与相关公众的双向交流,提高组织的吸引力和感染力。一方面,选择健康文明的题材作为形象建设的内容,实现社会效应与经济效应的和谐统一。另一方面,要灵活运用新颖、独特的宣传形式,加深公众对组织形象的认同感和归属感。再者,要全方位挖掘公众潜在的消费需求,引导公众树立合理的诉求理念,杜绝不切实际、盲目攀比之风。

5. 创新性原则

公共关系形象的塑造要不断地与时俱进,不断地创新,保持组织的生命力和活力。企业组织在市场经济运行过程中,不可避免地会有同行业之间的"形象竞争",只有不断改善自身的形象,才能从众多的组织中脱颖而出。组织要想使自己的形象更吸引公众、更光彩夺目,就应以创新为原则,多做开拓性的实事,即用自己独特的风格和创造性工作赢得公众的高度认可。

二、协调组织的内外部关系

社会组织是一个复杂的有机整体,只有协调内部要素和外部环境的相互联系、相互作用,才能确保自身的正常运行。所谓"协"者,即遇事不能单方面说了算,要双方或多方进行协商讨论,以达到利益的一致和意见的统一。所谓"调"者,即坚持客观公正、互惠互利的原则,调和既得利益,放弃多得利益。协调的终极目标是内求团结、外求发展,为社会组织营造一个和谐的氛围。

1. 协调内部关系,增强组织凝聚力

在社会组织内部有各种各样的关系,概括起来主要包括员工关系、干群关系和部门关系三类。

首先,公共关系应协调好员工关系。这是内部公共关系中最普遍、最复杂、对组织影响最大的一种关系。协调这种关系的主要目的是使员工具有主人翁的自豪感和归属感,将个体利益和集体利益有机地结合起来,最大限度地挖掘员工的潜力,使员工能够主动承担责任,敢于和组织一起共患难、同进取,有效执行组织的发展计划、实现目标。

其次,组织内部有一个各部门间的关系沟通和协调问题。组织内各部门之间由于职责范围不同而可能从不同的观察角度审视问题,并由此产生一些不同程度的工作摩擦和利益冲突,影响信息传达的顺畅化和组织营运的正常化。所以,公共关系专业人员要以高度的责任心,持之以恒地完善各部门之间的信息沟通工作,积极营造组织内部各部门之间互相理解、互相信任、互相支持的协作精神与和谐气氛,从而使各部门同心同德,为保证组织整体目标的实现而努力。

最后,公共关系应该发挥承上启下的作用,协调好组织内部的干群关系。组织领导和职工之间的根本利益虽然是一致的,但经常会由于管理和生产、职工利益满足程度等原因而引发多种矛盾,甚至产生消极对抗的内耗现象,导致组织缺乏团结合作的气氛,难以实现组织目标。因此,公共关系部门及其公共关系专业人员要重视和认真协调好这组关系,保持和组织内部各层次人员的联系,经常向领导反映职工群众的要求、意见和动向,协助领导在把握员工实际情况的基础上,制定出各种促使干群关系更加密切的举措。在做到下情上达的同时,公共关系工作还要保证下行渠道的顺畅,及时向职工群众宣传组织管理的目标和政策,使职工群众在充分理解领导意见和决定的基础上,自觉配合好各级管理人员,上下协调,减少误解,使组织的工作得以正常开展。

2. 沟通外部关系,谋求共同发展

社会组织在与外部交往时,由于双方所处地位不同,有时会产生利益上的摩擦,产生认识上的分歧和行为上的差异。这就要求彼此之间通过有效的公共关系工作,相互沟通、相互谅解,谋求共同发展。

首先,公共关系的外部协调工作要把与组织目标直接相关的公众作为协调的重点对象,运用灵活、多样的交往手段由点到面,开拓关系,减少组织与公众发生纠纷的可能性。当发生冲突时,主动平衡双方利益,在沟通的基础上迅速、妥善地化解矛盾,维持正常的关系。

其次,公共关系还要努力与社会各个方面相互配合、相互支持。社会组织在其运行过程中,会与许多外部因素和广大公众发生关联,"一招不慎、满盘皆输"。所以,社会组织需要本着实事求是的精神,统筹兼顾,坦率地展示情况,及时吸取公众的反馈意见,弥补自身工作的缺陷,争取最多数公众的理解、支持和合作。

3. 处理内外关系的方法

社会组织的内外关系时刻都是在动态的过程中寻求着稳定的支点。面对复杂、多变的形势,公共关系专业人员需要灵活应对,在寻求稳定支点的前提下,探索不同的协调方法:

(1)信息反馈法。通过建立和完善组织内外的各种沟通渠道和协调机制,促进组织信息的交流和畅达。公共关系专业人员要把组织的计划告知内外公众,同时把执行情况以及内外公众的看法及时反馈给领导层,并根据反馈的信息来适当调整行动方案。

(2)情感交流法。人是有感情的,组织与其公众之间也是有感情的。如果双方联系紧密,信息传达顺畅,二者的感情就好,事情都比较好办;如果二者感情不和,双方的联系就会有阻力,影响组织在公众心目中的形象和稳定发展。因此,公共关系专业人员要重视心理情感的协调,善于动之以情地缩短公众与组织心理距离。

（3）严以律己法。当组织与公众由于某种原因产生不可避免的矛盾时,社会组织要善于自律,勇于自我检讨,敢于承担责任,以主动的姿态将各种损害降到最低限度。为了社会组织的长远利益和发展前景,矛盾发生后应尽快统一双方对事实真相的认识,使组织行为尽可能符合公众的期望要求。

三、增进组织的工作效益

塑造良好的组织形象,协调组织的内外关系,最终目的是为了增进社会组织在实际工作中的成效。组织的工作效益是指组织通过对公众和环境施加影响在社会大系统中发挥特定作用,从而保证组织更好地生存、运转和发展。

1. 公共关系活动可以增进组织的经济效益

借助各种信息传播媒介和协调沟通机制,公共关系能够掌握社会组织内外部的各种形势变化,了解公众对社会组织的态度走向,从而发挥其预测组织运动趋势和组织目标实现程度的功能,及时调整预定目标,有的放矢地采取必要的对策扫清障碍、解除危机,使社会组织的经济效益得到增加。

2. 公共关系活动能够增进组织的社会效益

公共关系活动追求经济效益的终极目的还是为了实现社会效益。通过协调与沟通,可以使社会组织与公众之间的关系融洽、和谐,从而为组织开展工作奠定"人和"的基础。任何社会组织在其运行过程中都必然会与一些关系对象产生不同程度的摩擦,公共关系主体运用"情感投入"、"微笑服务"等具有协调功能的一系列专门活动则能减少摩擦的消极作用,降低组织工作消耗的成本。同时能最大限度地减少摩擦给组织带来的损害,防止矛盾扩大化。而当纠纷发生后,通过信息传播活动来争取公众的谅解,以真诚友善的态度化解双方紧张的关系,有助于组织与公众处于一种相互了解、相互合作的融洽关系中,有利于形成良好的社会风气。

3. 公共关系活动有助于增进组织的管理效益

公共关系活动对组织管理效益的增进,主要体现在能够把众多员工的言行引导到组织既定的目标和共同利益上来,从而避免各自为政、效益受损的现象。确保组织内部的个人目标与组织目标高度一致,树立一种从组织整体目标出发来分析问题、采取行动的观念,营造出团结互助的公共关系氛围。公共关系活动作为一种人性化的管理手段,有助于社会组织增强社会责任意识,提高管理效益,放宽胸怀与气度,帮助弱势群体,促使社会繁荣和安定。

第二节 公共关系的具体职能

公共关系的具体职能是指社会组织在实现目标的过程中,通过公共关系活动对公众个人和社会环境产生积极影响的职能。采集信息、监测环境;咨询建议、辅助决策;教育引导、开拓市场等具体职能都可以在协助社会组织实现目标的同时,对个人和社会环境的信息沟通、行为协调和风气净化等产生影响,并最终对社会心理、社会政治、社会经济等宏观环境起到有益的作用。

一、采集信息、监测环境

在现代信息社会,任何一个组织的生存和发展都离不开信息。谁掌握更多、更有效的信息资源,谁就能在激烈的竞争中占据优势。公共关系活动的基本目的之一就是通过双向的信息沟通,有效地达成社会组织与公众之间的信息交流。

公共关系信息主要是指组织在开展公共关系活动中,为了塑造自身良好的社会形象,推进公共关系各项工作的顺利开展,使公共关系活动取得预期的成果,而收集、整理、传播、应用的各种信息。社会组织与其所处的社会环境之间有着相互影响、相互制约的密切关系。采集信息的首要目的就是对社会组织所处环境进行监察、预测,根据收集来的信息材料进行分析、制定政策,将社会组织遇到的消极因素变为积极因素。采集信息是监测环境的前提,监测环境则可以为启动采集新的信息做准备,两者相辅相成,缺一不可。因此,采集信息、监测环境也就成了公共关系工作的一项具体职能。

1. 采集信息的内容

公共关系部门为监测环境需要采集对组织发展有用的各类信息,即与组织形象、公众利益、公共关系状态有关的信息。其中包含组织基本情况信息、组织的公众信息、政府决策和立法信息、市场环境信息等。

(1)组织基本情况信息。其内容涉及组织的发展历史、现状与未来趋势;组织的目标与方针;组织的产品信誉和组织形象等。了解公众心目中的组织基本情况及其评价,对组织的发展至关重要。如果不充分了解公众的意见和建议,不向公众普及组织的基本情况信息,及时改进工作思路,那么社会组织就会在混沌状态下停滞不前。因此,公共关系专业人员应重视采集整理与组织自身有关的信息,这些既是公共关系传播的重要内容之一,也是公众了解组织、评价组织的关键依据。

(2)组织的公众信息。一个双向交流的公共关系活动,不仅要对外传递组织的自身信息,还需把外部公众信息反馈给组织内有关决策、职能部门,并依据公众信息来完善自己的工作计划和目标。公众信息是多方面的,公众物质和精神需求信息、竞争对手信息和新闻媒介信息都属于此种类型。只有充分采集、分析这类信息,社会组织才能有针对性地组织开发新产品、制定新策略、提供新服务、创造新业绩。

(3)政府决策与立法信息。这是指直接关系到社会组织发展和经营管理的国家大政方针以及约束、规范组织运行的法律法规等。对这些政策规定和法律制度必须予以高度重视,并在搜集、整理和研究的基础之上贯彻到社会组织运行的各个环节中去,使之成为组织制定目标、方针的重要依据,从而使组织能够沿着正确的轨道发展。

(4)市场环境监测信息。这类信息包括开展公共关系活动所需要的场地、设备以及各方面的规定要求等。开展一项公共关系活动与之发生联系的单位除了媒体外还包括工商部门、交通部门、卫生部门、治安部门等等,这些不同的单位有各自不同的制度和要求。所以,在开展公共关系活动时要事先深入了解市场环境信息,搜集得越全面、越细致、越彻底,公共关系活动的针对性就越强,成功的几率也就越大。[①]

2. 采集信息、检测环境的基本程序

处在信息时代,信息资源与日俱增,但为了采集到真正有用的信息,还必须通过科学的处理之后才能对信息加以运用,而监测环境也主要就是通过收集信息息、分析信息来完成的。其基本程序如下:

(1)广泛收集、全面把握。采集信息、监测环境的第一步就是搜集尽可能多的与公共关系活动和实现公共关系目标相关的信息。只有搜集的信息多而真实,才可能全面地把握公共关系活动中遇到的问题,也才有可能主动地将公共关系活动过程中的消极环境转变为积极的环境。当然,信息也不是越多越好,重点是要收集与社会组织和公众及公共关系活动相关的信息,否则,收集的信息很多却对公共关系活动没一点用处,那就做了无用功了。

(2)分析鉴别、去粗取精。通过去伪存真地遴选,把隐含在大量信息中的"伪信息"剔除,并对信息进行由表及里的梳理,把与组织利益目标密切、意义深远的

---

① 王群、徐强、夏文芳:《公共关系学》,上海中医药大学出版社,2008。

信息提炼出来,才能正确地了解和监测环境。

(3)加工储存、科学推测。即把信息中隐晦的观点和意蕴条理化、清晰化,用卡片摘录、声像剪辑、归档入案等方式加以妥善保管,以便随时查阅和利用。社会组织为了适应内外环境,还应当敏锐把握环境变化的种种预兆,作出科学推测,从而使组织合理制定或及时调整组织目标。

二、咨询建议、辅助决策

公共关系采集、分析信息之后,有了立论基础就开始充分显示出它的另一项具体职能:咨询建议、辅助决策。该职能直接体现了采集信息、监测环境在组织决策中的重要价值和管理属性。需要注意的是,公共关系的咨询建议和辅助决策不同于一般职能部门从技术、经济、业务和人事等传统角度提供的建议,它是从组织形象、社会公众和传播沟通的角度为决策提供咨询。其职能的特殊性需要加以详细的分析说明才能被理解。

1. 咨询建议

公共关系咨询建议主要是指社会组织公共关系专业人员向决策层和各管理部门提供公共关系方面的情况和意见。这一职能规定了公共关系咨询建议与信息沟通的天然联系。没有足够的信息沟通做积累,所提出的咨询建议就会是"空中楼阁",缺乏切实可行性。因此,广泛、准确地采集信息是咨询建议的前提条件,而沟通信息的归宿也只有通过咨询建议影响社会组织积极按照实际情况调整预定目标和方案,最大限度地显示信息的意义和价值。

由于社会组织始终处在内部环境与外部环境、组织目标与公众期望、预期计划与实际成效等多元复杂因素寻求动态平衡的过程之中,故而公共关系咨询内容也是多方面的。凡与社会组织决策相关的一切因素都属于咨询建议的范畴。其主要内容有:

(1)关于组织形象建设的预测咨询。在商品经济高度发展、竞争日益激烈的情况下,组织形象建设是组织发展的重要因素。在广泛采集相关信息之后,公共关系应进行正确的分析评估,找出组织自我期望形象和实际社会形象之间的差距,并可提出选择发展型、维持型、纠正型等组织形象改善建议,及时把客观准确的信息和切实可行的咨询建议反馈给领导层,这对组织的发展决策有着极为重要的参考价值。

(2)关于社会环境变换的预测咨询。现代社会市场环境变幻莫测,公共关系的咨询建议职能在变化和动荡的环境中显得更加突出和迫切。一个组织能否迅速预测和把握市场变化的趋势,往往决定着组织能否在动荡的市场中站稳脚跟和得以发展。因此,公共关系部门要充分发挥自身的作用,即根据已获得的大量信息,预测市场趋势、社会发展动态等,及时、准确地向决策部门提供建议和咨询。

(3)关于公众心理的预测咨询。公众心理是社会组织管理决策、确立新目标、开发新产品的重要依据。可社会组织有时会因为实力有限而囿于眼前利益,怠慢公众的利益诉求与心理需要,导致矛盾加剧甚至危机发生。所以公共关系专业人员要经常为决策者提供公众需求意见和态度要求等方面的情况,建议采取既不损害组织利益又能赢得公众拥护的有效举措。

2. 辅助决策

(1)辅助决策的职能意义。公共关系专业人员不仅能为社会组织采集各种信息提供咨询建议,还能在此基础上发挥辅助决策的作用,这可以说是公共关系职能最高层次的表现之一。在组织决策过程中,每一步都渗透着公共关系辅助决策的重要意义:

一是有助于组织领导决策科学化。从宏观到微观,从战略到战术,从经济效益到社会效益,都能协助领导进行周密的决策方案论证。

二是有助于组织领导决策民主化。公共关系的辅助决策,能够促使领导决策的方案集思广益,在提出合理化建议后进一步修改和完善决策方案。

三是有助于组织决策程序规范化。公共关系专业人员是在领导委托和指导下辅助决策的,严格而规范的决策程序则要求领导在最后作出决断前听取公共关系专业人员及其职能部门的辅助决策建议。

(2)公共关系辅助决策的任务。

一是帮助组织决策者确定目标。公共关系部门能站在公众和社会的立场上,综合评价组织的决策目标,依据公众需求和社会价值敦促决策者及时修正和完善决策目标,使组织决策能够两全其美地符合组织和社会公众的利益。

二是帮助领导层拟定决策方案。决策方案是保证决策目标得以实现的各种措施的总和。拟订方案包括设计和选择两个步骤。所谓设计方案就是根据各种限制因素和大量数据材料,运用科学手段和方法,制定有望实现决策目标的各类可能施行的方案。选择方案则是通过对各种方案进行比较和评估,决定选取一种最优方案。在此过程中,应强调公共关系原则在方案的选择标准中的重要地位,把公众作为最有权威的评判者。

三是为领导者提供决策的依据。公共关系部门和人员应为领导提供全面、

第四章 公共关系的职能与运作程序

准确的内外信息。① 准确的内源信息可以促进内部决策的科学化、民主化；全面的外源信息则有利于其及时掌握组织在公众中的形象与信誉、竞争对手的现状及发展趋势、组织市场开发的前景等影响决策目标实现的各种数据。经过有效的科学分析后，这些资料就能为领导在作出决策时所采用。

四是帮助组织实施和评估决策方案。公共关系专业人员一方面要协助决策者向各执行部门传达和解释决策方案的目标、意义和内容，同时应提醒领导，要多角度、多层次地去审视决策反馈信息，正确评估初定的方案，自觉站在公众的位置去思考利益问题，及时弥补组织决策中的缺陷和失误。

三、教育引导、服务公众

公共关系工作除了具有以上的职能外，还具有教育引导和服务公众的职能。对组织内外部公众进行教育引导是保证组织稳定发展的重要条件。服务公众是由公共关系的本质属性和公共关系部门的职责决定的。

1. 教育引导

教育引导职能的发挥需要从两个方面进行阐述。一方面，从组织内部来讲，成功的公共关系工作必须是由组织的全员参与、相互配合来完成的。从创造优质产品、提供优质服务到宣传引导舆论，都离不开组织全体成员共同和持久的努力。要使这种行为变成自觉、自愿的行为，必须提高组织全体成员的公共关系意识。因此，公共关系部门要经常对组织内部员工进行有意识、有目的的公共关系教育、训练和考核，吸引员工对公共关系工作的注意力，提高员工做好公共关系工作的热情，培育员工的公共关系意识，使组织从高层领导到一般办事人员都养成自觉参与公共关系工作和关心公共关系工作的习惯，以保障公共关系工作开展得更加顺利和有效。另一方面，要对组织的外部公众进行教育和引导。人们常说"公众永远是对的"，这是从服务的角度将"正确"让给公众，但客观地讲，公众不可能永远是正确的。这就要求公共关系主体对公众的需求和舆论加以引导和教育。当公众跟着社会环境的变化对组织形成某种程度的误解或产生矛盾时，就更需要公共关系专业人员对组织和公众之间的误解和矛盾进行调节，其中包括教育和引导工作。

2. 服务公众

随着科技的突飞猛进、产品的极大丰富，公共关系活动培育和服务公众市场

---

① 王群、徐强、夏文芳：《公共关系学》第127页，上海中医药大学出版社，2008。

的功能日益凸显出来。科技的进步使得产品的更新换代速度加快,但公众不可能了解那么多的新产品,这时,就需要公共关系专业人员不断对公众进行商品知识、消费知识、安全保险知识等方面的传播工作,加强沟通、交流和服务意识,使消费公众对组织产生认同感。比如:数码相机在 1975 年发明后,因为其与传统的老式相机根本不同,公众对它的认识只是停留在概念性上。由于电脑的普及以及公共关系专业人员、广告、媒体等的宣传,数码相机不只被广大顾客所接受,现在数码相机的市场已经超过传统的老式相机。因此,公共关系专业人员要根据市场的变化和发展,对市场进行进一步的定位和划分,努力为公众服务。

总之,把公共关系的一般职能和具体职能梳理清晰,才能凸显公共关系学是一门管理的综合艺术。通过上述分析,我们可以明确:公共关系职能本质上就是公共关系的社会职责和功能。随着全球化趋势的演进,公共关系职能已日益具备全球性、多样性等特点,它将以新的形式促进人类发展、推动社会进步。

第三节 公共关系的运作程序

建立、维持组织与公众的良好关系需要精心的策划,必须经过特定的工作步骤和过程。只有遵循公共关系运作程序去开展公共关系活动,才能收到满意的效果。人们通常将公共关系活动的过程分为公共关系调查、公共关系计划、公共关系实施和公共关系评估四个步骤,即"四步工作法"。每个步骤之间各自独立运作,但又相互衔接、前后连贯,构成公共关系运作程序。

一、公共关系调查

没有调查就没有发言权。公共关系调查是社会调查的一种表现形式,但与其他的社会调查有所不同。它是指组织采用科学合理的方法,准确翔实地搜集有关组织形象、公众需求及社会环境等各方面的信息,为组织开展后续的公共关系活动提供条件和基础,也为公共关系计划提供科学的依据。

1. 公共关系调查的过程

公共关系调查的过程是调查从开始到结束的先后次序和具体步骤。这一过程包括四个环节,即:调查准备阶段、调查实施阶段、整理分析阶段和总结阶段。

(1)调查准备阶段。调查准备阶段是调查工作的开端,一般包括调查主题的确定和调查方案的拟订,包括设计详细的调查提纲,提出明确的调查范围、调查对象,采用适当的调查方法,以及针对调查队伍的组织和培训工作等。

(2)调查实施阶段。在调查方案和工作计划呈送主管部门并获得批准以后,即可进入实施阶段。这个阶段的主要任务是根据调查方案和调查计划的要求系统地收集与调查课题相关的资料和数据。

(3)整理分析阶段。在这一阶段要对调查中获得的资料进行整理分析、归纳总结,以便引出调查结论,确定组织所面临和需要解决的问题。一般组织在调查中应对"5W1H"问题作出准确的符合实际的回答:组织与其公众之间存在什么问题?即"是什么"(What);问题出在哪里?即"什么地方"(Where);问题发生在何时?即"什么时间"(When);这个问题涉及什么人以及谁受这个问题的影响?即"谁"(Who);他们是如何涉及这个问题的以及怎样受到这个问题的影响的?即"怎么样"(How);为什么这是一个涉及组织与其公众之间关系的问题?即"为什么"(Why)。

(4)总结阶段。即总结和撰写调查报告阶段。公共关系调查总结就是要总结公共关系调查的各种数据,提出改进的合理建议,推动组织有效地实施公共关系活动的步骤。然后在调查总结的基础上撰写调查报告。

2.公共关系调查的内容

成功的公共关系活动,既要"知己",又要"知彼"。因此,公共关系调查主要内容是收集组织内部和外部公共关系状况、组织适应社会环境状况的信息与资料三个方面。

(1)组织内部公共关系状况的调查。组织内部公共关系状况主要表现为:员工关系即调查员工公众对组织的亲和力、归属感和认同感的情况,对组织目标的支持与配合程度,了解团队凝聚力以及组织处理团体利益与个体利益的状况等;股东关系即调查股东的红利或股息回报的情况,董事会选举、工作的状况,了解公司发展状况以及与公司合同所确定的各种附加利益履行的状况等;干群关系即调查组织领导和管理人员与员工信息的双向沟通状况,决策民主化程度,工会、职代会地位和作用,了解员工维权情况以及组织信访接待、领导人员素质和廉洁、高效形象等建设的状况。部门关系即调查组织各职能部门工作的效率,相互合作的状况,齐抓共管形成合力的状况,各部门相互支持、服从大局的表现情况等;经营业绩即调查组织发展的历史、传统、经营目标、市场占有率、竞争力、资产结构、流动资金周转情况,了解固定资产使用和管理状况、外债或债权状况等。

(2)组织外部公共关系状况的调查。组织外部公共关系状况主要是要调查组织在与各类公众交往过程中留给公众的印象。首先是社区公众关系,即调查社区公众对组织的了解、理解和支持的程度,了解组织对保护社区环境、支持社区文化和慈善事业、赞助当地公益活动、组织负责人参与社区事务、员工开展社区志愿者服务活动状况等。其次是顾客公众关系,即调查顾客公众对组织及其产品或服务的印象和看法,了解影响顾客公众选择的相关因素,组织的顾客意识、服务态度、情感沟通的举措以及组织与公众的联系制度、接待顾客投诉的状况等。再次是媒介公众关系,即调查组织与新闻媒介的关系状况,新闻媒介对组织的了解、理解和支持的程度,了解公众舆论对组织的看法和评价以及接受新闻批评、赞助新闻媒介举办的活动状况等。第四是政府公众关系,即调查组织与政府及其职能部门沟通的情况,政府对组织的了解、信任和支持的程度,了解组织的公共关系部门主动提出新政策的建议和设法争取政府支持的状况以及组织所处的政策环境、法律保障、行政支持和社会政治条件的信息等。第五是国际公众关系,即调查组织与国际公众的关系,国际公众和国际舆论对组织及其产品了解、理解与支持的程度,了解组织运用跨文化传播手段、促进组织形象国际化的发展水平以及组织适应国际惯例本土化的状况、了解对象国文化历史、风俗习惯、公众心理的状况等。最后是组织知名度和美誉度,即调查组织及其产品在公众心目中的地位、知晓与满意的程度。了解公众对组织的员工尤其是领导和管理人员素质的基本评价,组织获得荣誉的次数、内容和等级,在社会"名流"中的地位,品牌在地区、全国、世界上的知名度、美誉度等。

(3)组织所处的社会环境的调查。搜集组织所处社会环境的信息是其开展公共关系状态调查的重要内容之一。因为这些信息是决定组织生存、发展的重要外部条件,直接影响组织的经营决策活动和公共关系目标与组织实施的成效。一是法律政策环境。调查国家和政府制定与颁布的各项政策、法律、法规、条例等法制环境情况及其对组织的影响,了解组织执行政策和法规的能力以及组织与法律政策环境相适应、相协调的情况。二是社会文化环境。调查传统文化心理对组织发展的影响,了解组织亚文化适应社会主流文化与其他国家文化的情况、融合的程度、接受程度以及社会道德、社会风俗、社会生活方式、跨文化管理变化对组织亚文化的影响等。三是市场环境。调查市场需求状况及其市场导向;调查消费者公众的总量、结构、分布、偏好及其成因;调查市场竞争态势、竞争对手的强弱及其如何开展公共关系活动等等。四是舆论环境。调查大众媒介与网络媒介对组织及其产品服务的褒奖与批评情况,公众投诉对组织及其产品表扬与批评状况。了解行业协会评比结果以及政府和社会群众团体对组织从事公益活动的评价状况等。

3.公共关系调查的方法

在公共关系调查中,要根据调查的目的和调查对象的特点,选择行之有效的调查方法。公共关系调查的方法有：

(1) 观察法。观察法指调查者进入调查现场，用自己的感官及辅助工具，观察和记录调查对象的表现用以搜集资料的方法。

(2) 访谈法。访谈法是指公共关系调查人员通过访问和谈话的方式与调查对象进行交流以获取有用信息的一种调查方法。访谈法一般有个人访谈法、集体访谈法、来信来电访谈法、网上访谈法等。

(3) 文献研究法。文献研究法是不直接与现实社会的具体人进行交往，而是搜集与调查对象有关的文献资料以进行全面、深入研究分析的方法。也就是说要充分利用现成的第二手资料进行分析和研究。第二手资料包括组织历年的统计资料、档案资料、样本资料及其他有用资料。

(4) 抽样调查法。抽样调查法是指从调查对象总体中按照一定的方法抽取一部分样本加以调查，并把这部分样本的调查结果推导到总体的方法。抽样调查可分为随机抽样和非随机抽样两种。一般问卷调查运用抽样的方式比较多。

二、公共关系计划

公共关系策划是根据组织现状，针对组织目标，分析现有条件和发展趋势，为开展公共关系活动制定计划的过程。也就是在公共关系调查分析的基础上，为公共关系活动制定计划。

1. 确立目标

公共关系目标是根据组织发展目标的要求和公共关系状态的实际水平，提出组织所希望达到的公共关系预想结果。公共关系目标是组织总目标的一部分，既要为实现组织总目标服务，又要具有鲜明的公共关系特色。第一，公共关系目标必须与组织总目标相一致，为组织总目标的实现创造有利条件。第二，公共关系目标必须有助于塑造组织的良好形象，能够为组织经营目标的实现创造和谐的公众环境，为组织发展带来切实的社会效应。第三，公共关系目标必须具体化、准确化、有可操作性，便于运作与量化评价。

2. 设计主题

依据调研分析结论，组织应确立公共关系活动的目的和内容，并根据法律规定、自身功能和公众的审美标准、情趣、文化风俗，紧扣活动的目的和内容提炼主题。主题在整个公共关系活动中起到提纲挈领的作用。公共关系活动离不开主题设计，而主题设计是否具有创意和吸引力，对公共关系活动的成效影响很大。第一，公共关系活动的主题要与公共关系目标相一致。第二，公共关系活动的主题设计要立意鲜明、富有特色,并切实可行。第三,公共关系活动主题的设计要迎合目标公众,适应并贴近他们,既形象生动,又亲切朴素,能促使公众产生亲近、信任组织的积极情绪。第四,公共关系活动的主题设计,要注意简明扼要,容易记忆,便于传播。词句切忌过长,主题防止空洞、雷同。

3. 选择媒介

选择媒介是指确定了公共关系目标、公共关系主题和对目标公众进行分析研究后,要考虑选择与目标公众联络沟通的最佳媒介。传播媒介形式多样,各种媒介各有长短,只有选择合适的媒介,才能与公众进行顺利的联络与沟通。为此必须遵循以下几点:第一,根据公共关系活动的目标和要求去选择传播沟通媒介。各种传播媒介都有其特定的功能及优势,都可以为公共关系的各种类型活动方式服务。一般应选择传播速度快、覆盖面广、影响力大的大众传播媒介、网络媒介。第二,根据公共关系活动对象的特征选择传播沟通媒介。不同的公众对不同的传播方式和传播媒体的接收机会和感受不同,因此,应根据公众的年龄结构、职业性质、生活习惯、教育程度等基本特点决定采取相应的传播方式。第三,根据传播的内容特点来选择传播沟通媒介。内容比较简单的可以选用广播、电视;如果内容较多、技术性强,可采用印刷品传播、网络媒介,或者将印刷品传播与人际传播相结合,进行现场讲解。第四,组织应根据自己的具体经济条件选择传播沟通媒介,尽可能用有限的经费和资源创造最大的效益。

4. 经费预算

经费预算,必须与活动的规模和效果相适应。组织在进行公共关系活动经费预算时通常要考虑以下因素:组织的总收入、广告需要、公共关系任务和目标的难易程度或复杂性、利润水平。公共关系预算费用一般分四部分,即固定费用、变动费用、专项费用和临时费用。固定费用是相对稳定的费用,如公共关系各类操作人员工资,各项公共关系活动所需的办公费、房租、固定资产折旧费等。变动费用指随公共关系活动规模变化而形成的费用,如设施材料费、专家咨询费、活动招待费、社会交际费、设备购置费、宣传广告费等。专项费用指组织某专项性公共关系活动所需要的费用,如大型调查活动、庆典、赞助、重大专项设备购置费等。临时费用指开展应急性公共关系活动所需的费用,如处理一些突发事件而进行的公共关系活动,允许组织临时挪用其他费用或申请追加费用。

5. 计划论证

公共关系的计划应该与社会环境条件相配合,具有可行性。计划论证,就是对计划的可行性进行论述和求证。具体论证可分为两个步骤：第一步，力求优化计划。就是尽可能地将公共关系计划完善化、合理化，要花最少的时间、精力及开支费用获得最大的效益；要注意增强计划的目的性，强化计划的可行性，努力降低活动费用；选用形式多样的方法，如重点法、转变法、反向增益法、优点综合法等进行计划优化。第二步，进行计划论证。一般由有关领导、专家和有经验的实践者对计划的可行性提出问题，由公共关系专业人员答辩论证。计划论证的具体内容主要包括对目标进行分析；对限制性因素进行分析，如人力、财力、物力及时间、环境、传播媒介等；对潜在问题进行分析；对预期的结果进行综合效果的分析评价；形成书面报告。书面报告的主要内容有综合分析的介绍、公共关系活动计划的论证报告。在书面报告中要求计划立项详细，目标明确具体，语言生动简明，逻辑性强，以利于争取组织决策层对公共关系活动的接受和支持。

三、公共关系实施

1. 确定公共关系活动的项目

公共关系实施是把公共关系计划具体落实、付诸实践的过程。它是公共关系工作过程的关键性阶段。公共关系专业人员要以公共关系目标与公众的需要为出发点，协调各种关系，选择最佳途径和手段，排除实务过程中的障碍因素，努力提高公共关系计划实施的成功率。如：宣传类型活动项目有记者招待会、新闻发布会、演讲活动、新产品与新技术展览会、制作公共关系刊物和视听资料、策划新闻事件、竞赛活动、开放参观活动等；交际类型活动项目有联谊招待会、座谈会、工作晚餐、交际舞会、沙龙活动等；服务类型活动项目有售后服务、消费教育、消费指导、商业或服务业的优质服务、公共事业的完善服务等；社会类型活动项目有社会节日庆祝活动、公益事业或福利事业赞助活动、开业庆典与周年纪念活动等；征询类型活动项目有信息咨询、诊断咨询、专题公共关系咨询、顾问咨询、会诊咨询、电话咨询等。

2. 确定时机与地点

公共关系活动常见的有利时机有：组织成立之际、创立周年之际、更改名称之际、推出新产品之际、重大节日之际等。公共关系活动地点有：闹市、广场、会堂、展馆、现场等。但是也应注意，当公共关系活动与重要节日无关时，也应避开节日，否则会被节日冲淡。

3. 选择传播媒介

传播媒介如报纸、杂志、广播、电视、网络、印刷品、图片资料、幻灯、录音、录像等都有自己的传播优点和缺点，需要公共关系专业人员根据公共关系活动的目标与规模，合理选择，策动传播，以扩大公共关系活动的影响。

4. 组织实施人员

实施人员是公共关系计划开展的关键，因为公共关系活动内容都要通过实施人员体现效能。一般由组织领导、公共关系专业人员、先进人物、媒介代表、社会名人与政界要人以及礼仪、接待人员等组成。其中组织领导既是组织的形象代表，又是公共关系活动决策、组织、指挥和参与者，起主导作用；公共关系专业人员既是具体组织实施者，又是承上启下的协调者，起直接操作的作用；其他各类人员无论是内部公共关系还是外部公共关系都必不可少。总人数的多少取决于公共关系类型的选择和项目设计的需要，尽可能少而精，以公共关系意识和公共关系能力强者为主，便于有效地开展公共关系活动。

5. 克服实施中的障碍

在实施公共关系计划与方案中，不可避免地会遇到各种障碍，如传播媒体运用不当、方式方法不妥、渠道不畅以及各种各样的障碍，出现"传而不通、沟而不适"的情况，影响公共关系计划的实施。传播媒介、方式方法的选择和渠道疏通等自身产生的障碍，可视实际情况，采取针对性地措施，切实加以排除，这是比较容易做到的，而其他一些传播、沟通障碍的排除，就要困难得多了。传播过程中的沟通障碍主要有政治障碍、经济障碍、文化障碍、语言障碍、风俗习惯障碍、立场障碍、信仰障碍、观念障碍、心理障碍、性格障碍、性别障碍、年龄障碍、传播时机障碍、组织体制和组织形式障碍等。上述种种障碍，在当前的条件下，有的是短时间内无法排除的，有的则是通过主观努力，创造条件，可以将它排除掉。

四、公共关系评估

公共关系评估是公共关系"四步工作法"中的最后一个阶段或步骤，也是公共关系活动的一个必要程序。对公共关系效果进行评估，不仅是对上一阶段的公共关系工作的总结，而且是对下一阶段的公共关系状态的调查和预测。

1. 评估公共关系活动效果的标准

衡量公共关系活动效果的客观标准是社会效益和经济效益，以社会效益为主,同时兼顾经济效益。评估公共关系活动的效果,首先要衡量其社会效益,如是否改变了公众对组织的不良印象、是否消除公众对组织的误解、是否支持了组织的某项活动、公共关系活动在公众中的实际影响如何等。但是,公共关系活动的社会效益与经济效益是直接相联系的,如打开了新的消费市场、提高了市场占有率、推销了某种新产品、赢得了新的贷款数额、提高了产品的生产量和销售量等。因此,测评公共关系活动效果,在重点评估社会效益的同时,还要评估经济效益,把经济效益列为评估的指标体系,特别要以公众是否满意和实践活动的效果为客观标准。

2. 评估公共关系活动的内容

(1)公共关系活动准备过程的评估要明确:背景材料的准备是否充分;调查信息内容是否准确可靠;公共关系活动计划是否有效。

(2)公共关系活动实施过程的评估不仅仅是对公共关系工作效果的评估,更主要的是它在公共关系活动的实施过程中发挥其适时监控和反馈的作用。例如通过评估,发现哪些决策是正确的、哪些决策是错误的,哪些决策有弊端或漏洞,哪些决策不利于公众产生对组织的信任,以及及时发现决策实施过程中出现的偏差等。

(3)公共关系活动实施效果的评估是一种总结性的评估。这一阶段的评估主要有以下五点:了解信息内容的公众数量;改变观点、态度的公众数量;发生期望行为和重复期望行为的公众数量;达到的目标和解决的问题;对社会和文化的发展产生影响。

3. 评估公共关系活动的方法

(1)自我评估法是指开展公共关系活动的组织对自己所开展的公共关系活动效果所进行的评估。可通过计划与实绩对比进行评估;通过观察公众言行举止的变化评估;通过搜集对比各种统计数字进行评估。自我评估方法的运用大大有利于提高公共关系活动操作人员的专业技术水平。

(2)专家评估法,即邀请有关专家对组织开展的公共关系活动效果进行评估。如采用专家集体评议、开座谈会、非正式私人交谈等。此方法有利于组织对自己的公共关系活动效果作出较为客观、准确的评价。

(3)公众评估法,即通过公众意见调查来间接推断公共关系活动的效果。这种方法的基本做法是:按抽查法的要求,在选定的公众群体中,选择一定数量的测验对象,采用个别交谈、公众代表座谈会、电话询问、问卷或表格求答、抽样调查等方式,征求他们对指定问题的意见、态度、倾向,然后将公众意见汇集、整理,形成综合意见,借以表示公共关系活动的效果。在调查的基础上,进行统一分析,取得充分的数据资料,从而确认公共关系活动在影响特定公众方面取得的效果。这种方法有利于组织多方面检测公共关系效果,但一般投入和耗费较大。

(4)新闻媒体推断法,即通过新闻媒介的报道和传播情况来间接评估组织开展公共关系活动的效果。具体内容是:通过统计新闻报道的数量推测新闻界对本组织的重视程度;通过分析新闻媒介的级别层次推测本组织的影响范围;通过研究新闻报道的方法推测所产生的社会效果;通过了解新闻报道后的反响程度和方向推测组织在各类公众中的知名度和美誉度。

(5)传播统计法,是通过大众传播媒介发布的本组织的统计分析,评估组织公共关系信息传播情况。通过以下指标和方法,我们可以概略地了解公共关系信息传播的效果。

一是定量分析。

沟通有效率是指沟通有效数与沟通信息总数之比。可用以下公式表示:沟通有效率=(沟通信息总数—无效数)/沟通信息总数×100%

公共关系信息传播速度。其公式如下:R=传播的信息量/传播的时间,式中:R值越大,传播速度就越快,传播效率就越高。传播速度是评价传播效果的一个重要指标。

视听率就是实际视听人数与某一调查总人数的比例。用公式表示:视听率=实际视听人数/调查总人数×100%

知晓率是指掌握公共关系信息的人数与某一被调查总人数之比。用公式表示:知晓率=掌握公共关系信息的人数/被调查人数×100%

二是定性分析。

从新闻媒介关于本组织的报道中评估公共关系活动的效果。新闻分析的主要内容有:

报道的篇幅和时数。篇幅越大,出现频率越高,时数越多,引起注意和兴趣的程度就越高。

报道的内容。报道中,对组织的成就、发展情况报道越多,效果就越好,在公众中树立起组织的良好形象的可能性也越大。

新闻媒介的层次和重要性。所谓层次高、重要的媒介是指那些发生量大、覆盖面广、具有权威性、影响力强的新闻媒介。

新闻资料的使用方法。对新闻资料是正面报道还是负面报道,是全面报道还是摘要报道,是重点报道还是一般报道,是放在醒目的版面还是放在次要的版面,这些差别均会使报道效果不同。

报道的时机。报道的时机是否及时、适时,是否能恰好配合组织的实际发展,对组织的影响不一样。

记者、编辑的反应。记者、编辑们对于所提供的资料是否感兴趣,是否满意,如资料是否及时,是否需要较大的改动,是否适合报刊的性质等。

总之,应根据公共关系活动效果的评估要求,采取灵活多样的评估方法,对各种方法既可以有所侧重,又可以多种并用;既要注意定性评价,又要强调定量分析;既要肯定成绩,又要找出差距,并分析原因;既要总结过去,又要面向未来,明确今后的努力方向,使公共关系活动评估成为推进各项公共关系发展的动力,促进公共关系良好状态的形成。

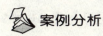
案例分析

【案例】
上海通用汽车实行汽车召回制度

上海通用汽车在汽车召回制度出台前就开始构建汽车召回管理系统,成立了由质量部牵头的跨部门汽车召回工作小组。至今已成功实施了四次召回行动,其中以2.0升的君威轿车的召回尤为典型。此次召回的君威2.0升轿车存在真空软管走向布置和连接方式等缺陷。该缺陷是上海通用汽车通过对市场信息整理、研究以及工程实验分析、论证后认定的。在认定缺陷的同时,上海通用汽车通过产品追溯系统确定了缺陷影响范围,并对该范围内的产品实行了召回。经过一系列努力,共召回车辆25234辆,占总数的92.9%。上海通用汽车对召回的排量为2.0的君威轿车部分车辆进行了认真的维修,并按照《缺陷汽车产品召回管理规定》向国家质检总局递交了召回总结报告,最终得到了国家主管部门的认可。在这次召回活动中,上海通用汽车虽然在经济上蒙受了一定的损失,但通过履行公关职能,在用户心目中树立起了负责任的企业形象。

(资料来源:蒋明军、洪守义:《公共关系策划》,上海中医药大学出版社,2008。)

【探讨】
结合案例分析,上海通用汽车在实行汽车召回制度的过程中,履行了哪些公共关系职能?

 思考与练习

一、思考题
　　1. 公共关系的一般职能有哪些?
　　2. 公共关系如何体现咨询建议、辅助决策的职能?
　　3. 如何采集周边的生态信息,履行监测环境的公共关系职能?
　　4. 公共关系的运作程序有哪些?请分析其相互关系。

二、辨析题
　　公共关系工作部门的职能是服务公众还是开拓市场,以此区分公关与营销的差异。

第五章
公共关系不同类型组织的运作

📖 内容提要

社会组织千差万别,复杂多变,不同组织的公共关系运作也就不同。我们将组织归为三类:营利性组织、非营利性组织和新型组织。本章重点分析研究营利性组织中的生产企业组织、非营利性组织中的政府组织和新型组织的类型,以及它们的公共关系是如何运作的。

📖 主题词

营利性组织　非营利性组织　新型组织　公共关系运作

第一节　营利性组织的公共关系运作

营利性组织是指经工商行政管理机构核准登记注册的以营利为目的,自主经营、独立核算、自负盈亏的具有独立法人资格的单位。该类组织的经营和运作就是为了获取利润。在市场经济社会,营利性组织是社会生活中极为强势和抢眼的组织,但也是最敏感和风险最大的组织,他们的公共关系运作有一定的共性,但也有各自的特点。

一、营利性组织类型

营利性组织主要有生产企业组织、商业企业组织、旅游饭店业和服务性企业组织等。生产企业组织,也有人称之为工业企业组织,是向社会提供实物产品的营利性组织,包括进行生产资料和生活资料生产的各种企业组织。它们通过向社会提供适销对路的产品来赢得消费者的信赖,获取经济效益。商业企业组织就是买进货物然后转手卖给别人、不对进来的货物进行加工和再生产,而是通过提供促成商品交换的服务来获取利润的营利性组织。如代理商、批发商、零售商等。旅游业是以旅游资源为基础,以旅游设施为条件,组织安排旅游活动并向旅游者提供旅行服务的营利性组织。饭店业主要是为旅游者、流动人员提供食宿和服务的营利性组织。服务性企业组织。广义的服务性企业组织应该是第三产业,我们在此所讲的服务性企业组织是指以提供劳动力服务来满足顾客需要的营利性组织。如修理业、运输业、装修业、美容美发业等。

二、营利性组织公共关系运作及其特点

1. 营利性组织的公共关系运作

营利性组织从自身利益和公众需要出发,通过有意识、有计划的公共关系活动,借助现代传媒进行有效沟通,使自己与公众相互了解、相互适应和相互合作,其最终目的是要获得良好的经济效益和社会效益,为此所开展的所有活动和工作就是营利性组织的公共关系运作。

2. 营利性组织的公共关系运作特点

(1)营利性组织的任何公共关系运作都要从与公众沟通并树立与维护组织的形象出发,达到促进组织营利的长远目标。这一点既是因社会竞争促成的,也是它们自身生产经营的基本要求。营利性组织的公共关系运作,如果不与公众进行良好的沟通,不在意组织的形象,而是纯粹考虑自身利益的获得,不重视产品质量和服务质量,便会遭到公众的排斥和唾弃,其所提供的产品和服务就难以实现价值的转移,它的再生产就难以继续进行。

(2)营利性组织的公共关系运作要充分体现社会营销观念和大市场营销观念的要求。社会营销观念下现代企业组织的生产经营既要满足消费者的需要和欲望,也要实现消费者个体的利益及企业组织自身的利益,更要为社会的长远利益考虑。大市场营销的观念,本身就强调要利用公共关系的手段来达到企业组织的目标。因此,营利性组织公共关系活动的开展必然会体现出社会营销观念和大市场营销观念的要求。

(3)营利性组织公共关系运作是有意识、有计划进行的。营利性组织要有意识地获取信息、提供信息并获得某种反馈。营利性组织公共关系运作要有计划、分步骤地完成,不能一蹴而就,要有战略性的思考。

三、营利性组织内部公共关系运作

营利性组织内部的公共关系运作能促进内部的团结与合作,使得每个内部公众在自己的岗位上以主人翁的姿态进行工作,使其关心组织生产,重视组织利益,珍惜组织的声誉和形象,从而调动组织内一切积极因素,促进组织产生高的效益。

1. 以人为本——处理好与内部公众的关系

营利性组织的员工公众是组织获得利润的直接要素。员工公众对组织的信任与维护影响组织内部公共关系运作的开展。怎样才能调动员工公众的积极性、增强内部的凝聚力呢?

(1)要尊重内部公众,让员工公众有主人感。尊重的基本含义就是把尊重的对象当作重要人物来对待,把员工公众当主人,而不是把他们当作会干活的"工具",只管任务效率,不管人的承受极限,如有个别营利性组织就把员工公众逼得跳楼自杀,把自己塑造成"自杀"工厂。如此的公共关系运作无疑是失败的。尊重员工公众的基本标志就是让他们具有自主权,这能从根本上激发员工公众的士气和工作热情,使他们能够主动承担起各自的责任,充分地发挥自己的积极性,并最终取得成绩。

(2)要真诚地关心员工公众,解决员工公众的实际问题。营利性组织的公共关系运作要真诚地关心员工公众的生活和心理健康,解决员工公众的实际问题,使员工公众把个人的切身利益和自我发展与整个企业组织的兴旺发达联系起来,这对企业组织的发展十分重要。例如联合工会开展慰问员工公众的茶话会。

(3)要让员工公众有"成就感",帮助员工公众实现"自我价值"。根据马斯洛的需求层次论,实现自我价值是人生的基本方向和奋斗的最高目标。人如果发现工作具有挑战性、发展性,就会兴趣大发,干劲倍增,他会通过工作去实现自我价值。营利性组织公共关系运作可以通过精神奖励鼓舞那些在一线的员工公众,肯定其"自我价值"。

(4)要加强与员工公众的沟通,认真听取员工公众的意见和建议,让员工公众参与管理。不论是何种性质和形式的营利组织,在一线工作的员工公众,其意见和看法对营利性组织管理很有价值,营利性组织领导能力虽强,毕竟精力有限,他们对信息掌握得越全面越有利于作出科学的决策。因此,营利性组织公共关系运作时建立一种沟通渠道,收集员工公众的建议和意见,让员工公众从不同角度,以不同方式参与到营利性组织管理中来,对于提高组织经济效益、防范危机都是非常有利的。

(5)要重视迎新、总结、联欢等公共关系活动的开展。营利性组织只要巧妙地把握住每一次宣传鼓动员工公众的机会,就能培养出员工公众的公共关系意识,从而使得员工公众在对外交往中、在自己的工作中都能以营利性组织利益、营利性组织声誉为行为准则,最终对营利性组织的经营产生积极的效应。另外,可以经常举办一些有利于沟通员工之间、上下级之间、员工与领导之间关系的联谊活动,以创造一种充满"人情味"的组织文化。

2. 开诚布公——处理好与股东的关系

所谓股东就是指营利性组织股票的持有者。从表面上看,每个股东都是营利性组织的主人,有权参加股东大会,参与组织决策,但实际上每位股东的权利是不同的,小股东无法控制营利性组织,而大股东通过控股对营利性组织进行掌控。对上市公司而言处理好与各位股东的关系尤为重要,公共关系怎样运作好呢?要及时通报经营状况、不欺瞒股东,开诚布公、谋求理解和支持;吸引股东对营利性组织的兴趣,与股东更好地沟通;让股东成为营利性组织的义务宣传员,主动宣传组织,影响他人。

四、不同类型营利性组织的外部公共关系运作

营利性组织很多,这里我们重点分析生产企业组织、商业企业组织、旅游饭店业、服务性企业组织四种类型的营利性组织的外部公共关系运作,并将生产企业组织的公共关系运作作为分析研究的典型。

1. 生产企业组织的外部公共关系运作

生产性企业组织的外部公共关系运作主要是指企业组织与顾客公众、供销商公众等通过开展公共关系活动,在外部公共关系中树立生产企业组织的良好形象。现代商业竞争既是实力的抗衡,也是智慧的较量。在竞争中,企业组织要"以正扬实"——正面宣传企业组织的实力,树立企业组织的整体形象;同时,企业组织也要"以奇制胜"——通过别具一格、令人为之拍案叫绝的公共关系活动,来展示企业组织的个性特色,树立企业组织的良好形象。

(1)满足公众对产品的需求。企业组织在生产的过程中要确保产品的质量,杜绝不合格的产品出厂,更不能有意去生产假冒伪劣产品。这是企业组织开展公共关系活动的基础。企业组织要从公众中了解市场信息,加强技术研发,为公众生产环保节能型产品;企业组织将新产品及企业组织其他相关信息及时传递给公众,吸引他们的注意,加强相互间的了解;企业组织还要让利于公众,让公众在消费过程中得到多重实惠。生产企业应对以下三类外部公众重点开展公共关

系活动:一是企业组织要向供应商公众传递标准要求的信息,严格执行进货验收制度,不让任何不合格的原料、半成品等进厂,在食品行业要坚决杜绝类似三聚氰氨事件的发生;企业组织要了解供应商公众对企业组织采购制度、采购政策的意见和建议,并且把双方的信息沟通制度化、常态化,将供应商相关人员聘为企业组织的质量管理监督员,让他们有被尊重的感觉;企业组织要适应竞争变化,与供应商公众建立长期合作关系,打造利益共同体。二是企业组织要与经销商公众建立良好稳定的物流通路,利用现代技术进行实时动态监测;要与经销商公众建立良好的信息沟通平台,向经销商公众及时传递企业组织的方针政策、经营措施、发展动态等相关信息,使经销商公众对企业组织发展不仅了解,而且熟悉;不仅熟悉,而且感到自豪。同时,企业组织要及时从经销商公众处获取相关信息,因为他们离市场最近,反映的情况真实、及时、有效;要与经销商公众建立长期稳定的关系,使经销商公众的认同感增强,双方合作不仅仅是利益上的关系,还有精神上的信赖。三是除了供销商公众和经销商公众之外,生产企业组织还会面临消费者公众。企业组织在处理公共关系主客体关系时,不可凌驾于消费者公众之上,仗着势大财雄,对消费者公众不屑一顾,要真正做到客户利益至上,为公众服务,赢得信赖,培养消费者公众的忠诚度。

(2)正确对待竞争对手。市场经济社会竞争是常态的。如何看待竞争,如何应对竞争,有无公共关系意识,是否掌握公共关系真谛,决定了企业组织应对竞争的态度和行为。有公共关系意识和思想的企业家会永远把用户和消费者利益放在第一位,他们参与竞争,但一不伤害消费者,二不违背法律。但很多企业组织却很难做到这一条。如2010年下半年"3Q大战",腾讯和360恶性竞争,搅得网民不得安宁,在工信部责令后才熄罢战火。还有一家咨询策划公司为了推出一家乳品企业组织的儿童奶,不惜使出"阴招"——用"性早熟"做噱头,要置对手于死地,被揭发后,舆论为之哗然。这都是因为不懂公共关系真谛、无公共关系意识才会出此昏招。公共关系永远强调顾客利益至上,竞争不是战争,不必你死我活,竞争中可以有合作,因为市场是大家的,各自凭产品品质说话,没有必要玩"黑道"游戏。具有公共关系意识的企业组织家会在竞争中向对手学习,巧用竞争态势,借机促进企业组织的自我完善和发展。

(3)与媒体真诚沟通。企业组织与媒介的关系,可以用"爱恨交加"来形容:媒介对企业组织的正面报道,企业组织自然十分喜爱;媒介对企业组织的揭露批评报道,企业组织恨得无法形容。在国外,媒介号称"第四种权力",被列在立法、司法、行政三大权力之后。我国当下媒介还构不成第四种权力,但随着网络时代的到来、手机的普遍使用,在传统媒介——报纸、刊物、广播、电视之外,所谓的新媒介正在凸显着自身的力量,这是任何企业组织都不可轻视的力量。如2008年的"捐款门"事件,并不是企业组织本身有什么问题,而是因为企业组织负责人的不当言论引发了网民的批评、指责、谩骂乃至于精神攻击,让企业组织股价下跌,形象受损。当今中国传统媒介和新媒介的结合正在形成一种新的舆论监督形态,社会上的不良行为先被网民传到网上,马上被传统媒介跟进报道,立刻形成一种强大的令人惊讶的舆论监督态势,使当事人无处遁形。这就要求生产企业组织在开展与媒介的关系时,要自己做好做实,一旦有危机发生并被报道,要立即把真相告知公众,不可隐瞒,不要回避,自始至终态度要真诚。生产企业组织在一般情况下要与传统媒介及时沟通,将企业组织有新闻价值的素材提供给媒介,让其决定是否刊发;要由专人负责媒介信息监控,发现有不利报道,及时予以处理,并将处理情况告知媒介,并争取后续报道;对媒介失误性报道要心平气和地沟通,争取作出更正性报道;对有些媒介恶意的不实报道,要寻求最佳方法予以全面解决。

(4)吸引教育科研的青睐。当代企业组织的经营发展要"三脑"并用,对内要主脑、副脑共同发挥作用,企业组织最高领导人作为主脑,不能拍自己脑袋就做决策,而应让管理团队参与决策,发挥部属的副脑作用;同时,还要与教育科研单位加强合作,借用外脑。邓小平说:"科学技术是第一生产力。"现代企业组织的竞争,除了拼资金、规模等实力外,主要是拼科技实力,对那些技术密集型的企业组织而言,更是如此。企业组织的公共关系运作要处理好与教育科研机构的关系,要充分认识到外脑的重要性,要树立长期合作的思想,建立长效合作机制,对教育科研机构要给予充分的信任;要通过科学的协商机制,选准、选好科研和生产合作的课题;要让教育科研机构成为自己的人才培训基地和人才输送基地;要加强在高校的自我宣传,扩大企业组织影响,吸引人才,培育潜在市场。

(5)与社区互动联通。对生产企业组织而言,社区的作用表现在以下几方面:第一,企业组织的正常生产经营活动离不开社区内的各种社会服务,如交通设施、水电供应、治安、消防等;第二,企业组织的新员工公众、技术人员不少来自于社区;第三,企业组织职工及其家属的后勤供应、社会福利、公益保障、医疗卫生等离不开社区的服务体系;第四,社区居民有可能就是企业组织的股东;第五,企业组织的生产经营必然给周边环境带来影响,它既可能带来社区的繁荣与发展,也可能造成污染,给居民生活造成不良影响。因此,企业组织要在社区内常有善举,主动与社区沟通协调,遇有紧急情况要及时告知社区;要承担社会责任,积极参与社区活动,支持社区文化、教育、体育等事业的发展。企业组织只有对社区有所奉献,才会赢得社区公众的理解和支持。

(6)借助政府之力发展。生产企业组织由于所有制的不同,在经营发展中所受到的待遇不同,重要行业的大型和超大型国有企业组织都在不同程度上享受着垄断带来的好处,而大多数民营企业组织在金融危机和"国进民退"政策的双重压力下,发展遭遇到"瓶颈",借贷十分困难,发展环境极为不良。对此,企业组织在大环境极难改变的情况下,要千方百计、通过各种合理的手段先解决资金问题;同时,企业组织要通过书面汇报、情况通报、媒介报道等,将自己的信息发布出去,以此来影响舆论、影响政府的宏观决策;企业组织对政府发布的政策、法规等信息要主动地、全面地掌握,避免出现经营的盲目性;企业组织在灵活经营时要遵纪守法,不要违法乱纪。企业组织与政府关系是一个十分复杂的问题,是一个引起各方关注并且各方正在谋求解决之道的大问题。

2. 其他类型营利性企业组织的外部公共关系工作

(1)商业企业组织。商业企业组织开展公共关系活动,着重要处理好与顾客的关系、与供货商的关系、与竞争对手的关系。第一,顾客关系。这是商业企业组织面临的最重要、最基本的关系。顾客关系处理不好,商业企业组织便无法取得经营的成功。商业企业组织要处理好顾客关系,核心就是诚信。中国旧时的店铺常挂一牌——"童叟无欺",而当下的市场上许多商家却丢弃了诚信,对顾客进行价格欺诈。如2011年1月26日被国家发展和改革委员会宣布处罚的家乐福和沃尔玛等超市,在部分城市的连锁店存在虚构原价、低价招徕顾客高价结算、不履行价格承诺、误导性价格标示等欺诈行为。各相关地方的价格主管部门依法责令这些超市改正,没收违法所得,对没有或无法计算违法所得的企业组织将最高处以50万元罚款。这些国际零售业的巨头在其原籍国家违法成本高、风险大,有些国家不仅给予行政处罚,还会给以刑事处罚,它们不敢造次,而且诚信满满、堪称典范。但进入中国后,入乡随俗,加上中国对失信行为处罚力度小,它们感到没有多少威慑力,便肆无忌惮地欺诈中国顾客了。商业企业组织要处理好顾客关系就要以诚信为本来培养顾客的忠诚度,真正开展让利于消费者的促销活动,培养消费者与企业组织的感情;要保护消费者的合法权益,积极维护顾客利益;要为顾客创造良好的购物环境,展示企业组织的个性色彩,让顾客在轻松愉快的氛围中完成购物行为,把购物当作享受;建立与顾客良性沟通的平台,即时听取顾客意见和建议,即时向顾客传递企业组织新产品及促销活动的信息,使双方都有收获;经常开展对顾客有吸引力的主题公共关系活动,让顾客参与其中,分享企业组织的欢乐。第二,供应商关系。主要是指商业企业组织与生产企业组织的供应与销售关系,双方合作关系愈牢固,双方的发展就会更好。商业企业组织要处理好这一关系,一要加强双方的信息交流,从生产企业组织即时获得新产品、新政策等方面的消息,同时要为生产企业组织即时提供市场反馈信息和自己的意见及建议;二要在平等互利的基础上签订协议,并按照协议条款的要求,既不能店大欺客,也不可见利忘义。第三,竞争对手。商业企业组织与竞争对手的关系处理不要搞"你死我活"式的恶性竞争,而是要开展"你好我更好"的取长补短良性竞争。向对手学习,自己会进步更快,有竞争对手给自己制造压力更有利于自己培养风险意识和不断发展壮大的决心。竞争不可怕,惧怕竞争才可怕。

(2)旅游饭店业。旅游饭店业外部公共关系主要是处理与游客的关系。旅游业已经成为我国战略性支柱产业,各地都在大力发展旅游产业,旅游市场潜力巨大,但竞争亦将日趋激烈。各地如何吸引游客已成为当地主管部门、旅行社和饭店不得不思考和面对的问题。要想吸引游客,各地旅游饭店业和相关机构要主动地、有计划地运用现代传播手段推介当地的旅游资源,塑造当地个性鲜明的旅游形象;要科学挖掘旅游资源、科学规划线路,使游客游得开心,游得轻松;要严格控制票价,严格管理本行业的各相关企业组织和相关机构,严防各种危机事件的出现,一旦出现危机事件要立刻处理;要让游客有宾至如归的感觉,以良好的服务赢得游客的赞美,借助人际传播扩大自身的影响。

旅游开发公司一定要解决好与当地居民的关系,要做到资源共享、利益有份,切不可因利益争夺与当地居民对抗;要充分尊重当地居民的地位,与他们加强沟通与合作,用旅游产业带动当地居民致富,让当地居民成为旅游产业的得益者和坚定的支持者。

(3)服务性企业组织。服务性企业组织产品的提供和消费是在同一时间完成的,产品的不可捉摸性成为其最大的特点。该类型企业组织的员工公众必须具有真正的技能,必须拥有良好的服务素养和优良的服务态度,唯有如此,它们的公共关系活动才能得以开展,否则,它们经常面临的只能是危机公共关系了。

第二节　非营利性组织的公共关系运作

非营利性组织是指那些以服务公众为宗旨、不从事以营利为目的经营活动、不牟取私利的组织。非营利性组织虽然不以逐利为目标,但它们面对着更为复杂的公众,它们的公共关系运作有更为特殊的情况。

一、非营利性组织及其类型

1. 非营利性组织的界定

非营利性组织的界定可参照以下标准：必须依法成立或者经有权机关登记注册；有必要的财产和经费；有自己的名称、组织机构和场所；按相关规定可收取一定的规费或提供有偿服务，但不具有营利性，不以获取利润为目标；可纳入财政预算管理。

2. 非营利性组织的类型

有人认为非营利性组织可分为三类：第一类是行政部门的服务性单位；第二类是行政主管部门与民间资金相结合组成的单位；第三类是民间自治性组织。也有人认为可分为两类：第一类是公共事业性组织；第二类是群众团体组织。后一种分类法比较符合我国的实际情况。

(1)公共事业性组织。指没有生产性收入、由国家提供经费、不进行经济核算的机构。如政府组织、学校组织、医疗卫生组织等。

(2)群众团体组织。指具有共同利益或背景的人为实现某种社会理想而自愿加入所形成的非营利性组织。这一组织内又可分为有一定财政拨款和一定正式人员编制的群众团体，如共青团、妇联、工会、消费者权益保护协会等；经费完全自筹，没有正式人员编制的群众团体，如各种专业学术团体、民间协会、宗教组织等。

二、非营利性组织的公共关系运作及其特点

1. 非营利性组织的公共关系运作

该类组织从社会理想出发，通过有意识、有计划的行为，借助现代传媒和有效沟通的手段，使自己与目标公众能够相互理解和相互合作，通过自身良好形象的塑造使自己所推行的政策、措施和活动得到公众的认可、支持和贯彻。

2. 非营利性组织的公共关系特点

根据非营利性组织自身的特点及其公共关系活动的开展，可对其公共关系运作的特点作如下概括：

(1)组织公共关系活动的目标是实现某种社会理想而不是为了营利，重视自我形象塑造和社会效益的获得。

(2)组织与公众的关系一般较为缓和。因为不涉及营利,组织与公众的关系不像营利性组织那样容易发生冲突和矛盾。活动开展中目标公众锁定较难,往往需要从社会宏观角度来制定自己的公共关系战略和策略。

(3)组织公共关系运作是一个多维性、多层次的立体结构系统。多维性是指组织开展公共关系活动时,不仅要考虑时间、地域因素,而且要确认某一时段社会关注的热点和焦点,乃至于公众的心理承受力。多层次,指组织面对的是不同层次的公众,同时公共关系活动本身也是分层次推进的。

(4)组织公共关系运作的核心是沟通、协调、整合。充分利用现代传播媒介和人际传播手段与公众进行双向交流,为组织创造有利的内外环境,从而保证组织健康地发展。

(5)组织的公共关系效果是在维系基础上不断积累而成的。在维系性公共关系工作思路指导下,组织要不断有意识、有目的、有计划地开展公共关系活动来吸引公众注意,改变公众态度,诱导公众的行为,使之利于组织发展。

(6)经费必须精打细算。特别是群众团体经常会面临经费不足的问题。不管是哪一类非营利性组织,虽不以营利为目标,但一定要有成本管理意识和能力,争取少花钱多办事,部分社会组织还要通过公共关系活动的开展为自己筹措经费。

三、非营利性组织内部公共关系的运作

公共关系强调"内求团结、外求发展"。对非营利性组织而言更是如此,没有内部的团结统一,就不可能有外部的发展。非营利性组织内部公共关系运作主要有以下几方面:

一是建立科学有效的信息处理系统,全面及时地搜集内部信息、处理相关信息,为组织决策和日常工作改进提供有效信息。

二是建立即时有效的信息传播系统,让组织的人员了解组织的政策、规划、活动安排、目标设计、职责任务等。

三是从公共关系角度为组织的目标规划、政策制定、管理工作、危机解决及时提出合理化的意见和建议。

四是加强组织内部上下之间、部门之间的沟通协调,防止推诿扯皮,争取形成整合之力,提高工作效率。

五是组织要及时了解员工公众的工作状态、身心健康状态,关心员工公众的工作、生活和心理,设立专门的机构或由专职人员随时帮助员工公众调适心理。

六是组织要充分尊重员工公众,让员工公众用不同的方式参与组织的决策和管理,随时了解组织的发展现状,增强员工公众的凝聚力,培养员工公众的自

豪感。让每一个员工公众明确认识到自己是组织的一分子,是组织形象最直接、最具体的代表者,以利于组织"全员公共关系"的开展。

四、非营利性组织外部公共关系的运作

非营利性组织由于划分起来较为复杂,外部公共关系活动的开展既有共性,也有着各自鲜明的个性。在此,我们只重点分析政府组织、学校组织和军事部门及群体团体组织的外部公共关系运作。

1. 政府部门的外部公共关系运作

政府外部公共关系是为了与内部公共关系有所区别而提出的,由于政府是法定的国家行政机关,它通过结构复杂、体系巨大的机构对社会进行着全面的管理,它拥有数量最广大、构成最复杂的公众,政府部门内的工作人员相对于社会上其他公众而言是内部公众,从国家与个人的关系来看,他们也是政府的外部公众。

政府外部公共关系运作,就是政府为了实现自身职能和理想目标,推行自己的方针政策,更好地管理社会公共事务,而有意识、有计划地综合运用媒介传播、组织传播和人际传播手段,在政府与公众之间建立起相互了解、相互适应和相互合作的稳定而持久的关系,通过在公众中塑造良好的政府形象,争取公众对政府工作的理解和支持,从而有利于其开展工作。

(1)政府外部公共关系运作的目标。管理大师彼得·德鲁克在他的《管理的实践》一书中强调,一个组织的"目的和任务,必须转化为目标",如果"一个领域没有特定的目标,则这个领域必然会被忽视"。他认为,如果缺乏明确的目标,组织的规模越大,部门和人员越多,则造成浪费和产生摩擦的可能性就越大。为了保证一个组织的总目标的实现,组织内各部门应该按照总目标的要求设计出相应的分目标,并尽可能地去实现这些目标。政府外部公共关系运作也应该有自己的目标,具体可以概括为以下几条:

第一,通过制度的设计、机制的健全和相应措施的保障,使公众的意见和建议能直接反映到政府部门,对政府工作进行动态监控,促进政府高效良性的运转。

第二,在立法机构制定新的法律、政府部门制定新的政策时,及时全面收集和传递公众的意见和要求,以便使法律与政策更符合绝大多数人的利益诉求,更切合实际、更能适应环境的变化,出台后更容易为公众所接受和认可。

第三,帮助公众了解政府的长远规划和整体设想以及为公众提供的服务项目与福利保障,让公众从中及时获益,以争取公众对政府工作的支持和帮助。

第四,为公众全面及时地提供所需要的信息资料,使其能够进行理智和冷静的判断,帮助公众克服对复杂的、不断变化的政府活动所产生的迷惑、反感或者抵触情绪。

第五,在紧急情况下,通过及时有效的沟通,向公众解释和宣传政府有关规定的必要性,稳定公众的心理、缓和公众的对立情绪。

(2)政府外部公共关系运作的内容。

第一,网络宣传与反馈。政府通过自己的网站及时传递政府的方针政策、工作安排、领导理念等动态信息,同时要注意收集公众的意见反馈,利用网络互动及时沟通政府和民众之间联系,促进政府工作的改进。

第二,新闻发言人制度与记者招待会。政府通过新闻办公室和新闻发言人向社会公众和媒体宣示政府的立场,解释政府行动的缘由与价值,纠正错误的信息,并努力改善关于现有信息的解读和理解。政府面对的问题复杂多变,时有不可预见的危机发生,政府工作又是如此庞杂,充分利用新闻发言人制度,对政府的信息传播和危机传播控制有着十分重要的意义。政府对一些管理机构问题和重要政策的传播可通过记者招待会的形式进行。

第三,政府领导人与群众直接接触。这本就是政府领导人日常工作的内容之一,但在某些地方和时间,群众与领导人见面是一件十分麻烦和困难的事情。领导人与群众在当下直接接触的方式有:会见代表、直接对话、专线电话、开放式接待日、实地考察调研、接受访谈、亲临危机现场等。

第四,主题公共关系活动的开展。政府在开展面向全体公众的重大活动时,可进行专门的策划设计、确定主题、制定计划、强势推出,以此来对公众产生最大范围、最大程度的影响。

第五,其他活动。政府开展公共关系运作的形式还有:信访接办、政务公开、民意测验、媒体宣传等。

2.学校组织公共关系的运作

这里所说的学校组织主要是指具体实施、完成教育职能和任务的教学单位,而不含各级教育行政主管机构,在我国主要有各类综合性大学、专门性学院、电视大学、党校、中等专业学校以及普通中小学等。

我国的教育在改革开放后取得了较好的发展,但近年来关于学校的负面新闻越来越多。如中小学的教师随意体罚学生致伤或致死的事件出现,或者中小学教师收受学生家长礼品对个别学生"特别照顾"。而大学的负面新闻不比中小学的少。如"肖氏反射弧"的发明者肖传国,在被方舟子揭露造假后,气急败坏,干脆雇凶去暴力袭击,最终把自己变成了一个罪犯。学校不断被社会诟病,使学校形象严重受损,学校从内到外都需要尽快行动起来,开展公共关系活动为自己重塑良好的形象。学校公共关系运作主要包括以下内容:

(1)关心教职员工公众。学校的教职员工公众包括三个部分,一是教师、教辅和科研人员,二是党政管理干部,三是后勤职工。学校的主要领导要关心所有教职员工公众,妥善处理三者的关系,要确立教师的主体地位,明确管理团队的职责权限,为学校正常高效运转做好服务工作;在教师队伍建设方面,要用科学的机制培养人,用灵活的机制留住人,用特殊的待遇引进人,切忌偏爱那种"招来姑爷,气走儿子"的用人模式;要让教职员工公众参与学校的管理,重大决策的形成、关键制度和规定的出台一定要广泛征集教职员工公众的意见,确保所制定的决策和制度能得到大多数人的认可和支持;要形成专家教授治校、名师带头的氛围,切不可让学校变成官场、让机关变成衙门、用威胁式的惩罚手段管理教师队伍;要关心教职员工公众的职称、待遇、住房、福利等问题,加强学校对教师的感情投资,用心留人,增强教职员工公众的凝聚力。

(2)关注学生成长。学生是高校的"过客"而不是"常客",学校对学生的人生发展提供"背景教育",学生在什么学校接受教育,必然留下这所学校的烙印;学生接受了什么专业的教育培训,便必然形成什么专业的思维模式。学校不仅要传授知识、教会学生掌握一定的方法和能力,更要提高学生的素养,培养学生形成健全的人格。因此,一定要用真心关注学生的成长,保证每位教师热爱并忠诚于教育事业;对学生的管理要合情合理,而不要用简单粗暴的压制模式;要广泛听取学生对学校建设和管理的意见和建议,并及时加以采纳和改进;用科学的方式调动学生的积极性,让他们爱学习、肯钻研、敢创新,为社会输送优秀人才;要关注贫困大学生的学习和生活,在学校里形成团结友爱的氛围;要关注学生的心理健康,建立健全心理防控体系,防止校园暴力和自杀现象的出现。

(3)主动联络校友。校友是由学生演变而来的,大多数校友对母校都有着较深的感情,都愿意关心、支持母校的发展,乐于为母校作出贡献。学校要通过校友联谊会加强与校友之间的联络,沟通信息;利用院、校庆典纪念等活动吸引校友的关注,借机邀请他们重返母校,参观访问,加深感情,寻求支持和帮助;学校要鼓励有能力的校友,给学校争取政府政策优惠、拨款或其他支持;及时将校友取得的成绩通过有效的方式告知校内外的相关公众,以扩大学校的影响力和校友自豪感;用灵活机动的方式争取校友的各种捐助,并给以宣传和记录,给他们以相应的荣誉。

(4)赢得社区支持。学校必须同所在社区保持良好的关系,才能赢得社区的关心和支持。学校要利用自己的教育和科研优势,积极参加社区经济建设和文化建设;对所在社区面临的重大战略问题、突发问题,学校要主动参与其中,给以智力和技术的帮助,促使问题得到妥善解决;要加强与社区的信息沟通和多方合作,充分利用社区资源发展教育事业,为社区培养急需的各种人才;加强与社区企业组织的合作,争取它们对科研的支持,让学校的科研成果能尽快地转化为生产力和经济效益;增进社区对学校的了解,当学校与社区发生冲突时,能够以协商方式尽快予以解决。

(5)获得政府肯定。学校能否得到足够的资金来维持教学和管理开支,能否得到较快发展,教育主管部门和政府相关部门的支持起着决定性的作用。学校要将自己的发展规划、面临困难及时向教育主管部门和相关部门汇报,让他们了解自己,从而寻求应有的理解和支持;学校要对政府政策、新的发展思路、社会发展纲要等进行全面了解,从中寻找自己发展的契机。

(6)得到媒介关注。教育的发展是国民经济和社会发展中重大的战略问题,它必须得到全社会的关注和支持。因此,学校必须把宣传自己、展示自己作为一项重要的任务来抓。通过与媒介建立良好的关系,及时动态地将学校的战略目标、发展现状、创新项目、优秀人才以及亟待解决的问题报道出去,为学校创造良好的舆论环境;对学校发生的突发事件,如果被网络和其他传统媒介报道了,学校宣传部门要及时出面,会同相关机构,向社会公布真相,有效地引导舆论走向,使其向着有利的方向发展。

3. 军事组织公共关系的运作

军队是为政治服务的武装组织。和平时期,它是国家的国防力量。在新形势下,军队组织必须借助公共关系的手段来达到内部的团结一致和外部的和谐发展。塑造新形势下军队的良好形象,是军队组织公共关系运作的总目标。

由于国家对军队组织的宣传报道有着严格的规定,军队组织开展公共关系主要取决于高层领导的公共关系意识的确立。军队组织形象塑造对内以亲民、爱民、为民为核心,对外以展示实力、传播真相、威慑对手为目的。为了适应新形势的需要,国防部设立了军事新闻发言局和军事新闻发言人,对军队组织的重大决策、人事变动、新式装备、重要问题及观点适当予以传播。通过传统的军地"双拥"——拥军优属、拥政爱民活动,以及突发灾难面前人民军队冲锋在前的行动,让人民群众关心子弟兵、爱护子弟兵、支持子弟兵。通过加强我国军事的对外宣传力度,及时传递真相,抢占舆论先机,消除敌对势力的恶意攻击式宣传的影响,让谣言不攻自破,从而在世界人民面前将我国军队塑造为威武之师、文明之师。

4. 群众团体组织公共关系的运作

无论是享受一定财政支持还是自筹资金的群众团体组织,它们对外的公共关系运作不外乎有以下三个方面：

第一，加强与政府组织的联系交往，取得政府组织的信任，以利于自身工作的开展和目标的实现。与政府组织交往是群众团体组织很重要的外部公共关系活动。通过与政府组织交往，一方面了解新制定的政策、方针，准确领会其实质；另一方面通过向政府组织反映舆情民意来影响政府组织的态度、行为和政策的制定。另外，群众团体组织应争取成为政府组织的智囊团、顾问，要主动向政府组织献计献策，帮助政府组织解决相关的问题。要经常与政府有关部门沟通本组织的工作情况，以取得政府组织对本团体组织的信任和支持。

第二，加强自我宣传，积极发展成员。群众团体组织对自我的宣传要制定周密的计划，在传统媒介组织和新媒介人群中寻求志同道合者，想方设法对团体组织的工作、活动的开展、发展的规划、社会的贡献等进行系统的报道，吸引公众的注意，促使公众认识和了解，为发展新成员制造舆论环境。

第三，开展主题活动、多方筹集活动经费。群众团体组织经费不足，如果不能有效地筹集到必要的经费，工作便无法继续，团体组织就会名存实亡。为了能顺利筹集到活动经费，群众团体组织一要通过发展成员收取会费和个人捐助等渠道来实现；二要有计划地推出主题活动，吸引广大社会公众的关注和支持，让社会公众参与到活动中来，让大家伸出援手，捐献自己的一点爱心。另外，公布捐款账户，不断宣传，随时接受社会公众的捐赠。

第三节　新型组织的公共关系运作

一、关于新型组织的概述

1. 从管理学角度所提出的新型组织

彼得·圣吉在2008年所著的《必要的革命》一书中，提出了企业组织管理中新型组织的概念。他认为，未来一个可持续发展的组织必将把社会、生态环境和经济三者联系起来，而这也就是新型组织的使命。他认为，工业时代的特征是等级体系控制的大型组织和流行，而泡沫之后呈现出的特征可能是企业组织或非企业组织的多样性，是基于人际关系的文化，而不是基于控制的文化。这样的新型组织所需要的领导人应该具有的特点，智囊管理研究院总结为四个方面：第一，引导——领导者最具挑战的任务，就是引导人们围绕组织的愿景和价值观共同前进,这需要不断与各级员工公众进行沟通。第二,授权——领导者让公司的各级各层尤其是在第一线的管理者都拥有相应的权力,让他们针对实际情况作出有效的决策,而不必凡事都请示汇报。第三,服务——领导者的首要义务不是对股东负责,而是对客户负责,为客户提供超越竞争对手的优质服务,同时激励员工公众为顾客提供优质的产品和服务。第四,协作——领导者通过消除内部的斗争和狭隘主义,营造出一种相互协作的精神,通过内部的通力合作来增强自身外部的竞争优势。根据以上新型组织的界定,中国现有的IT类组织、汽车类组织、房地产组织都属于新型组织。

2. 以营利与非营利为标准划分所发现的新型组织——社会商务模式组织

社会商务模式组织是由诺贝尔奖得主、孟加拉国"穷人银行"——格拉明银行的创办者和实践者穆罕默德·尤努斯提出的。该模式的独特之处在于,虽然它追求慈善公益的目标,但它不采用传统的慈善机构运作方式。它和传统的慈善事业模式的根本不同是,传统慈善事业的运作经费来自募捐,而社会商务模式的运作经费来自企业组织式的"资本主义"经营。它使"资本主义"和"慈善公益"结合起来,既使慈善事业可在经济方面自负盈亏地发展壮大,实现"高效率"和"可持续",又使资本获得了"追求公益"的第二重生命。

二、IT类组织的公共关系运作

IT是信息技术的简称,指的是与信息相关的技术。IT一般由传感技术、通信技术和计算机技术来改造其他产业与行业,从而提高组织的效益。在这个过程中,信息起了非常重要的作用。IT类组织公共关系运作首先要做到贴近公众生活,不要一味地大谈特谈自己的产品,而应多关注公众的需求和心理。因为此类组织的核心是信息与技术,其中有非常专业的内容,公众未必愿意听晦涩难懂的产品构造方面的知识。所以IT类组织公共关系运作要先将专业性的信息技术转化为公众可以接受、能理解的内容,然后再告诉公众。例如"苹果"手机并不是告诉公众3G的原理和内核如何配置,而是将手机的强大功能通过视频广告直观地告诉公众,给公众留下深刻印象。其次,这类组织的公共关系运作还应注意技术的创新并在此基础上大力宣传。当今社会日新月异,如果不加快创新满足或激发公众的需求,那么很快就会被同类产品淘汰。另外,IT类组织的公共关系运作还应注意社会效益,后工业时代组织应越来越注重诸如生态、公益等社会效益,而不应像某些组织曾经做的那样,掠夺自然、不讲求社会效益。

三、汽车类组织的公共关系运作

对于中国来说,汽车的销售在入世以后出现质的变化,甚至现在汽车已经不算是奢侈品而入寻常百姓家了。但不得不重视的是,国内的汽车品牌很明显弱于国外汽车品牌,诸如奥拓一类国内产品尽管性价比很高,却仍未打开国内部分市场和国际市场,这与组织的公共关系运作不到位不无关系。

当今汽车类组织作为一种新型组织尤具特点。部分汽车组织拥有4S店,这是一种以"四位一体"为核心的汽车特许经营模式,包括整车销售(Sale)、零配件(SparePart)、售后服务(Service)、信息反馈(Survey)等。它拥有统一的外观形象、统一的标识、统一的管理标准和只经营单一品牌的特点。它是一种个性突出的有形市场,具有渠道一致性和统一的文化理念,4S店在提升汽车品牌、汽车生产企业形象上的优势是显而易见的。4S店的核心含义是"汽车终身服务解决方案"。4S店是1998年以后才逐步由欧洲传入我国的。由于它与各个厂家之间建立了紧密的产销关系,具有购物环境优美、品牌意识强等优势,一度被国内诸多厂家效仿。4S店一般采取一个品牌在一个地区分布一个或相对等距离的几个专卖店,按照生产厂家的统一店内外设计要求建造,投资巨大,动辄上千万,甚至几千万,豪华气派。现在也有6S店一说,除了包括整车销售(Sale)、零配件(Spare Part)、售后服务(Service)、信息反馈(Survey)以外,还包括个性化售车(Selfhold)、集拍(Sale by amount,集体竞拍,购买者越多价格越便宜)。6S店的兴起,得益于网络的发达。这是一种利用互联网发展起来的销售模式,整车销售、零配件、售后、信息反馈与普通4S店完全一样,所不同的是个性化售车和集拍。

对于以4S店为基础的汽车类新型组织,它们的公共关系运作主要着眼于提供优质的服务和富有特色的营销活动,以达到形成自身品牌的目的。现今作为厂家的4S店,其建筑形式以及专卖店内外所有的CI形象均严格按厂家的要求进行装饰和布置,经销商自身的品牌形象则基本不能体现,厂家也不允许其体现。在当前各地的汽车市场上出现了越来越多的汽车销售公司,他们按照4S店的标准建造却不单一地为某一品牌服务。他们具有较强的实力,有自己的品牌形象。当然这段路很长,也很崎岖。汽车类组织公共关系运作应首先打造专业服务,提升核心竞争力,在汽车用品行业里(特别是汽车电子),服务显得特别重要。汽车4S店的团队为汽车4S店服务,做好售前、售中、售后服务,既可以让汽车4S店放心,也可以作为核心竞争力与厂家进行谈判,为取得自身品牌的建设打下良好的基础。另外,要根据4S店发展不同阶段的特点,采取相应的营销公共关系策略。如在进入汽车用品初期,整车的利润还比较高,4S店一般把汽车用品作为赠品,选择一些实用、实惠、档次不是很高的产品,肯定会得到4S店商家的认同,很好地切入4S店渠道。随着整车竞争程度的加剧,利润越来越薄,这时,4S店商家会把汽车用品作为一种利润源,汽车用品经销商在产品方面要选择和车型相匹配且具有个性化和品位的产品,这样才能得到车主的认可,4S店商家才有利润。当车主在犹豫购买什么样的汽车用品,购买什么品牌的产品时,汽车销售顾问的推荐起到非常重要的作用,因此,在这种情况下,应采取一定的方式(如根据其销售的金额给予一定的奖励)鼓励整车销售顾问帮忙推荐经销商所经营的产品。

四、社会商务模式组织的公共关系运作

尤努斯和丹侬公司合作成立了"格拉明—丹侬合资企业",在孟加拉农村为贫民儿童开发一种新酸奶,通过对新酸奶的经营来改良儿童的营养,从而保证企业的可持续发展。其经营运作的模式可总结为三个方面:

第一,制定具体的、明确的、可执行的、易监测的公益目标。格拉明熟悉孟加拉农村,丹侬是世界著名的食品跨国公司,熟悉食物营养,所以把公益目标锁定在改善孟加拉穷人的营养状况上。他们经过严密的调研后,决定开发一种能改善孟加拉农村贫穷儿童营养状况的新酸奶。这种酸奶既适合于孟加拉穷人的营养改良,也适应穷人的购买力水平。

第二,采用市场的、资本主义的经营方式,提高了效率,增强了可持续性。他们派出了世界一流的专家团队,研究孟加拉的市场、当地人的口味、酸奶的特殊配方、派送酸奶的方法、缺乏冰箱的贫穷农村食用酸奶时的卫生措施、穷人聚居处酸奶优先销售的途径等等。这样研发生产出来的产品,符合市场规律,能够销售出去,使社会商务企业能够可持续地经营,不必像传统的慈善机构那样花费巨大精力去不断地搞募捐活动,甚至要被捐赠者牵着鼻子走。

第三,分红模式保证公益最大化。他们按照传统的资本主义的经济规律,使生产成本极大地降低,使酸奶的价格低廉,让穷人买得起,从而达到直接让利于穷人的目的。同时,他们创造了"另类"的分红原则,把99%的利润留在企业内,用于企业的扩大再生产,只把1%的利润分给股东。

我国三十多年来的经济高速发展造就了一大批富翁,他们拥有财富,也具有经营才能,如果让他们加入社会商务模式中来,将会使社会公众受益,也能够减少游资非理性的投机活动对社会经济活动的冲击。

如何使社会商务模式在中国得以引进和推广,这需要社会的有识之士进一步深入研究,并运用公共关系的手段向社会公众介绍这一模式。通过一系列的公共关系宣传活动转变富人的观念,增强他们的社会责任感,吸引他们加入这一新型的公益事业中来,同时影响政府的相关部门为社会商务模式的发展提供良

好的环境,在公司创办、经营、监管等方面出台相关的政策和法规,使那些真心投入这一事业的人们没有后顾之忧,也让那些投机钻营者望而却步。

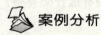 案例分析

【案例】

"浙商产业投资基金"成立

2010年7月29日,"浙商产业投资基金"成立大会暨合伙协议签约仪式在浙江省人民大会堂隆重举行。浙江省省长吕祖善、常务副省长陈敏尔及中国银行董事长肖钢、副行长陈四清等领导出席了仪式。

"浙商产业投资基金"(简称"基金")是浙江省首支有限合伙制产业投资基金,由中国银行下属的中银集团投资有限公司(简称"中银投资")和浙江省铁路投资集团有限公司(简称"浙铁投资")共同发起成立,第一期总规模为人民币50亿元。中银投资与浙铁投资共同成立的中银投资浙商产业基金管理有限公司将作为执行事务合伙人全权负责基金的管理和运作。

浙江省委、省政府高度重视产业发展,希望通过股权投资等多种形式拓宽融资渠道,带动并提升浙江省产业核心竞争力。浙商产业投资基金的顺利成立是浙江省委、省政府携手中国银行共同推动资本市场发展创新、深化投融资体制改革、示范和引导民间投资、促进产业结构调整和经济转型升级的一项重要举措。

浙商产业投资基金将本着"立足浙江、面向全国"的发展思路,配合浙江省"创业富民、创新强省"总战略,结合浙江省区域经济的发展方向,在巩固优势产业的同时,积极探索、挖掘浙江产业的整体价值,增强金融服务辐射和产业集聚能力,支持和帮助浙江加快产业结构调整和经济增长方式转变。

(资料来源:解放牛网)

【探讨】

结合以上案例,谈一谈营利性非生产企业的运作特点是什么?这一举措对金融体制改革有什么作用?

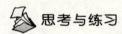 思考与练习

一、思考题

1. 生产企业组织与商业企业组织公共关系运作有什么共同点与不同点?
2. 什么是新型组织?IT类组织应该如何进行公共关系运作?

3. 你认为我国现实状况下各级政府公共关系的重点和难点有哪些？

二、辨析题

北京公安局设立专职公关部门以协调民事纠纷工作，你认为有这种必要吗？是否值得推广？

第六章
高校公共关系运作

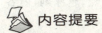
内容提要

高校公共关系是公共关系的组成部分,遵循高校组织的特点和学科优势,其运作主要由公共关系主体通过对学生加强公共关系意识教育,提升公共关系协调能力、创新能力、应变能力,以及塑造高校的品牌形象,提升公共关系素质,实现造就高素质创新人才的目标。

主题词

公共关系意识　公共关系能力　品牌形象

第一节　公共关系意识教育

公共关系意识是公共关系素质的核心,是客观的公共关系状态在人的头脑中的反映,它对公共关系实践起到引导和支配作用。高校开设公共关系课程和组织学生参加公共关系实务活动,最终目的是增强学生的公共关系意识,只有这样才能使学生在公共关系意识引领下自觉从事公共关系实务活动,把公共关系实践创新与公共关系素质提升紧密结合起来,推进高素质创新人才的培养,确保高校人才培养目标的实现。

一、公共关系意识的定位

1. 公共关系意识与公共关系状态相联系

社会存在决定社会意识,社会意识反映社会存在。同样,公共关系意识是高校公共关系客观状态的反映,是存在于高校师生头脑中的主观认识,也是与人的观念形态直接相联系的。高校是师生人群的聚合体,师生公共关系意识实际上是高校师生人群的团体意识。因此,高校开展公共关系活动越普及、越深入,取得的成果越明显,反映在师生头脑中的公共关系意识也就越强烈、越深刻,内容也就越丰富多彩。

2. 公共关系意识与主动精神相联系

一般而言,公共关系意识强弱取决于公共关系状态的高低,而公共关系状态又取决于高校师生主动精神的发挥。上海华东师范大学经常因周边商店等机构擅自使用校名的侵权行为而与之发生纠纷。如今,该校主动向国家商标局申请中英文校名,获得注册注书并被评为2010年度上海市著名商标。该校这种与主动精神相联系的公共关系意识使一些商店"傍名校"行为将受到法律所制止。

3. 公共关系意识与文化氛围相联系

公共关系意识是高校师生的群体意识。群体是由个体构成的,所以公共关系意识也是每一个师生的个体意识,个体与个体发生联系,形成高校特殊的人际环境,又受到校园文化的熏陶,在良好文化氛围中逐步加深对公共关系的认识,从而进一步增强群体与个体的公共关系意识。一般地说,高校人际环境和文化氛围处在良性发展态势时,师生对学校组织的凝聚力和向心力也强,也容易形成价值共识,这样,内求团结、外求发展的公共关系意识在师生中便能够牢固确立。

二、公共关系意识的内容构成

公共关系意识构成的内容体系是十分丰富的,它随着高校公共关系的发展不断充实新的内容,进一步拓展了公共关系意识的内涵和外延,完善和发展了公共关系意识的内容体系。具体地说,它涵盖以下六个主要方面的内容。

1. 公众意识

公众意识是公共关系主体对其对象的认识,对公众地位、作用的认识。不同社会组织面临不同类型的公众,高校组织面对的内部公众是教职工和学生,从高校培养人才的职能来看,学生是高校公共关系的主要对象。但是,相对于外部公众而言,学生代表的是高校组织形象,他们的一言一行,都体现公共关系主体——学校的角色。从这个意义上说,学生具有双重人格。高校组织面对的外部公众是指与高校发展密切相关的用人单位,包括企、事业单位职工与政府机关公务员等。高校组织和公共关系执行主体(公共关系部门、公司等)确立公众意识,就是一切为了学生的健康发展,为了学生健康发展的一切,这既能满足学生成长成才的需要,又能为社会的用人单位提供高素质专门人才。

2. 传播意识

在公共关系活动中,传播是联系组织与公众的纽带,起到中介作用。在当今传播技术迅速发展、新媒体不断涌现的年代,组织与公众的信息沟通成了公共关系一项极为重要的任务。因此,公共关系主体确立传播意识,不仅能够有力地宣传组织的形象,而且能够促使组织与公众实现信息的有效沟通,构建和谐的公众环境,有助于高校组织的发展和培养目标的实现。

3. 互利意识

公共关系的主体与客体的和谐关系是建立在互利互惠基础之上的。毋庸讳言,组织与公众之间是存在着利益关系的。但是,在高校公共关系中,公共关系主体与客体的利益关系主要体现在人才效应上,高校要培养适应社会发展需要的专门人才,具有鲜明的社会公益性,这就不同于企业组织的追求利润最大化的经济效益。因此,所谓"互利意识",实质上是指人才培养的质量。所以,高校公共关系主体与客体的互利关系是指高校教师的教学、科研要为学生成长、成才服务,这种人才效应是高校公共关系主体与客体的共同利益追求,这也是公益性组织与营利性组织的互利性的重大差别。所以,公共关系主体增强互利意识,要把握人才效应的公益性特征,只有这样,公共关系主体和客体才能共同推动高校培养目标的实现。

4. 创新意识

创新是公共关系的灵魂。公共关系是建立在创新思维活动基础上的一种工作艺术,它是人的创造意境、创造能力、创造行为在头脑中的综合反映。清代诗人袁枚曾经写过一首诗:"但肯寻诗便有诗,灵犀一通是吾师。夕阳芳草寻常物,解用都为绝妙词。"袁枚在这首诗中清楚地告诉我们,人的创新意识既不是天上掉下来的,也不是心血来潮、灵机一动的产物,是由人的灵感、想象、兴趣、好奇心等诸多心理活动而引发的人的创造力。因而,高校组织和公共关系主体培育创新意识,应注重在公共关系实践活动中,加强创新人格的训练,开发人的创造潜能,形成公共关系计划、方案的创新思路,在组织实施中不断增强创新意识。

5.形象意识

公共关系中的形象是指社会组织的整体形象,因而个体形象被理解为整体形象的代表。高校组织和公共关系主体培育形象意识,应从精育良才着手,打造一流学科、一流专业、一流师资、一流大学的形象。今后一个时期,我国将建设若干所世界一流大学和一批高水平大学,这是我国成为人才强国和创新型国家的基础。国内一些研究型大学应该坚持"中国特色、世界一流"的形象要求,而且要使每一个大学生学有所成、学有所用,都能成为社会主义事业的合格建设者。所以,高校形象建设要从本校的校情、教情、学情的实际出发,在办学过程中,形成特色文化,造就的人才也必然能适应社会发展的要求,这样,公共关系主体的形象意识也就能够牢固地确立。

6.危机意识

社会组织的形象不是一成不变的,由于其所处的环境的复杂性和不确定性,组织形象优势也会面临严峻的挑战,特别是在不利的舆论面前,稍有不慎,就会使社会组织形象蒙受损失。因此,公共关系执行主体确立危机意识是十分重要和紧迫的任务。

危机意识也就是忧患意识,当高校发展顺利之时,公共关系主体要居安思危、谦虚谨慎,防患于未然。当高校发展遇到困难时,特别是被内外公众误解、不满意,甚至情绪对立、矛盾激化时,公共关系执行主体要处变不惊,沉着应对,积极主动,变危机为良机,使内外公众消除误解,或缓和矛盾,改善关系,增加信任,形成和谐合作关系,推动高校组织的发展。

三、公共关系意识的作用

意识是指人脑的属性和机能。公共关系意识是公共关系执行主体对公共关系客观状态的主观印象。人的观念支配行为,公共关系意识必然会影响到公共关系主体行为,使公共关系主体行为更具有明确的指向性和目的性。同样,公共关系意识也会影响公共关系客体的态度,使公共关系客体进一步与高校组织采取合作行为。公共关系意识的作用可以细分为以下几个方面。

1.凝聚作用

公共关系是"内求团结、外求发展"的艺术,内求团结是外求发展的前提和基础,公共关系执行主体树立和强化公共关系意识,特别是公众意识的牢固树立,就能善待师生,争取师生对高校组织的认同和支持,正确处理高校发展和师生发展的关系,必然推动高校教职工和学生聚合成一个整体。与此同时,高校组织和公共关系执行主体树立和强化公共关系意识就能促进高校组织内部以发展目标为核心的向心力的形成。因为在高校公共关系运作中,强烈的公众意识必然促进高校组织与公共关系客体共同形成对其发展愿景的认识,并为实现高校愿景共同承担责任,进一步夯实高校凝聚力的基础,齐心合力地为实现高校发展愿景和培养目标发挥积极作用。

2. 导向作用

公共关系的导向作用主要指内部目标导向作用。社会组织和公共关系执行主体具有强烈的公共关系意识,就能正确认识和处理公共关系主客体关系,构建高校组织和谐的公众关系,这种来自内部的目标导向行为是公共关系执行主体有意识、自觉的行为,因而能够争取校内师生和社会公众更广泛、更有力的支持,有助于在校内公众心目中树立良好的公益形象。

公共关系意识的目标导向作用必然会促使组织与组织之间、组织内部部门与部门、人员之间产生吸引力和效仿力。公共关系意识强的高校组织及其管理部门、人员,必然对公共关系意识较弱的高校组织及其管理部门、人员产生示范效应,对改变高校组织的文化氛围和领导者的态度起到推动作用。

3. 促进作用

公共关系意识的促进作用,主要是通过公共关系执行主体行为的主动性、创造性提升学生公共关系素质,进而促进学生的全面发展,实现高校培养高素质创新人才的目标。因此,高校组织的公益性与营利性组织的促进作用不一样,营利性组织的公共关系主体公共关系意识主要是促进其增进社会效益和经济效益。因而,不同类型的社会组织与公共关系执行主体的公共关系意识的促进作用都是客观存在的,只是追求的目标有所区别。

第二节 公共关系能力的提升

能力是与活动的效果相联系的。《国家中长期教育改革和发展规划纲要(2010—2020)》中指出:"坚持能力为重。优化知识结构,丰富社会实践,强化能力培养。着力提高学生的学习能力、实践能力、创新能力,教育学生学会知识技能,学会动手动脑,学会生存生活,学会做人做事,促进学生主动适应社会,开创美好未来。"高校组织公共关系能力涉及内部公共关系和外部公共关系的各方面能力,但其最基本的三种能力是协调能力、创新能力和应变能力。

一、协调能力

组织行为学理论认为:关系是"两个或更多人之间的相互依赖"。[①] 公共关系就是组织与公众的关系在公共关系活动中,公共关系主体的期望。

在公共关系活动中,公共关系主体的期望与公共关系客体的行为之间始终存在矛盾,要求公共关系主体通过协调主客体关系,不断促使公共关系客体行为向其期望要求转变,从不一致走向一致,而且旧的矛盾解决,新的矛盾又会发生,在关系协调中不断把公共关系推向新阶段,以获取社会效益和经济效益。

高校组织的公共关系的关系协调,对内是构建和谐的公众关系。随着高校改革的发展,师生关系、生生关系更加复杂多样,难免会因成才的观点和想法不同,或成长的方法、路径不相同而产生误解和分歧,也会因个性和性格不合而产生心理郁闷和困惑,这就需要公共关系主体运用协调艺术求大同存小异,从意见不合到意见一致,形成良性互动,从而在大学校园中倡导和践行一种和谐的人际交往关系,即尊师爱生的师生关系、团结友爱的同学关系、互帮互助的社团群体关系,构建诚信友爱、团结互助的人际环境和文化氛围。

关系协调还涉及高校组织与社区、科技开发公司、实习基地、用人单位、政府部门等相互之间的利益协调、心理协调、行为协调,以有效缓解和消除高校组织与外部公众之间的矛盾,形成相互和谐的合作行为。高校组织作为对社会负责和承担育人职责的公益组织,通过信息发布会、公众联谊会、公众意见咨询会等公共关系活动,加强与外部公众的感情联络,形成有利于学生健康成长的社区环境和社会环境。

沟通与协调是不能分离的。从一定意义上说,协调是通过信息沟通实现的,在沟通中协调,在协调中沟通,以化解矛盾和消除隔阂,求得合作行为,共同发展,并最终推进和谐校园的发展。

二、创新能力

创新,就是"新意"的意思。公共关系创新能力就是指公共关系主体能根据

---

① 张爱卿:《当代组织行为学理论与实践》,第160页,北京:人民邮电出版社,2006。

第六章 高校公共关系运作

新情况,研究新形势,提出解决新问题的计划与方案,以及组织实施新计划、方案并且创造新价值的一种能力。提升公共关系主体的创新能力主要有以下几个方面:

1. 创新战略的制定能力

创新战略的制定是从宏观层面解决"做什么"的问题,为"怎样做"提出整体规划、明确阶段计划、重点、难点、运作步骤等,要求公共关系主体具有大局意识,从国家对高校创新的要求出发,结合校情,提出创新战略。它包括对国家创新的领悟能力、对高校校情的判断能力、对创新重点的把握能力、对创新风险的承受能力等。德国西门子公司通过"3i 计划"来收集公司员工的创新建议,为制定公司创新战略作参考。这 3 个"i"分别是点子、激情和积极性,目的在于挖掘每个员工的潜能,收集创意,为公司发展所用。

2. 创新计划、方案的制定与实施能力

在这一创新实体部署中,公共关系主体的创新能力主要表现为构思、设计、制定创意计划方案的理性思考能力、创意认知能力、把握创意方向能力、运作能力、保障能力等。

3. 创新效果的评定能力

评定是对创新计划、方案组织实施效果的测定,检验效果的实际价值又是为新一轮创新计划、方案制定提供依据。因此,这一测定不仅要有定量指标,而且要有定性指标,在高校人才培育评定中要坚持定性与定量相结合,以定性为主,不仅要看学生在校的学习与生活表现,还要跟踪调查学生走上工作岗位以后创新测度的评定以及用人单位对毕业学生创新能力的评价。在这一评定过程中,公共关系主体的评定能力主要表现为调查能力、评定测度的设计能力、归因分析能力、总结能力等。

公共关系主体的创新能力所指向的对象是公共关系计划、方案制定、实施、评定过程中所体现的创意点子、创造潜能开发、创新思维的激发以及创造能力的发挥等。这些创新要素的整合,就是公共关系主体创新能力的着力所在。

4. 应变能力

任何一个社会组织,在其发展进程中,不可能一直处在顺境,都会经常遇到环境变化。产生逆境或危机突发时,公共关系主体要及时向媒体及相关社会公众作出快速反应,控制事态发展,采取紧急措施,使社会组织转危为安。这种反

应具体表现为预警能力、沟通能力、控制能力、引导能力、解决问题能力,统称为"应变能力"。

(1)危机预测能力。任何一次危机的爆发都会有一定的潜伏期,其间都会产生一些微小的变化,都可能视作危机爆发的征兆。公共关系主体如果具有危机识别能力,对已经出现的细微征兆能及早作出预警并加以处理,就会将可能产生的危机消灭在萌芽之中,避免危机的发生。比如,复旦大学2011届某学院的一位女学生,在拍毕业照时帽子丢在了地上,因为低头去捡而错过了合影的瞬间,虽然摄影师当场补拍了一张,但发到同学手中还是那张缺了这位女生的毕业照。尽管最后由同学们承担了重印照片的钱,使每个同学都能拿到完整的照片,但复旦大学校长、中科院院士杨玉良教授却为了这张不完整的毕业照在全校毕业典礼上向在场的所有同学鞠躬道歉,并认为这不是小题大做而是一件令复旦人感到羞耻和伤感的事。"试想,照片上缺的不是这位学生,而是我们某位学院的院长或者书记,又会怎样?"这一问题提得好,令在场每个师生深思。杨校长寄语复旦师生,要保护好每一颗心灵,让大学成为滋养心灵的地方,在未来让心和想象力一起展翅飞翔。这一典型案例给人以启迪,充分证明高校组织及其领导提升识别和预警能力的重要性。

(2)信息收集、处理和传递能力。社会组织应对危机的一个重要举措是建立高效的信息监制、收集、处理和传递系统,主要包括及时了解对高校有影响的宏观政策动态,收集内外公众反馈的信息,特别是传媒的信息,分析和处理信息,制定应对风险的方案以利于良好的信息传递。这些公共关系能力的提升都有利于高校组织将危机化解于无形之中,使其避免危机带来的损害。

(3)设置预案的能力。公共关系主体要制定危机应急处理预案,并以书面形式告知各相关职能部门,使高校组织内部各职能部门明确应对职责,以避免危机发生时出现手忙脚乱、惊慌失措的局面,导致对危机处理不当。所以,公共关系主体提升设置预案的能力能够使其内部各相关职能部门事先有所准备,在应对危机中各司其职,实施有效措施,尽量降低危机对高校组织造成损失的程度。

第三节 高校品牌形象塑造

一、高校品牌形象塑造的重要意义

一所高校要保持良性而长远的发展,就需要塑造高校品牌形象。所谓"品牌",著名的市场营销专家菲利普·科特勒认为:"品牌是一种名称、术语、标记、符号或图案,或者它们的相互组合,用以识别某个销售者或者某群销售者的产品或服务,并使之与竞争对手的产品和服务相区别。"①品牌是一种符号,代表视觉、感性的文化形象,它是社会组织对公众的承诺、信誉、责任,是社会组织的灵魂,实质上是一种无形资产,代表组织的社会地位和精神财富。品牌化是我国高校未来发展的走向,塑造高校良好的品牌形象成为公共关系主体的一项极为重要的任务。

1. 扩大知名度和美誉度

高校塑造品牌形象,能够得到政府部门、社会公众的认可,增强国家、社会公众对高校支持的信心,有利于提高高校在政府公众、社会公众心目中的形象,获得更多的推动高校发展的各方资源,增强高校的综合实力和核心竞争力。

高校塑造品牌形象对内能够激发师生的自信心和自豪感,对外能吸引优秀师资、对内能鼓舞士气,促进师生团结进取、奋发向上,以良好的精神面貌投入教学、科研工作,以勤奋刻苦的态度认真投入学习、生活,有助于营造学生成长成才的良好环境,使高校始终保持良好的发展态势。

2. 形成良好的公众关系

重视高校品牌形象塑造,对内可以协调内部公众关系,增强内部公众对高校的凝聚力和向心力,对外可以协调外部公众关系,建立和谐的公众环境,从而可以使组织获得更加良好的生存发展空间,有助于学生的健康成长成才。

3. 营造健康向上的文化氛围

高校职能之一是传承创新文化,无论是教师文化、学习文化、校园文化、社团文化,都涵盖丰富的文化内涵,如哈佛的邓斯特·约翰·昆西、艾略特·科南特等领导,都为"哈佛形象"的文化传承和发扬光大发挥了积极作用,而北大的蔡元培、清华的梅贻琦校长无不为今天的"北大形象"和"清华形象"的形成奠定了坚实的文化根基,他们的教育理念、思想火花、办学的真知灼见以及人格魅力,都体现着高校办学者的领导者形象。

4. 保持良好的发展态势

在学院迭起、高校林立的经济社会里,各高校都有生存的危机感、如何争夺

---

① 王海涛等:《品牌竞争时代》,北京:中国言实出版社,2003。

有限的优质生源,如何培养优质人才以应对竞争激烈的就业市场?唯一的有效途径是打造高校核心竞争力,把提高教育质量作为高校首要任务,以一流师资、一流学科培养一流人才,以适应社会发展对人才的需求,在社会公众心目中树立高校品牌形象,促使高校可持续发展。如,美国的"常春藤盟校"以悠久的历史、严谨的治学、一流的教授、优雅的环境成为名校形象的象征。

二、高校品牌形象塑造的内容

1. 协调内部公众关系,建立良好校园环境

公共关系重视内部关系的协调,通过有效信息沟通,做到上情下达、下情上达,畅通纵向、横向信息沟通渠道,分享信息,协调好高校内部的公众关系,形成有利于人才培养、高校发展的良好环境。

(1)高校领导关系。高校领导是高校掌门人、形象代言人和目标的引路人,必须身教与言教相结合,身教重于言教,在师生心目中树立尊师重教、献身教育、爱国笃校的良好形象。

(2)高校部门关系。高校行政机关是高校职能管理部门,既承担管理育人的职责,又起着参与高校行政决策、咨询、智囊的作用。因此,部门与部门之间,既有分工,又有合作,齐抓共管,热情地为师生教学、科研服务,并以管理育人的良好业绩发挥品牌形象效应。

(3)师生关系。师生关系还可细分为教师与教师的关系、教师与学生的关系、学生与学生的关系,重点是要加强教师的职业道德建设,做好教书育人的工作,并且注重团队合作、校园创新,共同搞好教学、科研工作,特别是热爱学生,为每一个学生终身发展服务。而学生与学生之间要团结互助,互帮互学,注重自我教育、自我管理、自我服务,把思想品德修养与科学文化知识紧密结合,把创新思维与社会实践紧密结合,把全面发展与个性发展紧密结合,把自己造就为可堪大用、能负重任的栋梁之才。

2. 协调外部公众关系,建立和谐公众环境

高校面临诸多的外部公众关系。高校组织和公共关系主体要运用公共关系艺术,广结人缘,协调关系,减少矛盾,争取社会公众的支持和谅解,创造有利于高校发展的和谐外部环境。

(1)政府关系。政府是教育政策的制定者,涉及高校办学的发展方向和发展规模以及人才培养的目标和规格。因此,公共关系主体要协调政府关系,首要任务是学习教育方针、政策和教育发展规划,全面理解,正确执行。与此同时,政府

还是公办高校教育经费的主要来源,也是学校硬件和软件建设的保障者和供应者,同时是高校人事、招生政策的制定者。所以公共关系主体要主动加强与政府部门,特别是上级主管教育部门联系,反馈师生需求和高校改革发展的信息,通过校庆、节庆和文体等大赛、教学科研的研讨活动与政府部门密切关系,增进相互之间的信任与友谊,在政府公众心目中形成良好的高校品牌形象。

(2)与新闻媒介关系。高校与电子媒介、印刷媒介和其他新媒体以及记者、编辑、节目主持人等关系,是高校公共关系运作中最为敏感、最为重要的公众关系。媒体公众对高校而言是双重身份的公众:一方面,高校组织要通过媒体中介与社会公众发生广泛的联系;另一方面,媒体公众作为高校公共关系的对象,公共关系主体要主动提供新闻稿,邀请媒体公众进行采访,客观地报道高校改革和发展的信息,特别是遇到社会公众对高校教育改革不甚理解时,需要媒体中介进行宣传,消除社会公众的误解。因此,努力做好与新闻媒介的信息沟通工作是宣传高校品牌形象的有效路径。

(3)校友关系。校友是指高校历届毕业生。公共关系主体要保持与国内外校友的经常性联系,支持校友会的各项工作,邀请知名校友来校讲学、举办专题讲座,而遇到校庆时,更应利用节庆平台,广泛宣传高校品牌形象,通过校友对外扩大宣传,形成良好的品牌效应。

(4)家庭关系。家长是支持高校改革和发展的一支重要力量,是高校形象的重要宣传者和评价者。公共关系主体要利用各种形式和平台加强与家长的联系,及时通报高校改革与发展的信息,以求获得学生家长的有力支持及其在招生、就业上的密切配合,构建家校互动的良好的家长与学校的关系。

(5)其他关系。高校办学还要依靠所在社区的广泛支持与合作,形成与企业、生产实习基地的紧密配合,取得他们的有力支持,营造良好的公众外部环境。

三、加大高校品牌宣传的力度

一所高校品牌的形成经历品牌定位、品牌推广、品牌重塑各个发展阶段,加大品牌形象宣传力度应是当前的一项重要任务。一般来说,品牌宣传可通过宣传册发放、与内外公众传达沟通,也可通过网站域的登记或电子信箱和语音邮箱广泛传递品牌形象信息,但更为重要的是形成高校品牌形象的支持群体,他们的口头宣传和对高校核心价值、文化传统、创新业绩、人才效应的认可,更为重要。他们的现身说法最具有影响力和感召力,最容易吸引社会公众,能够产生连锁反应和继生效应。

高校品牌形象所体现的是高校的表现和特征在社会公众心目中的印象,是社会公众对高校的总体评价,具体表现为高校培养人才、科学研究、社会服务和文化继承创新四个方面,而人才培养质量是最基本的任务。因此,高校人才培养质量直接决定社会公众对高校的印象,而人才的公益效应则是评价高校品牌形象的重要标准。

目前,我国高校分为普通高等学校和职业高等院校两大类。普通高等学校又分985高校、211高校及省市高校几大类,现在我国有39所985高校,123所211高校(包含985高校内在),400多所省市高校。而职业高等院校随着高等职业教育的迅速发展,已达1200所,占全国高校的70%左右。职业高等院校无论在办学规模和办学硬件与软件建设方面都有所改善,为培养社会发展需要的高职人才发挥积极作用。因此,高校品牌形象的塑造应立足于高校本身的战略定位与学科特色,综合运用自身的优势资源,激发内部公众的创造力,培养具有本校特色且符合社会需要的专业人才,在社会上树立自己的特定、可识别的形象。

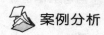
案例分析

【案例】

名校自主招生,三盟鼎立

以北京大学、清华大学这两所国内顶尖高校为代表的"北约"、"华约"联盟又有了新对手!11月25日晚,同济大学领衔国内8所工科院校结成的"卓越联盟"一成立就对外宣布:将在2011年的自主选拔录取中实行联考!可就在工科八校决定携手的短短几个小时后,"北约"联盟高校由原来的7所扩容至13所,全国重点综合性大学兰州大学名列其中。

高校自主招生,"华约"、"北约"对抗

清华大学、中国科学技术大学、上海交通大学、南京大学、西安交通大学、浙江大学、中国人民大学,2011年已扩为"七校联盟"。

北京大学、北京师范大学、北京航空航天大学、南开大学、复旦大学、厦门大学、香港大学7所知名高校,2011年已扩至"十三校联盟"。

事实上,这两大"结盟"的发起者就是国内两所顶尖高校——清华大学与北京大学,网友分别取其校名中的"华"与"北",戏称"2011年高校自主招生已经进入'华约'与'北约'的对抗时代"。

工科八大名校,再结"卓越联盟"

就在两派各自成型后,同济大学领衔的8所工科院校成立的"卓越联盟"就成为"华约"、"北约"之后的第三个高校自主招生联盟。由北京理工大学、大连理工大学、东南大学、哈尔滨工业大学、华南理工大学、天津大学、同济大学、西北工业大学等8所以工科见长的知名学府结成的"卓越联盟",将自主选拔录取实行联考。

其他高校何从，或将出现"四盟"

国内高考录取门槛最高的顶尖名校正在以"盟军"的形式出现在考生面前。2011年全国具有自主招生资格的高校有76所，其中的28所将在"北约"、"华约"、"卓越联盟"为盟军的集团竞争格局中登台亮相。同享自主招生权限，但还未来得及联盟或加盟的其余高校是否也会走"结盟"之路？受访的多位有意向应考的高三学生表示，重点高校频频结盟，就是为了抢占优秀生源，不管接下来的日子有没有"第四方面军"冒出，2011年高校自主招生都将是"史上最好看的"一场生源大战。

（资料来源：2010年11月27日 《兰州晨报》 记者武永明）

【探讨】

名校自主招生的"三盟鼎立"如何体现高校的品牌形象？它们之间有何区别？

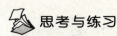

思考与练习

一、思考题

1. 高校公共关系意识包括哪些内容？如何来培养？
2. 高校的公共关系应变能力体现在哪些方面？有何重要意义？
3. 高校为什么要塑造品牌形象？怎样加大品牌形象宣传的力度？

二、辨析题

你如何看待清华大学接受真维斯集团赞助的事件？请说明理由。

第七章

组织形象策划与危机管理

内容提要

组织形象策划与危机管理是现代公共关系的一个重要内容,也是公共关系管理的一项重要任务。重视组织形象策划、实施组织形象战略、加强组织危机管理,不仅是塑造和提升组织形象的需要,也是建立和发展良好公共关系的必然要求。

主题词

组织形象　CIS 战略　组织形象策划　危机管理

第一节　组织形象与 CIS 战略

在市场经济的竞争中,组织形象已经成为组织竞争能力的重要组成部分,组织形象的好坏直接关系到组织的生存和发展。

一、组织形象概述

1. 组织形象的定义

组织形象就是一个组织展现在社会公众面前的各种感性行为的整合,也可以说是公众对这一组织的总体评价和综合印象。这里所说的"各种感性行为",既包括组织向社会提供的产品和服务以及配合产品和服务的推广所开展的广告宣传等传播活动,也包括组织的各种公益性活动。社会公众正是通过对这些感性行为的综合感知来了解组织的理念、精神和宗旨,从而对组织产生或褒或贬的总体评价,并进而决定是否选择某一组织的产品和服务。

2.组织形象的特征

(1)整体性。组织形象是人们对组织的行为观察、体验所形成的整体信念,本身便是一个多维的系统。塑造美好的组织形象,需要组织内部各部门、各方面、所有从业人员的通力协作。以企业为例,企业形象包括:①企业历史、社会地位、经济效益、社会贡献等综合性因素;②员工的思想、文化、技术素质及服务方式、服务态度、服务质量等人员素质因素;③产品质量、产品结构、经营方针、经营特色、基础管理、专业管理、综合管理等经营管理因素;④技术实力、物质设施、地理位置等其他因素。这些不同的因素形成不同的具体形象,但这些具体形象只是构成企业整体的基础,而完整的企业形象是各个形象要素所构成的具体要素的总和,这才是对组织具有决定性意义的宝贵财富。任何一方面的工作失误、任何一次坑害公众的行为、任何一次失信于公众,都有可能影响组织的形象,在公众心目中造成很坏的影响。

(2)客观性。组织形象就其形式来说是主观的,就其内容来说是客观的,是组织综合实力及行为表现的必然结果。任何一个社会组织,不管其愿意与否,都会客观地在公众心中留下一个印象,即对组织的优劣评价。公众对组织性质、功能和实际表现如何的评判,又会在一定程度上影响着组织的发展。

(3)可测性。组织形象是可以测量、分析、评价的。测评组织形象的主要指标有三个:一是知名度,即公众对组织的了解和熟悉的范围和程度;二是美誉度,即公众对组织的赞美和欣赏的程度;三是认可度,主要指组织的产品和服务让社会公众在观念上认同的同时转化为实际选择行动的程度。社会组织知名度、美誉度和认可度的高低,决定了其形象的好坏。测评组织形象的基本方法是舆论调查或民意测验。

(4)复杂性。组织形象是由多种因素共同构成的。从软件方面来看,包括组织精神、组织的方针政策、组织的管理水平和效率、组织信誉等;从硬件方面看,既包括技术设备、资金状况、产品和服务的质量,又包括地理位置、商标、经济效益和福利待遇等。因此,塑造良好的组织形象是一个极其复杂的全方位的系统工程。

(5)有用性。良好的组织形象是组织的一种十分宝贵的财富和资源。商业等经济组织的良好形象既能够吸引更多的顾客,招徕更多的商品供应商,招揽优秀的人才,增强职工的向心力和归属感,又能比较容易地吸引股东和争取到各种资金及公众的爱戴和拥护,进一步扩大发展空间,带来更大的经济效益和社会效益。

(6)稳定性。当社会公众对组织产生一定的认识和看法以后,一般会保持一段时间,而不会轻易改变或遗忘,这就是组织形象的相对稳定性。要在公众心中留下一个印象并不容易,特别是在当今产品众多、广告泛滥的年代,要改变一种产品或一个组织在公众心中的形象就更难了。比如说中国人到了国外,常会碰到一些令人啼笑皆非的提问,如凭票购物、统一服装甚至还有小脚女人之类的问题,反倒是中国近20年来发生的巨大变化在外国人(特别是没来过中国的外国人)心中并未留下什么印象。组织形象的这种相对稳定性可能会产生两种结果,其一是组织因良好形象被维持而受益,其二是组织因不良形象难以改变而利益受损。

(7)可变性。组织形象不是一成不变的,会因各种因素存在而发生变化,从不佳到良好,或者从誉满天下到臭名昭著。决定组织形象的内部、外部条件发生变化,组织形象必然会随之发生变化。一次重大失误或过错,特别是恶意损害公众和社会整体利益及健康的事件发生,就可能会使组织形象严重受损。比如"三鹿"奶粉本是全国的免检产品,但因添加三聚氰胺、置广大儿童健康于不顾而备受世人唾弃。因此,组织要因势利导,让其形象正向发展、日趋完美。

二、CIS 战略

1. CIS 概念

CIS英文全称为 Corporation Identity System,翻译成中文为"企业识别系统",要注意将其与企业形象系统(Corporation Image System)区分开。它是一个把组织文化、经营理念、管理行为以及企业视觉标志通过统一设计加以整合的系统,包括组织理念识别、行为识别和视觉识别三个子系统。CIS的作用十分突出,对外能够强化其传播效果,使组织迅速提升自己的知名度、美誉度和认可度,从而树立品牌形象,营造最佳的组织运作环境;对内能够规范组织行为,使之系统化、规范化,加强员工凝聚力,提高工作热情,形成自我认同感,使组织取得更大的经济效益和社会效益。

(1)MIS(Mind Identity,简称 MI),即理念识别系统。它包含组织文化及以组织文化为指导的精神口号、经营哲学、核心价值观等,是CIS的核心和灵魂。美国的管理学家皮德斯和沃特曼在研究了美国43家大型企业的情况后得出结论:超群出众的企业之所以能做到这一步,是因为他们有一套独特的文化品质,是这种品质使他们脱颖而出,鹤立鸡群。可见,MIS对组织的行动和组织形象传达具有一种统摄作用。与传统组织的经营形象相比,企业理念不仅是一种能够明确表述的内容,也是全体员工应明了并掌握的行为准则,并且通过向社会公众传播,希望得到普遍的认识和认同,例如"海尔"的"敬业报国、追求卓越"的理念。这种理念识别系统扩大到其他组织也是如此,比如清华大学的"自强不息、厚德载物"。

(2)BIS(Behavior Identity,简称BI),即行为识别系统。它是组织的理念识别系统的行为化。与MIS的深奥、抽象相比较,BIS追求的是具体、便于操作。具体分为对内和对外两部分:对内指组织员工的工作作风、风尚、习俗、技术力量、行为规范和业务水平等方面;对外指组织的对外公众关系、商务交往活动、公益活动等方面。例如对于工作精益求精的企业,外界能够通过职工的行为体会到它认真负责的企业形象。

(3)VIS(Visual Identity,简称VI),即视觉识别系统。由于人感受外界刺激的83%来源于视觉,因而视觉传播成为企业信息传递的最佳手段。它是以组织标志、标准色、标准字、象征图形和吉祥物为基础的。组织的各种外观物品,如实物用品、车辆外观、办公室装饰、广告媒介、户外招牌、员工制服、产品标牌及服装等,组成了组织独特的视觉识别手段。就像"可口可乐"公司,醒目的红色和跳跃的文字组合,给消费者带来视觉冲击,让人记忆犹新,风靡全世界。但一些策划设计公司为了原始资金的积累对CI粗制滥造,往往以蹩脚的VI蒙骗组织,设计方案缺乏深层的文化内涵和表现,缺少可操作性。

一般人们将MIS比喻为组织形象的心脏,将BIS比喻为组织形象的四肢,将VIS比喻为组织形象的脸面。这三者是一个不可分割的整体,其本身亦是一个系统工程,必须进行认真科学的规划和操作。

2. CIS导入

在CIS的推广过程中,因为不能明确地表述何为CIS而将其视为组织形象,这是不对的。CIS只是传播和塑造形象的一种手段,并不是说塑造良好的组织形象就一定要导入CIS。组织形象不是CIS,但是需要CIS。因此,我们应该科学地、合理地认识和应用CIS战略。

在CIS导入时,首先要形成CIS整体观、长期观、适用观和投资观的共识。其次要选取恰当的时机,比如新组织成立的时候,知名度近于零,实践经验相对较弱,与有实力的组织进行市场竞争充满变数;或是组织合并、组织性质发生变化之时;组织扩大经营范围、朝多元化经营发展、进军国际市场、超国际化经营时;新产品上市、老产品获奖时;组织面临经营不善的危机或形象出现危机时;商标更动、组织扩建或改建等。选择恰当时机导入,可以形成独特的组织识别系统。

组织开展公共关系活动的任务之一是打造良好的组织形象,而 CIS 正是组织形象塑造中的重要内容,因此 CIS 导入是不可或缺的。营利性组织和政府组织、其他非营利组织都应将 CIS 作为自身公共关系管理的重要组成部分,以下分别论述。

(1)营利性组织的 CIS 导入。美国著名的 IBM 公司自 1956 年就开始导入 CIS 战略,以企业文化和企业形象为出发点,突出表现为制造尖端科技产品的精神,将公司全称"International Business Machines"设计为蓝色的富有品质感和时代感的造型"IBM"。它既是这八个条纹的标准字,在其后几十年中成为"蓝色巨人"的形象代表,即"前卫、科技、智慧"的代名词;也是全球现代企业 CIS 诞生的重要标志。

迪斯尼乐园通过品牌建设和品牌连锁,不断创新,建立了完整的 CIS 识别系统,为我国主题公园发展提供了可循之路。"童话世界梦想成真"的定位和口号,以感性切入,缓和了技术型竞争对手形成的压力。除了儿童群体,其受众定位瞄准成人,使之成为"寻找童年梦想、世界上最快乐的地方"。在企业视觉识别系统上,迪士尼结合本公司特点,主题公园的 Logo、吉祥物、园内建筑、网站、广告、宣传册、海报、音像制品、标徽和各类纪念产品等的设计直观生动,犹如主题公园的脸面。主题公园的行为识别包含两个方面,一方面指主题公园的硬件规划和建设,另一方面指主题公园的营销活动、管理行为、员工培训、顾客服务和园内商业活动等软件部分。另外,迪斯尼乐园倡导员工快乐工作,管理者表现出的关心培养了员工的自信和归属感,员工潜移默化地成为品牌代言人,游客通过与员工的互动,进一步体验到消费价值。

自 2009 年下半年开始,梁山水浒文化主题公园、上海迪斯尼、世界巧克力梦公园等主题公园在我国启动,掀起了新一轮竞争狂潮。主题公园作为精英文化和大众文化融合的产物,只有借助 CIS,构建超长产业链,增强园区内的二次消费、常创常新才能持久发展。

(2)政府组织的 CIS 导入。CIS 虽源于企业领域,但它本身作为一种方法、一种公共关系的手段,适用于不同范畴的形象建设,例如在城市形象等建设中 CIS 同样具有适用性。

随着城市化成为全球性的一个大潮,城市品牌形象设计和实施已经关涉城市综合实力的竞争,城市形象设计中的文化问题也日渐凸显出来。2008 年的北京奥运会和 2010 年上海世博会的顺利举行,使我国的政治文化中心北京和经济中心上海受到了更多的来自世界各地的瞩目,很好地展示和提升了中国的国际形象。通过两次盛会的举办,北京和上海在城市形象塑造方面已走到了全国前列。良好的城市形象,不仅有利于形成凝聚力,增强市民的自豪感和认同感,还有利于整合各方资源以及人才、资金等方面的引进，同时能够促进本市产品外销，有利于城市的国际化和对外交流。而城市形象的设计、打造与营销等自然是政府工作的重要内容，属于政府行为。

北京西城月坛地区是我国中央政务办公区，云集副部级以上单位22个，分布着夕月坛、白云观等文化古迹。月坛地区拥有丰富的文化资源，形成了深厚的文化积淀。月坛地区面向未来，打造人文月坛，以实现月坛的可持续发展。月坛CIS的战略策划分为以下三个系统。构建月坛文化之"心"——重新构建的月坛理念体系，全方位地满足了不同主体的精神需求，使月坛理念体系在增添月坛文化魅力的同时兼具极强的现实指导意义。打造服务型政府——在月坛文化核心的指导下，月坛政务流程再造打破了行政组织内部传统的职责分工与层级界限，立足于先进的信息技术，快捷有效地解决市民问题。塑造独特区域之"像"——月坛视觉识别系统包括基本要素设计系统和应用设计系统，既包含政府内外办公环境和各种应用项目的设计，也包含月坛地区公共环境的设计。月坛VI系统为整个月坛地区所共享，体现出月坛地区独特的人文内涵和鲜明的个性特征。随着月坛CIS的强势导入，新的月坛将传承优秀的文化积淀，弘扬人文精神，散发出独特的区域魅力。

(3) 其他组织的CIS导入。CIS作为一种管理模式、一种公共关系的实务操作系统，还可以广泛应用于非政府组织和非营利性组织，如高等学校、医疗机构、事业单位等。

学校作为培养人才的组织，是为学子的成长和未来事业发展奠定良好品德、健康心理和文化科学知识与技能基础的专门机构。面对经济全球化的深入发展、科技进步日新月异，我国高等教育只有加快发展，才能为国家输送更多综合素质好、实践和创新能力强的优秀人才。塑造良好的、独特的个性化形象，既能减少高校品牌建设中的趋同性与相似性，也有利于形成品牌建设中的核心竞争力，尤其是能够吸引更多高素质、高质量的人才，并可加强本校毕业生就业时的法码等等。现在学术造假、学生自杀，或是更多令人咋舌的新闻，不仅破坏了学校的形象，同样削弱了师生对于学校安全、庄严、温馨的归属感，使各个阶层皆受到不同程度的冲击。导入CIS可以改善高校自身结构，形成和巩固高校品牌价值，获得更多的社会支持、家长信任和师生认同。同时，它可以优化和拓展学校生存的发展空间，盘活办学资源，为学校赢得更多的发展机遇。

"医疗组织"是依照法定程序设立的从事疾病诊断、治疗活动的卫生机构的总称。随着经济体制由计划经济转向社会主义市场经济，医疗服务也从供给型转向经营服务型。在这种大环境的驱动下，人们对就医环境也就提出了越来越高的要求。要取得患者对医院的消费认同，进而提高医院的美誉度和公众对医院的认可度,必须增强服务意识,改善对就医公众的态度,提高医疗技能,同时注重形象塑造问题。在导入 CIS 时,理念识别方面应与时俱进,不断提升自身的医疗水平,确立和强化病人主体意识,尊重和理解病人的意愿需求,切实做到以病人为中心。在行为识别层面上,合理的制度设计是一个医院行为的基础和规范框架,其中包括全体员工的礼仪规范、行为规范、用语规范等。另外,医院的公益活动是与其定位相呼应的行动,是对社会承诺的兑现,是医院建立起良好的公益形象的途径。然而,有些医院不仅把营利放在第一位,开天价药,做一些没有必要的检查,更有甚者,置病人的健康于不顾。例如,2010 年 7 月,深圳某医院一助产士因多次索要红包未遂,在产妇生产后将其肛门缝上,并称是"好心"做了痔疮手术。服务机构的这些做法极大地伤害了公众的就医情绪,也损害了我国医疗机构的组织形象,因此,应尽快采取措施,推进医院各方面的改革,使之真正地为民服务,诠释好"白衣天使"的应有之意,发挥医疗的本能。

慈善事业作为新的社会保障体系的有效补充,是调节社会财富、进行第三次分配的重要形式,成为构建和谐社会的重要力量。从汶川到玉树、从洪涝到冰冻、从干旱到泥石流,近年来,一系列突发自然灾害激发了全国人民的慈善意识,公众对社会捐助活动表现出了极大的热情和强烈的意愿。然而索捐、诈捐等丑闻使我国一些慈善机构的公信力严重受损。"郭美美事件"严重损害了中国红十字会的形象。"中国社会并不缺少善心,缺少的是对公益组织的信心。"国际著名咨询机构麦肯锡公司对中国公益事业作出的评价。因此,若不能建立一个良好的慈善机构组织形象,将会严重阻碍我国慈善事业的发展。《2010 年度中国慈善透明报告》显示,慈善组织信息透明指数达到 3 级以上(即信息大部分披露和完全披露)的比例仅为 25%,而 3 级以下(即完全不披露和仅少量披露信息)的却高达 75%。因此,应完善相关制度和运营机制,努力让信息公开化、透明化,使公众信任第三方组织。

第二节 组织形象策划

公共关系活动应将建立和维护组织形象作为一项重要的任务。在激烈的市场经济竞争中,形象力是竞争力的构成要素。良好的组织形象能够给消费者以吸引力、给合作者以影响力、给内部员工以归属感。因此,各类组织都应重视组织形象的策划工作。

一、组织形象定位

组织形象定位是指组织在社会公众中确定自身形象的特定位置，是公共关系实务或者公共关系策划的重要内容之一。一个组织选择什么样的总体特征与风格，在不同时期的知名度、美誉度以及社会公众对组织的认可度要达到怎样的程度，都取决于组织形象的科学定位。组织形象定位是否准确，不仅直接影响组织识别系统的独特性、组织深层次的文化理念与精神风貌，而且最终影响组织营运的成功与否。竞争性营利组织，其定位应该是"消费者第一"、"顾客至上"；竞争性非营利组织，其定位应该是"公益"、"以人为本"；独占性营利组织，其定位应该是"为人民服务"；独占性非营利组织，其定位应该是"廉洁公正、勤政为民、急民所想、帮民所需"。在经济全球化的今天，市场经济日益成熟，市场的产品、服务差异日益缩小，组织间的竞争已经发展到了组织形象的竞争。因此，如何树立个性化的组织形象，已成为现代组织中的重要课题。

二、组织形象策划

世界万物都有自己的形象。特色各异的形象才会深刻地留在人们的脑海之中而经久不衰。一个组织的良好形象应该有区别于其他组织的特性，也只有组织形象的个性化、独特化，才能给人们留下深刻的印象，从而提高竞争能力。

1. 组织形象策划的意义

在公共关系学研究中，组织形象是公共关系理论的重要组成部分。策划、塑造良好的组织形象具有多方面的意义：

第一，策划和塑造良好的组织形象可以取得社会各界公众的信任与支持。一旦良好的组织形象深入人心后，它就会转化为强大的竞争优势和财富，更容易在激烈的竞争中出类拔萃，使公众对其产生一种依赖的心理，进而赢得社会各界公众的肯定与认可。

第二，策划和塑造良好的组织形象可以为稳定和吸引人才创造优越的条件。通过长期对组织的良好形象进行塑造，使其渗透到每个组织成员的心灵中去，形成对独特组织形象的认同和共识，从而产生强烈的荣誉感和归属感，形成强大的凝聚力。

第三，策划和塑造良好的组织形象是组织的一笔宝贵资产。组织形象作为组织与公众关系的桥梁和纽带，可以有效地转化为资产的附加值，进一步扩大社会影响力。

第四，策划和塑造良好的组织形象有利于组织公共关系的处理。策划和建立良好的组织形象就意味着获得了公众的合作、政府的支持、银行的信任、社区的关注,从而有利于形成良好的投资环境、工作条件及组织内部的协同意识、合作精神,即形成和谐的公众关系,减少或避免产生公共关系危机。

2.组织形象策划的原则和技巧

组织形象的策划,即通过策划各种公共关系专题活动,打造、提升、传播、光大或改善、修复、重塑组织形象。

(1)组织形象策划的原则主要有:

迫切性原则:即是否急需,应当根据组织的需要进行合理适时的策划。

社会性原则:①合法性;②遵守社会道德规范和职业责任;③尊重公众的习俗。

效率性原则:花小钱办大事,注重投入产出比,力求好的经济效益和社会效益。

科学性原则:①符合组织发展的客观规律;②以先进、科学的理念作指导;③要尽可能运用高科技手段。

可行性原则:要有可操作性,不能纸上谈兵,必须实用、能用、好用。

目标性原则:在进行组织形象策划时,要着重研究组织应树立什么样的形象,考虑重点解决什么问题,从而使形象设计有明确的目标指向。

系统性原则:组织形象的策划不仅仅是组织某项产品形象定位或某种经营项目的定位,而且是组织整体形象的具体性、综合性、系统性的定位。

(2)组织形象策划的技巧主要有:

①研究目标公众的需求与要求。塑造良好的组织形象,必须密切地关注公众态度的演变,深入把握目标公众的需求,把一些不利于组织的负面影响消弭于萌芽状态。

②确定公众可识别的形象要素。良好的组织形象必定具有可识性和易识性,组织形象若想被公众迅速接受,可识性则至关重要。北京世界公园每一个景点都是选自世界各地最鲜明、最突出、最有代表性的建筑和景观。因此,走进世界公园无需多问,便知道是哪国的景观和建筑,这就是可识性强的缘故。

③提炼、升华组织的优势和特色。特殊性是某一事物本质的具体反映,普遍性寓于特殊性之中。因此,求异创新是塑造个性鲜明的组织形象的关键。要重视提炼和体现组织的优势、特色,使其成为组织形象的标准性元素。

④整合各公众要求和组织利益。许多企业常常讲"消费者第一",这是意识到消费者对于企业生存与发展的决定性作用。在组织形象的策划中,也应做到"以公众为中心",即整合公众的意愿和要求,突出公众利益的重要性。

⑤提出组织整体形象定位方案。组织形象的定位必须从组织内外环境、内容结构、组织实施等方面综合考虑,以利于全方位对组织进行准确的定位。

⑥展示、传达组织形象,使之外化。组织形象的策划既是一种内向型战略,又是一种外向型战略。若想实现组织形象定位的决策意图,在树立其内在组织形象的同时,也要注重把这种具有个性特征的组织形象运用系统的传播策略和传播手段传递给公众,使公众不仅看到、体验到组织的各种行为和社会活动,同时让他们能了解到组织产生这些行为的内在驱动力,感受到组织的思想和文化等,从而使组织在他们心目中确立独特、鲜明和丰满的形象地位。

第三节 组织形象危机管理

在现代社会中,各类突发性事件、灾难性事件经常给社会组织带来各种问题和矛盾,也会直接影响和损害组织的形象。为增强社会组织防御和抗击各种风险的能力,缓解组织的"形象危机",而加强危机管理是一项行之有效的措施。

一、危机管理的意义

组织面对随时都可能出现的或已经产生的危机,绝不能视而不见或袖手旁观,必须采取有效的紧急措施给予认真的处理和解决。对一个组织来说,妥善地处理危机具有十分重要的意义。

1. 有助于在公众心目中重塑良好形象

组织形象危机其实就是声誉危机。对于任何一个组织来说,无论由何种因素或事件引发的危机,都会不同程度地影响其在公众心目中的良好形象。通过公共关系形象危机处理,能控制事态的进一步发展,使组织已经受到的形象损失不再继续下去,或将形象损失降到最低限度。如果公共关系工作做得好,还可以为组织塑造出比危机前更佳的形象。

在19世纪二三十年代,美国的洛克菲勒财团因受揭丑运动的影响,被称为"强盗大王",名声很坏,而工人的罢工更使财团陷入危机。洛克菲勒接受了公共关系大师艾维·李的建议并采取相应的措施后,科罗拉多大罢工才得以平息。最后,公众渐渐地改变了对洛克菲勒财团原有的看法,洛克菲勒重新赢得了声誉,成为闻名于世的石油大王。

2. 有助于降低或挽回经济损失

给组织带来直接或间接的经济损失是危机的后果之一。及时并认真地进行形象危机管理,可以尽量降低经济损失。1982年,美国麦克唐纳快餐公司为了不失去已赢得的消费市场,在得知该公司搭配在"幸福快餐"上的微型塑料玩具没能通过美国民用安全委员会的检查后,马上下令撤回所有待售的1000万只同款的玩具。如果不这样,该公司就会因为不良形象而失去公众对它的好感和信任;已占有的市场也会被另外两家快餐公司占领,从而造成巨大的经济损失。

3. 有助于协调与公众的关系

组织的良好形象得益于与有关公众关系的协调。而当危机来临时,组织与公众的关系就处于不协调的状态。在这种情况下,有关公众就会成为消极的行为公众,产生对组织不利的行为。对危机进行审慎的处理,目的在于尽力协调组织与公众的关系,形成组织发展的良好环境。总部设在瑞士的"雀巢"公司,由于产品质量存在问题,加之在销售婴儿食品的过程中没有认真分析和研究不同国家和地区的文化差异、卫生条件等,使婴儿食品在使用中被部分公众"玷污",后形成了以美国为主的抵制运动,持续了七年之久。该公司因公众抵制而受到的直接损失达4000万美元。不过,危机之后,"雀巢"公司高度重视公共关系活动,积极改善产品质量,与各方公众的关系逐渐变得融洽起来,从而重塑了自己的良好形象。

认识危机管理的意义,还在于能够消除侥幸心理,使组织决策层不仅能识别危机,而且善于防范危机、解决危机。

二、危机管理的基本原则

一般来说,组织形象受到损害,主要有以下原因:一是公众的误解;二是他人的陷害;三是自身的工作没有做好,危及公众的利益。在第一种情况下,公共关系宣传和传播的内容应侧重于说明真实的情况,消除公众的误解;在第二种情况下,公共关系宣传和传播的内容应侧重于澄清事实的真相,揭露他人的陷害,并提醒公众不要继续上当受骗;在第三种情况下,公共关系宣传和传播应本着实事求是、有错就改的态度,坦率地检讨本组织的过失,并将采取的改进和补救措施及整顿情况及时地向公众进行说明,向公众道歉,满足公众的合理诉求和平衡利益关系,求得公众的理解、支持和好感,以求挽回声誉。

在组织形象受损时,危机管理就显得更为重要。面对已经发生的危机,公共关系专业人员可以依据一些危机管理专家过去的实践经验来处理问题。这些经验已经被公认为危机管理行业内的基本原则。危机管理的总原则是真实传播，挽回影响，减轻损失，趋利避害，维护声誉。具体地说，它们主要是：

1. 及时性原则

处理危机的目的在于尽最大可能控制事态的恶化和蔓延，把因危机事件造成的损失减少到最低限度，在最短的时间内重塑或挽回组织原有的良好形象和声誉。赢得时间就等于赢得了形象。为此，危机一旦发生，不仅仅是危机管理小组的成员，而且组织的所有成员都应立即投入紧张的处理工作。

2. 坦诚性原则

坦诚，是公共关系中的重要元素。在处理危机时，坦诚尤为重要。对政府、对媒体、对受害者、对内部员工、对合作伙伴、对社区公众，乃至对社会大众，都要坦率、真诚，不可欺上瞒下，弄虚作假。

3. 冷静性原则

危机发生后，处理人员应冷静、沉稳和镇静，不要因头绪繁多、关系复杂而使自己变得急躁、烦闷，也不能信口开河等。只有具备良好的心理素质和积极的心态，才能在处理危机事件的过程中应付自如，左右逢源。

4. 全面性原则

危机事件涉及或影响组织内部和外部的诸多方面，因此，在处理具体的危机时应遵循全面考虑的原则。既要考虑内部公众，又要考虑外部公众；既要注意对公众现在的影响，又要注意对公众未来的或潜在的影响。

5. 准确性原则

危机事件发生后，特别是在事件初期，由于种种原因造成的传播不对称，会使得信息失真。为了防止出现公众的猜测、误解和有关危机事件的谣言，危机管理小组选出的发言人不仅要及时传递有关信息，而且要使传递的信息十分准确，不扭曲或省略某些关键细节。

6. 公正性原则

在处理与受到危机事件影响或危害的公众之间的关系时，一定要公正和合理地对待公众的利益损失问题。在处理危机事件的过程中，要排除主观和情感的因素，公平、公开、公正地给公众适当的补偿或赔偿。

7. 客观性原则

在遵循公正性原则的同时,还要讲究客观性。处理危机事件的客观性原则,包含很多方面的内容,如事件的真实性、评估的客观性、传递信息的准确性、赔偿的公平性等。

8. 灵活性原则

由于危机事件随着情况的发展会不断地发生变化,可能使原来制定的预防措施或抢救方案显得不太周全,因此,为使组织的形象和声誉不再继续受到损害,处理工作必须视具体情况灵活地运作。要随客观环境的变化而有针对性地提出有效的措施和方法。

9. 公众性原则

灵活性不是随意性,它要以公众原则为前提。在处理危机时既要考虑组织自身的利益,又要考虑公众的利益。在公共关系活动中,人们往往只考虑组织自身的利益,忽视公众的利益,这是错误的。公共关系专业人员要强调公众性原则,要把公众的利益放在首位。这是体现组织完美形象的唯一选项和不二法则。

10. 针对性原则

由于危机具有不同的类型和特征,即使危机的类型和性质相同或相似,所面临的环境也会是不同的。因此,所提出的解决措施和处理程序应当具有较强的针对性和适应性,要使所提出的措施、方法符合危机事件的类型、性质和特征以及不同的环境要求。

11. 人道主义原则

在多数情况下,危机会造成生命财产的损失。因此,在危机处理中首先就要考虑人的生命。2008年汶川抗震救灾中,我国政府始终坚持救人第一,把抢救和安置灾民放在第一位,就是人道主义原则的高度体现。

12. 维护声誉原则

国外危机管理专家指出,组织在危机管理中运用公共关系的目的是维护组织的声誉,这是危机管理的出发点和归宿。在危机管理的全过程中,公共关系专业人员都要努力减少其对组织信誉带来的损失,争取公众的谅解和信任。从实质上说,上述的十一项原则的最终目的都是为了维护组织的信誉和建设良好的

第七章 组织形象策划与危机管理

公众关系,求得组织与社会整体发展相协调。

三、危机管理的一般程序

危机管理在遵从以上原则的基础上,要依据一定的程序展开。危机管理的一般程序包括:

1. 成立危机处理组织

成立危机处理机构是进行危机管理的第一件大事,也是有效处理危机事件的组织保证。对这一组织机构,有的称为"危机管理小组",有的称为"危机事故处理委员会"。该机构的组成人员应包括组织负责人、公共关系部门负责人和经过培训的危机处理人员、指定的新闻发言人和值班人员等。

2. 第一时间,深入现场

组织的最高层领导应在第一时间亲临危机事故现场,指挥抢救工作,委派专业人员调查事故,确实弄清危机事件发生的时间、地点、原因,以及人员伤亡和财产损失等情况,并根据实际情况作出一系列的决定。

3. 当机立断,降低损失

危机发生后,要尽快采取一切措施来降低损失。对于损失的衡量,既要看有形的,又要看无形的。可以说,失去市场、丢掉发展的机会是最大的损失。例如,"强生"公司决定回收价值近1亿美元的"泰诺"止痛胶囊,就是为了减少损失,力争不在价值12亿美元的止痛药品市场上被竞争对手挤走。

4. 分析情况,确定对策

在掌握了危机事故的第一手资料、了解公众和舆论的反应后,组织应该在高层人员的直接参与下,深入研究和确定应采取的对策、措施。这是危机处理的一大关键。确定的对策既要考虑危机本身的处理,又要考虑如何处理危机涉及的各方面的关系,更要考虑如何抓住蕴含的机遇,恢复声誉,争取为今后的发展创造条件。

5. 新闻发布,传播管理

在了解事实、确定初步对策的情况下,务必尽可能以最快的速度召开新闻发布会或记者招待会。一方面,向新闻界介绍危机的有关情况,公布组织正在采取的措施;另一方面,恳请新闻媒介密切合作,防止不利消息和舆论的传播。为此,要指定新闻发言人代表组织"以我为主"地公布信息,统一信息传递口径。一般来说,新闻发布会要召开多次。

6. 组织力量,有效行动

这是危机处理的中心环节之一。公众、媒介和舆论不仅要看组织在新闻发布会上的宣言,更要看组织的行动。事实胜于雄辩。危机往往涉及面很广,仅靠公共关系专业人员的力量是远远不够的,因而需要组织领导人亲临第一线,亲自组织和协调。"强生"公司对"泰诺"危机的成功处理,特别是几次重要的新闻发布会,董事长伯克都亲自参加,并诚恳地回答了记者的提问。

7. 积极善后,转危为机

积极善后是指对受害者给予尽可能多的赔偿、安慰、关怀等。对于危机事件当事者来说,善后工作还包括诸如搜集、整理和分析媒介对危机事件的报道、公众对危机的舆论反应,以及危机处理的效果调查、研讨和分析等,以便将危害转为机会。

8. 总结评估,吸取教训

危机管理小组应对危机处理情况进行全面的调查、评估,并将检查结果向董事会和股东们报告,向公众和报界公布。有些重大事故也可采取刊登广告的形式检讨自己。通过总结检查,改进组织或组织在危机管理方面存在的具体薄弱环节,并将一些经验教训写成书面教材,唤起全体人员对危机及危机处理的重视,进一步改进工作。

上述危机处理的八个步骤,其侧重点是面对正在发生的危机。但一个组织如果只以处理危机为主,那么,危机仍然可能频繁发生。为此,必须从更高的全过程管理的角度来看待危机。社会组织应该从以"治疗"危机为重点转向以防范危机为重点。从这个意义上讲,比处理、解决危机更重要的是防范危机。

四、危机管理的基本对策与危机防范

1. 危机管理基本对策

不同的危机有不同的对象,危机管理没有固定的模式。如前所述,由于危机具有不同的类型、性质、特征以及面临的环境的差异性,因此,这里所谓的"对策",从某种意义上说,仍然是一种原则性的提示,一种理论上的思路。

(1)组织内部对策主要有:一是迅速成立处理危机事件的专门机构。假如组织已成立危机管理小组,可在该小组的基础上增加部分人员。如果事先没有设置与危机管理小组相似的专门机构,需要立即成立。这个专门小组的领导应由组织负责人担任。公共关系部的成员必须参加这一机构,并会同各有关职能部门的人员组成一个有权威、有效率的工作班子。二是了解情况,进行诊断。确定危机事件的类型、特点,确认有关的公众对象;制定处理危机事件的基本原则、方针、具体的程序与对策。三是将制定的处理危机事件的基本原则、方针、程序和对策,通告全体职工,以统一口径、统一思想、协同行动。四是危机事件若造成伤亡,一方面应立即进行救护工作或进行善后处理,另一方面应立即通知其家属,并尽可能提供一切条件,满足其家属的探视或其他合理要求。五是如果发生的是由不合格产品引起的危机事件,应不惜代价立即收回不合格产品,或立即组织检修队伍,对不合格产品逐个检验,并通知有关部门立即停止出售这类产品。六是调查引发危机事件的原因,并对处理工作进行评估。七是奖励处理危机事件的有功人员,处罚事件的责任者,并通告有关各方。

（2）受害者对策主要有：要了解、确认和制定有关赔偿损失的法律和相关文件规定的处理原则。应由专人负责与受害者及其家属慎之又慎地接触,在认真了解受害者情况后,诚恳地向他们及其家属道歉,并实事求是地承担相应的责任。要特别注意耐心、冷静地听取受害者的意见,包括他们要求赔偿损失的意见,避免与受害者及其家属发生争辩与纠纷。即使受害者有一定责任也不要在现场追究。要及时向受害者及其家属公布补偿方法与标准,并尽快实施。给受害者以安慰与同情,并尽可能提供其所需要的服务,尽最大努力做好善后处理工作。在处理危机的过程中,相关工作人员不要为自己辩护,如果没有特殊情况,也不可随便更换负责处理工作的人员。

（3）新闻界对策主要为：一是成立临时记者接待机构。事先达成共识,统一口径,专人负责新闻发布。主动向新闻界提供真实、准确的信息,公开表明组织的立场和态度,以减少新闻界的猜测,帮助新闻界作出正确的报道。二是为了避免报道失实,向记者提供的资料应尽可能采用书面形式。介绍危机事件的资料应简明扼要,避免使用技术术语或难懂的词汇。在事情未完全明了之前,不要对事故的原因、损失以及其他方面的任何可能性进行推测性的报道,不轻易地表示赞成或反对的态度。三是对新闻界表示出合作、主动和自信的态度,不可采取隐瞒、搪塞、对抗的态度。对确实不便发表的消息,亦不要简单地以"无可奉告"回应,而应说明理由,求得记者的同情和理解。不要一边向记者发表敏感言论,一边又强调不要记录。四是注意以公众的立场和观点来进行报道,不断向公众提供他们所关心的消息,如补偿办法、善后措施等。除新闻报道外,可在刊登有关事件消息的报刊上,向公众说明事实真相,并向公众表示道歉及承担责任。五是当记者发表了不符合事实的报道时,应尽快向该报刊提出更正要求,指明失实的地方,向该刊提供全部与事实有关的资料,并派重要发言人接受采访,表明立场,要求公平处理。

(4) 上级部门对策主要有:危机事件发生后,应以最快的速度向组织的直接上级部门实事求是地报告,争取领导的援助、支持与关注。在危机事件的处理过程中,应向上级部门定期汇报事态发展的状况,求得上级部门的指导。在危机事件处理完毕后,应向上级部门详细地报告处理的经过、解决的方法和事件发生的原因等情况,并提出今后的预防计划和措施。

(5) 社区居民对策。社区是组织生存和发展的基地,如果危机事件给社区居民带来损失,组织应安排人员专门向他们致歉。根据危机事件的性质,也可派人到每一户家庭分别道歉或向全国性的大报和有影响的地方报刊发谢罪广告。其主要内容包括:确定有关公众和应使公众了解的事项,明确而鲜明地表示组织敢于承担社会责任、知错必改的态度。必要时,应向社区居民赔偿经济损失或提供其他补偿。

除上述关系对象外,还应根据具体情况,分别对与事件有关的交通、公安、市政、友邻单位等公众采取适当的传播对策,通报情况,回答咨询,巡回解释,调动各方面的力量,协助组织尽快渡过危机,将组织形象的损害控制在最低限度。

2. 危机防范

对公共关系部门来说,危机的预防有两个环节:一是预测危机,即及时发现产生危机的"萌芽";二是制定处理危机的对策,即一旦危机发生不至于手忙脚乱,而是从容不迫地采取有效措施,这就需要平时做好应付危机的准备。

(1) 危机预警。在市场经济条件下,组织特别是企业比任何时候都更容易遭遇到危机。随着社会的发展,除了报纸、电视、广播等旧媒体外,网络、手机等新媒体使得任何信息都可能在第一时间迅速传播,都可能给组织带来意想不到的灾难和危机。但是,如果组织能事前做好应对的准备,遇事就可以安之若素,就可以转危为安,甚至能利用危机,从逆境中开创新局面,发掘新机会。

所谓事前要做好的准备,至少应当包括三个方面:一是应变的心理。任何组织领导和公共关系专业人员都要有强烈的危机意识及危机应变的心理准备,尤其是企业组织应当视危机的发生为必然,就像死亡与纳税一样不可避免。只有具备这种心理,才能预见组织活动中可能发生的所有危机,及早做好应对的准备。

二是建立预警系统。许多危机在爆发之前都会出现某些征兆,因此,应当建立组织预警系统来及时捕捉这些危机的预兆。企业组织建立预警系统的工作可

第七章 组织形象策划与危机管理

由公共关系专业人员协同各个管理部门来进行，它主要包括：①加强公共关系信息与组织经营信息的搜集、分析工作，及时掌握公众对组织活动的反应及评价；②密切注意国家经济政策及经济、政治体制改革的方向，将组织生产经营管理活动与社会经济大气候相协调；③加强与重点客户的沟通，使重点客户成为组织稳定的支持者，及时关注其变动趋势；④经常分析竞争对手的生产经营策略和市场需求的发展变化趋势；⑤定期或不定期地进行自我诊断，分析组织的生产与经营管理情况和公共关系状态，客观评价组织形象，找出薄弱环节，采取必要的措施；⑥开展多种调研活动，并在此基础上研究及预测可能引起组织危机的突发事件，将组织危机因素消灭在萌芽之中。

三是设立警报线。对一个在各地建有若干分部的较大公司来说，在各分部的公共关系专业人员和经营者之间建立一条警报线，这是一种很好的危机预警方法。建立警报线，使每一个组织的公共关系专业人员或经理在发现问题后，可以立即通知其他部门的有关人员，采取适当的步骤，避免发生同样的问题；并且可以询问其他部门的有关人员是否遇到过类似的问题以及他们处理这类问题的过程。有关经验证明，建立可靠的警报线是及时发现潜在问题、防范危机发生的有效方法。

(2) 危机应变计划。危机预警固然重要，但是发现问题、发出警告并不等于问题解决了，关键是在发现问题以后，采取解决问题的行动。从另一个方面说，危机预警也并不能发现每一个危机，在现实生活中，许多危机是在意料不到或不可抗拒的状态下发生的。因此，要应付危机必须事前做好准备，即要制定一个危机应变计划，并根据这一计划来处理紧急发生的危机事件。

所谓"危机应变计划"，就是紧急事件处理计划，它是为处理紧急事件提供所需要的人力、组织、方法和措施的一整套方案。一旦出现了危机，就可以借助这个计划去应对和解决危机。有人形象地将应变计划比喻为"手电筒"。人们在突然遇到停电的情况下，首先想到的是找到手电筒，然后才能在它的指引下查明停电的原因，最后修复通电。制定一个健全的危机应变计划犹如备置了一个"手电筒"，在危机发生时可以帮助组织有条理地处理危机。一个较健全的危机应变计划，大致包括以下三项内容：

①成立危机应变小组。好的危机处理计划事先就要准备应对危机所需要的人力和物力，一旦危机发生，则可以节省许多宝贵的时间来集中精力处理危机。做好危机应变计划的第一个任务，就是成立危机应变小组。危机应变小组可先由组织负责人如经理(厂长)、技术专家、公共关系部主任和法律顾问组成一个核心，然后根据可以预见发生的危机，增加危机处理小组的人员，如技术方面的危机由某工程师处理，财务方面的危机由某会计师处理。这样，发生某种危机时就

可以直接找人负责处理。而在平时,负责处理某项危机的人就应有意识地做好各种应对的准备。

②拟订危机应变计划。危机应变小组应负责拟订应变计划。应变计划要设想到各种可能发生的危机和所采取的应对行动。它要提出和回答许多诸如此类的问题:"如果发生某种情况,我们该怎样办?"最后形成一个危机应变计划手册,并以之作为在危机四伏的森林中迷路时用以脱困的地图。危机应变手册是提供处理各种危机的指南,因此要视不同行业的组织而有所不同,但其计划一定要细致到足以应对危机。

③危机模拟训练。危机应变小组在完成危机应变计划的纸上作业后,可以举行模拟演习。演习假设一种或多种危机情况,考核危机应变小组对紧急事件的反应能力、危机处理的知识和决策能力。模拟演习将使组员接受处理紧张心理的训练,以免到发生真正危机时,紧张的心理妨碍相关人员的思维和决策。

总之,危机应变计划和训练做得越周详,处理危机的工具就越有效用。不过,光有危机应变计划还不能解决危机,应变计划只是解决危机的工具,还需要人在实际操作中加以执行和灵活运用。

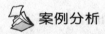

案例分析

【案例】

结合消费者心声持续创新 "海尔"获《福布斯》好评

2010年6月17日,《福布斯》杂志针对"海尔"的本土创新能力进行报道。文中指出:"海尔"多年来以谦虚为本,认真听取消费者建议乃至抱怨,并结合消费者心声进行技术创新,成为中国企业本土创新的杰出代表。文章还指出,"海尔"国际化之路,其成功其实是以消费者为中心,进而实现自身的高品质、高服务与高创新。

用户至上,提供坚实的产品保障

纵观历年中国质量万里行发布的质量报告显示,在长达8年的累计查访中,"海尔"是唯一做到被查访的所有产品、所有城市售后服务合格率均为100%的企业。而在今年5月份,中国质量万里行保定站的暗调显示,"海尔"公司服务的微波炉、电磁炉、手机、空调、彩电、电脑、洗衣机等12类产品均为A类,成为本次抽查中唯一获此殊荣的企业,在暗访上门情况现场统计结果中,"海尔"上门率也达到100%。

优良的品质不仅让"海尔"赢得了消费者的广泛认同,并为"海尔"成为全球知名企业奠定基础。对消费者来说,需要更多注重品质的家电企业出现,让自己放心地扩大自己的产品选择面,通过使用高品质产品实现自身的高质量生活。

星级服务,赢得用户好口碑

对家电企业而言,将产品销售给用户并不是营销的结束,仅是开始。随着生活品质的提升及消费权益意识的觉醒,消费者除产品的功能需求外,对厂家优秀服务所带来的心理满足更加重视。若企业缺失用户服务意识,将成为影响用户深度信任家电企业的鸡肋。

相对而言,"海尔"对用户服务的意识较强。从1995年,提出的"星级服务",到后来的"一票到底"、"一站到位"的服务模式,"海尔"始终将服务放在自身经营的重要层面,并赢得用户的一致好评。正是将用户视作生存之本与发展之源,才奠定了"海尔"走向国际化道路的基础。

近年来,虽然许多家电企业也纷纷借鉴"海尔"在用户服务方面的经验,但多数并没有提升服务意识。然而,与中国相比,国外在召回制度与用户服务上的把控更为严格,如果家电企业不从整体上提升服务意识,出台富有特色的服务制度体系,在未来全球竞争中将丧失一定的竞争优势。

坚持技术创新,领先满足市场需求

随着消费者生活水平的提高,消费者对产品的需求呈现多样化、多元化趋势,加大产品创新研发力度来满足用户的多种需求,已经成为中国家电企业发展的重要命题。提升产品自主创新能力,不仅是中国经济发展的国情,更是家电企业未来竞争的立身之本。就产品创新而言,只有拥有自主创新能力才能提升家电企业的核心竞争力,构建行业竞争壁垒。而自主创新的前提则是尊重用户,满足消费者需求。

"海尔"每次创新的动力皆源于对消费者需求的尊重。无论是《福布斯》文中所指的洗衣洗土豆双洗洗衣机,还是防鼠冰箱,都是"海尔"尊重消费者需求、努力自我创新的结果。而最新推出的整套变频技术产品及物联技术产品,更是迎合了全球绿色消费趋势,通过技术创新实现全球消费者低碳节能的需求。以领先的物联技术为例,目前,"海尔"集团已经率先推出了U—home产品,为未来家庭打造了一个物联网平台。在这个平台上,能够实现家庭需要的视频交互、自动化监视和操作等,将互联网、家庭无线路由器组成的家庭宽带网络、Zigbee无线家庭监控网络、3G手机网络等这些网络有机地结合起来,便能实现家庭物联、操控的所有要求,实现了目前"物联网"概念在实际生活中的延伸。而凭借现有的信息技术和制造能力,"海尔"更是具备了为消费者提供整套生活方案的实力。该举措把消费者放在了最重要的位置,让其掌握了主动权。

据了解,秉持绿色科技导向,截至2009年年底,"海尔"累计申请专利9738项,其中发明专利2799项,居中国家电企业榜首。随着中国家电产业国际化步伐的加速,中国家电产业加大自主创新力度,不仅能够提升全球用户对"中国制造"的认可度,更能提升"中国创造"的全球竞争优势。2010年4月,世界第一销量的商业类杂志《商业周刊》公布"全球最具创新力企业50强","海尔"集团排名第27位,是唯一上榜的中国家电企业。

作为中国对外出口重要组成部分且与民生联系紧密的家电企业,走向国际化离不了以产品品质、科技创新与服务意识的融合来构建中国企业的全球竞争优势。

(资料来源:人民网)

【探讨】

结合以上案例,分析"海尔"集团是怎样进行形象策划的?

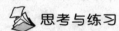思考与练习

一、思考题

1. 不同的组织应该怎样实施 CIS 战略?
2. 组织形象策划有何重要意义?
3. "窃听门"事件发生后,如果你是默多克,你会采取哪些危机管理对策以挽回国际新闻公司形象?

二、辨析题

危机公共关系与公共关系危机是一回事还是两回事?请辨别分析。

第八章
公共关系专题活动策划

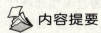 内容提要

公共关系专题活动是社会组织积极主动地对公众有计划、有目的地施加影响、传递信息、扩大公共关系效果的重要活动方式。从一定意义上说,社会组织的公共关系效果正是通过策划和实施专题活动而得以实现的。

主题词

文化型　新闻型　网络型　生态型　会展型

第一节　文化型专题活动策划

广义文化是一个群体及其代表人物在一定时期内形成的思想、理念、风俗、行为、习惯等精神产品和物化产品的总和。文化型公共关系专题活动是指社会组织运用文化元素开展的公共关系具体活动。文化型公共关系专题活动策划是指公共关系专业人员在服务于社会组织公共关系总目标的原则下,利用特定文化时机和多种文化元素、围绕一定文化主题,对公共关系专项活动进行筹划、设计的过程。文化型公共关系专题活动策划的核心是文化,即策划过程必须围绕着一定的文化元素进行,不论是活动的主题还是实施的具体内容,都是为了突出特定的文化概念或文化理念。同时,文化型公共关系专题活动策划应该突出公益性。以公益活动为载体的文化活动更容易体现文化高于现实生活的一些特质,为公众所接受和喜欢。文化型公共关系专题活动策划主要分为两类,一是社会赞助类公共关系专题活动策划,二是庆典类公共关系专题活动策划。

一、社会赞助类公共关系专题活动策划

社会赞助活动是社会组织开展公共关系专题活动的重要内容,对社会、公众、弱势群体的赞助能体现组织所作出的贡献,为组织的不断发展创造和谐的社会环境,而这也是组织作为社会成员应尽的义务。社会赞助策划作为赞助活动的灵魂,直接制约着赞助活动的成功与否和公共关系目标能否实现。

1. 社会赞助活动的含义与策划类型

"社会赞助活动"在这里专指组织为赢得政府、公众的支持通过无偿地提供资金、物质、技术或劳动等对人们所关心的各种社会公益事业作出贡献,以提高自身的社会声誉、树立良好社会形象的公共关系专题活动。赞助一般是以组织为主体,尤以商业企业最为常见,通过赞助行为协调组织与政府及社会公众之间的关系,提高组织的知名度,达到多赢的目标。比如汶川地震发生后,很多社会组织捐款捐物,让人甚为感动。这些社会组织不仅知名度、美誉度迅速提升了,而且促进了赞助者与当地民众的共同发展。社会赞助活动存在于组织的许多公共关系活动中。根据不同的标准,可以策划不同的社会赞助活动:

(1)从赞助的对象来看,可以策划的赞助类型主要有:文化文艺事业、体育事业、科学教育事业、社会公共事业、社会福利事业。组织赞助文化事业,可以提高公众的文化素养和道德情操,传承中华民族的优良传统,促进社会主义精神文明建设,培养组织与公众的良好情感,提高社会效益。赞助文化事业可以是各种文化活动,可以为某一主题开展义演、义展、免费放电影、电视剧和举办音乐会、知识比赛等,比如"奥迪"赞助朗朗的"最美的华人之声"大型公益交响音乐会,再如"香飘飘"奶茶赞助浙江卫视"我爱记歌词"的娱乐节目等。不管采取哪种形式,这些赞助都能直接或间接地提高公众的文化修养和基本素质,也有利于提高组织的知名度和美誉度。组织赞助体育事业是社会赞助活动中比较常见的,这是因为各类体育盛事众多,关注体育事业的公众群体较多,公众的参与热情也比较高,影响面广泛,并且体育活动的投入产出比与其他活动相比是较大的。体育赞助的形式很多,如捐赠、组建俱乐部、以组织名义举办体育比赛等。比如"长虹"集团赞助中国乒乓球队、"联邦"快递公司赞助中国羽毛球队。CBA联赛、乒乓联赛、中超等体育比赛都有赞助企业的身影,有些企业组建了以赞助商冠名的俱乐部,比如"绿城"足球俱乐部等。科学与教育是强国的基础条件之一,需要国家投入大量资金的投入。但是国家的资金并不能全部用于科学教育事业,因此社会组织要承担部分振兴科学教育事业的重任。社会组织可以通过提供资金的方式赞助学校的硬件设施建设,比如多媒体教室、实验楼、科学馆、图书馆的建设

等,全国各高校中就有很多因包玉刚、邵逸夫等企业家投资建造而命名的建筑物;或者通过提供学生奖学金或资助贫困学生,鼓励学生努力学习,掌握知识技术而设立的基金,这些都在一定程度上促进了科学教育事业的发展,也提高了赞助组织及其代表人物的知名度和美誉度。社会的发展需要完善各种社会公共设施,而公共设施的建造不仅是政府的责任和义务,对于其他社会组织来说,也应该提供帮助,采取赞助的形式,赢得公众与舆论的赞赏。如出资修建公路、公园、农贸市场、桥梁,改善公众医疗卫生条件,改建农村供水供电系统等,一方面提高自己在公众心目中的地位,同时可为政府减轻压力,赢得政府的支持与信赖。社会上有很多弱势群体需要得到国家的帮助,社会组织也可通过赞助社会福利事业体现其对弱势群众的责任心。比如向残疾人、孤寡老人、儿童、民工等提供物质上的帮助和精神上的抚慰,捐助社会上的穷人和失业者等。

(2)从赞助的主动性来看,可以策划的赞助类型主要分为两种:组织被动参加赞助,即对其他组织或企业的赞助邀请和请求作出响应,酌情给予对方一定程度的赞助。组织主动发起赞助,即一个组织为实现某项公共关系目的而主动发起的社会赞助活动。

(3)根据赞助的计划又可分为以下两类:突发性的社会赞助活动,主要是针对临时性、突发性的事件所制定的赞助计划。社会随时会发生一些突发情况,组织应该对此有所准备,应制定应对计划,一旦面临此种突发事件便可在第一时间策划赞助活动并付诸实施。当然,策划的赞助内容必须经过调查提供对方所需要的,比如汶川地震发生之时灾民最需要的就是帐篷等物资,因此赞助不能盲目进行,而应有针对性地进行,让公众产生雪中送炭之感。年度性的社会赞助活动,是指组织把赞助列入自己的年度工作计划之中。这样可以使社会赞助活动规范有序,主动控制社会赞助活动的经费预算与规模。比如农夫山泉自从诞生以来就发起了"一分钱公益活动",而且基本每年都举行以赞助体育活动为主的公共关系活动。

2.社会赞助活动的策划程序

(1)赞助之前的准备工作。首先要明确赞助的目标,确定赞助对象以及类型,了解赞助对象的基本情况、社会信誉等;其次要考虑所赞助的活动与本组织的特点是否吻合,能否让公众自然联想到本组织和对组织产生有利影响(包括经济效益和社会效益);同时要考虑媒体报道的可能性和广泛性,是否会成为社会热点。需要着重考虑的问题有以下几个:社会赞助活动是否合法?为什么赞助?谁是赞助对象?受赞助者口碑如何?社会赞助活动是否与本组织目标相符合?赞助费用如何落实到受益人?受影响的公众分布情况如何?赞助费用多少?赞助形式如何？赞助的时间怎样安排？赞助可能获得的效果是什么？

（2）赞助计划的精心制定。在赞助前应对几个相关问题了然于胸并着手制定赞助计划。社会赞助活动成功与否，与计划是否详细与周密有很大关系。社会组织制定赞助计划，必须精心谋划并投入较大的人力和精力，使之切实可行。

（3）赞助计划的评估审核。计划制定后在正式实施之前要进行一次评估与审核，确定其是否具有可行性。赞助审核一般由组织负责公共关系专题活动的部门负责执行，审核人员必须具有高度的责任心，对每个赞助环节进行审核，及时发现问题并有效解决，保证赞助实施的顺利开展。在审核的过程中必须关注以下问题：赞助的时机是否适当？赞助的具体方式是否合适？赞助会对组织产生多大的积极作用和负面影响？社会舆论会如何评价此次社会赞助活动？经过综合审核之后，假定赞助项目可行且有利于组织和社会的发展，即可将其计划付诸实施；假如赞助项目不可能产生效益，则应当坚决终止。

3. 社会赞助活动策划的原则

社会赞助作为一种行之有效的公共关系活动，在具体操作的时候，为获得成功要遵循一定的原则。

（1）赞助目标明确。即赞助必须适合本组织的特点和需要，有利于社会的发展，对一切与本组织特点不相符合、不利于提高本组织社会知名度和美誉度以及社会发展的强拉赞助者应坚决拒绝。社会赞助活动应使赞助者、受赞助者和社会三方同时受益。赞助政策的制定、赞助方向的选择，均应以此作为指南。

（2）了解被赞助者。社会赞助活动并不是盲目进行的，要认真选择被赞助对象，了解被赞助者是否具有良好的口碑和较高的社会认可度，或者是否真的处于困境急需帮助，如果不是就应立即终止赞助，否则会影响组织自身的形象，带来不良的社会影响。同时，要考虑赞助对象、赞助内容与本组织的形象定位、经营宗旨相一致，比如时尚型服饰赞助体育事业肯定不可行，应该是运动服饰赞助体育活动效果更好。

（3）合理确定赞助经费。无需在赞助金额上盲目攀比，要考虑本组织的经济实力和承受能力，每年的赞助费用要有总的预算，要合情合理，有计划地进行赞助，切忌"打肿脸充胖子"。同时，要预留一部分机动经费，以备不时之需。

（4）注重长远效益。社会赞助是打动公众内心的公共关系活动，而公众的内心是在潜移默化的影响下逐渐改变的。社会赞助活动与商业广告不同，产生的经济效应不可能立竿见影，或者说它所产生的效果不是短期的而是长远的社会效应。因此，赞助公益事业应当着眼于本组织和社会的长期发展目标。

（5）方式别具一格。一般来说，凡是符合社会及公众利益的赞助活动，都会引起社会各界尤其是新闻界的关注。但是,如果能够以新颖、别致的方式来进行赞助,效果会更好。赞助方式切忌雷同,应朝着多样化、特色化、新颖化方向发展。

二、庆典类公共关系专题活动策划

庆典是中国民俗文化的重要组成部分。随着时代的发展,庆典的种类越来越多,针对不同的主题,人们往往会举行不同的庆祝活动。可以说,庆典是策划专题活动、开展公共关系的良机。

1. 庆典活动的含义与策划类型

庆典活动是指组织为了引起公众的关注、扩大组织的知名度,专门利用重要节日或重大事件举行的庆祝活动或典礼活动。庆典活动往往是由组织的最高领导者或管理层带领的,可以体现组织领导人的气质、风度、仪表、修养,也能反映组织的文化理念和整体状况。一般庆典活动邀请的对象以社会名流、媒体记者为主,也有内部公众与其他外部公众的参与,因此,既可以提升组织的知名度和美誉度,也有利于组织的发展。

组织可以根据不同的情况和要求,策划多种多样的庆典活动:

(1)节日庆典。主要是指组织在重要节日时举行或参与的庆典活动。包括:国际性节日,如国际妇女节、国际劳动节、国际儿童节等;民间传统风俗节日,如端午节、中秋节、重阳节等;具有重大意义和特别内容的节日,如国庆节等;行业节日,如教师节、记者节、护士节等。

(2)开幕庆典。是指就某一事件第一次与公众见面以展现组织的文化、宗旨以及精神风貌等的庆典活动。通常包括公司、企业、宾馆、商店、银行正式启用时的开幕庆典;或是各类商品的展示会、博览会、订货会、交流会、运动会等开幕典礼;重要工程动工的奠基典礼等。

(3)周年庆典。是指一个国家或者组织内部确定的阶段性纪念其成长经历的庆祝活动,一般都是在逢五周年、逢十周年以及它们的倍数时举办庆祝活动的。比如清华大学、复旦大学等知名学府的百年校庆等。

(4)功绩庆典。是指组织为某一值得特别纪念的具有"里程碑"性质的特殊事件或特定日期举行的庆祝活动,以加强组织的凝聚力,提高组织的知名度。比如某个重要合作项目洽谈成功的签字活动,或者表彰先进和英勇事迹与人物的庆祝活动等。

无论是哪种类型的庆典活动都要求做到喜庆、热烈、活跃、节俭,让来宾发自内心感到愉悦,体现组织开展庆典活动的真诚。细节方面要考虑周到,全方位地为来宾和公众着想。不能单纯追求报道或摆阔气和图表面热闹。

2. 庆典活动的策划程序

庆典活动一般时间不会很长,形式也不是很复杂,但整个活动必须始终围绕一个主题,在一种热烈、愉悦、欢快的气氛烘托之下进行,以彰显组织的实力、提高组织的形象、体现庆典活动的目的。活动过程所涉及的细节内容较多,因此,活动策划要全面周详,责任人要实行监督。

(1)前期准备工作主要有:

一是调研。在庆典活动之前要调查组织所在地的公众对组织的态度和意见,了解庆典活动中目标公众的兴趣、爱好所在,这样在安排庆典活动具体项目的时候能满足公众的要求,特别是满足那些与组织关系紧密的首要公众的心理需求。比如安排参观活动、娱乐助兴节目等,让公众充满期待而来,满意而归。

二是前期宣传工作。宣传庆典活动主要是为了吸引社会公众的注意力,做好舆论铺垫。一方面进行媒体宣传,选择报纸、电视、广播、网络等媒体,对庆典活动的时间、地点、内容做大范围的宣传,提高知名度,吸引公众前来参加;另一方面邀请相关媒体,在庆典活动召开当天需要媒体前来现场采访的,要事先与媒体沟通好,邀请媒体为组织做正面传播,提高组织的影响力。

三是确定活动时间和形式。确定活动具体的日期和时间;同时确定庆典的形式,例如:是比较正规的大会形式,或小宴会形式,或联欢会形式以及其他形式等;形式的选择应考虑组织的性质、实力、目标公众的喜好及想要取得的社会效应等因素。

四是确定活动负责人。由于庆典活动过程中要注意的细节特别多,也关乎各部门之间的配合,因此,在活动开始前就要确定总负责人和相关具体活动项目的负责人。活动执行人员、后勤人员、办公室人员等要各司其职。策划人员负责活动的整体构想,执行人员负责活动实施中的各种材料准备、文案写作,后勤人员负责接送安排嘉宾的司机、宴会的厨师、清洁工人等,办公室人员可作为活动的后备人员,负责一些拾遗补缺的工作。

(2)确定邀请嘉宾。嘉宾一般包括政府官员、社会名人、社区领导、同行业代表、新闻记者、内部成员等,嘉宾身份的高低与数量的多少由庆典的规模和影响决定。不管对哪种嘉宾,都要认真填写请柬并装入精美信封,提前2周将请柬送到嘉宾手上,以示尊重,活动前3天再进行电话确认。

一是要确定嘉宾的排序。假如邀请嘉宾较多,一定要注意次序的安排,遵守一些基本原则。首先按嘉宾地位高低来排列,如果嘉宾所代表的组织地位相近,则可以采取其在组织内的职务高低排序。其次也可依据组织的社会地位和影响

第八章 公共关系专题活动策划

力来安排,或者直接按嘉宾的姓氏笔画或者首写字母顺序,有时还可以按照嘉宾到达现场的先后顺序排列。二是要确定好剪彩的嘉宾和致辞的嘉宾。一般可请来宾中地位较高、声誉较好的社会名人一起剪彩,当然请内部员工或者普通公众剪彩也可能会收到意想不到的效果。致辞嘉宾要具有较好的口头表达能力,在行业中有一定代表性则更好。致辞事先由组织准备好,要言简意赅,意思表达清楚即可,不可太复杂、太冗长。三是要确定主持人。主持人可由嘉宾担任,也可由组织内部能说会道的领导担任,或者邀请专业主持人。主持人要仪态端庄,反应敏捷,熟悉活动流程。

第二节 新闻型专题活动策划

公共关系中的新闻型专题活动需要社会组织能动地去发掘在组织发展过程中成为亮点或是具有新闻价值的事件,并通过向新闻媒体公布,引起媒体的关注和兴趣,从而成为媒体传播的对象。

新闻型专题活动策划指的是在服务于组织整体公共关系目标的原则下,组织能动地对以事实为依据、以新奇为特点的新闻信息,开展诱发、引导其成为公共关系新闻的决策与谋划过程。它的主要内容包括新闻事件策划和为扩大新闻效益而进行的专题性新闻活动策划等。

一、策划新闻事件

策划新闻事件,也就是通常所说的"制造新闻"。它是组织在真实的、不损害公众利益的前提下,有计划地策划具有新闻价值的事件和报道材料,制造新闻热点,引起新闻界和公众的注意和兴趣,争取新闻媒介进行广泛报道,以达到提高组织知名度、扩大组织社会影响的目的。

1. 组织策划新闻事件的一般原则

社会组织的公共关系专业人员在策划新闻事件时,要注意把握以下几点:

(1)策划新闻必须以真实事件为基础。事实是新闻的本源和基础,即事实是第一性的,新闻是第二性的。新闻报道所要反映的必须是客观事实,绝非无中生有、随意虚构,它不像文学作品那样可以生动叙述和添油加醋,也不同于道听途说。公共关系专业人员在策划新闻事件时要从客观存在的事实中挖掘出新闻价值点,吸引新闻界的报道。

(2)策划的新闻要具有报道价值。突出活动的新闻价值,是组织策划新闻事件成功的关键。新闻媒介并不是随意地传播社会上的每一件事,它关注的焦点是新近发生的具有报道价值的人和事。只有那些具有报道价值的事件,新闻媒介才会主动前去了解、采访和报道,甚至进行连续跟踪报道。因此,组织策划新闻事件要使新闻界能热心参与,必须保证策划的事件具有新闻价值。

(3)策划新闻事件必须进行巧妙的构思而不落俗套。只有新闻事件本身鲜有发生,并创造吸引公众注意的超常规做法,才能使之比一般新闻更富有戏剧性,更能迎合新闻界及公众的兴趣,激起公众对社会组织的关注。

(4)策划新闻事件必须选择适当时机。组织必须善于把握好新闻发布的时机,争取更大限度地提高和发挥新闻的价值。

2. 组织策划新闻事件的常用方法

(1)巧借东风法。这是指组织在策划新闻事件的时候,要关心近期社会的热点问题,把组织所要策划的新闻事件融进社会热点,以引起社会公众的关注,这样才能够有效地、尽快地达到组织策划新闻事件的目的。

(2)出其不意法。组织策划新闻事件中的出其不意就是指不按常规办事,也就是敢想敢做,从平凡中出新奇,由共性中求个性,敢为天下先。这种出其不意的首创性能给公众留下深刻的印象。

(3)随机应变法。社会组织所面对的公众和所依赖的内外部环境总是在不断变化。组织在策划新闻事件时要善于敏锐地观察和预测组织内外环境变化的趋向和力度,并从变化中发现富有创造性和吸引力的新闻事件题材。

组织策划新闻事件是一个创造性、周密性和组织性很强的活动过程,它力图通过行动去吸引公众,影响舆论。因此,这类活动的主题必须有益于社会和公众,并能引起公众的广泛兴趣。在活动的过程当中,必须将实际的社会效益放在首位,从而通过事件的报道引起良好的社会效应。当然,制造新闻离不开新闻媒介的采访报道,因此,在策划和组织活动的时候,应为新闻界准备好有关的报道材料,介绍事件的过程、特点及社会意义,并安排新闻界人士参加或观摩实际的活动过程,提供采访的便利条件。

二、策划新闻发布会

新闻发布会是指社会组织把组织的最新消息告知新闻媒介的一种特殊会议形式,是组织传播信息,让公众快速、真实地知晓信息的一种有效手段。新闻发布会不同于广播、报纸等信息传播方式,它具有自己的特点和操作要求。

1. 新闻发布会的特点

(1)机构的权威性。一般举行新闻发布会的都是政府部门、组织集团等机构,它们都具有一定的实力或权力。比如,我国外交部举办的新闻发布会,代表中国政府对中外新闻记者发布信息,就具有很高的权威性。

(2)信息的真实性。由于是一级组织的最高权力机构所举办的新闻发布会,所以,其消息要求都是真实可靠的。

(3)传播的快速性。一是指信息本身的时效性,即事件发生和消息发布的时间间隔较短,事件一旦发生,立即发布信息;二是指信息传播的快速性。举行新闻发布会后,消息经过各大媒体的广泛传播,可以在短时间内使公众知晓远在千里之外刚刚发生的一幕。

(4)公众的社会性。新闻一旦发布,广大公众随即就可以通过不同渠道知晓这一消息。因此,新闻发布会的参加对象虽然仅是十几个或几十个人,但最后知晓新闻的人可能成千上万甚至上亿。

2. 新闻发布会的筹备

新闻发布会的筹备是新闻发布会成功与否的关键。

筹备阶段要做的工作主要有:

(1)确定主题。主题的确定一要考虑新闻媒介是否接受;二要考虑社会公众是否感兴趣;三要考虑主题有否公共关系效应,能否对公众产生重大影响。

(2)选择主持人、发言人。由于新闻发布会要面对众多的新闻媒体,因此,主持人、发言人的素质、能力水平直接关系到信息的权威性和组织的形象。一般情况下,会议的主持人由公共关系专业人员担任,要求其拥有较丰富的专业知识和主持的能力与技巧。而发言人一般是组织或部门的高级领导,因为他们清楚组织的整体情况、方针、政策和计划,同时具有相对的权威性。

(3)准备有关材料。新闻内容的发布可以借用多种载体,如实物、模型、照片、文字等,但无论是何种载体,都要求准备的材料全面、详细、具体、形象,以便在会上分发、展示、演讲或播放。发言稿应做到简单、明了,措词富有激励性、鼓舞性,以期唤起新闻媒介及公众的广泛关注。

(4)安排会议地点。新闻发布会不同于节假日举办联欢或组织领导找基层员工谈心,地点的安排要体现出新闻发布会的严肃性、权威性;另外,要体现出组织的整体实力,如某一个跨国公司召开发布会,安排在一个普通甚至简陋的会议室里召开,显然是不妥当的。

(5)组织参加对象。组织参加发布会的对象,首先是面要广,各方面都应照顾到,如今的新闻媒体有报刊、杂志、电视、广播等;其次是人员要精,新闻发布会不同于几百人甚至上千人的大会,它不仅是将新闻信息直接传递给新闻媒介,而且要求通过新闻媒介进一步将信息告知公众,所以参加的对象不宜多,选择有代表性的单位或个人参加即可。

(6)预算会议经费。根据举行新闻发布会的规格和规模预算会议费用并留有余地,以备急用。新闻发布会的费用项目一般包括:场地费、会议布置费、音响器材费、照相费、礼品费、茶点费、交通费等。需要用餐时还应加上餐费预算。

3.消除新闻发布会的误区

目前,新闻发布会活动中的误区主要有三种:其一,没话找话,没事找事。有些组织似乎有召开发布会的嗜好,很多时候,组织并没有重大的新闻,但为了保持一定的影响力、证明自己的存在,也要时不时地开个发布会。其二,内容与形式两张皮。新闻内容缺乏亮点使得组织者往往在发布会的形式上挖空心思、绞尽脑汁。热闹倒是有了,效果却未见得理想。形式应服务于内容,力求二者的有机统一。过分重视形式,会使参会者记住了热闹的形式,却忘记了组织者想要表达的内容。其三,什么都想说,什么都说不清。发布会最忌讳重点不突出,眉毛胡子一把抓。

第三节 网络型专题活动策划

网络的出现,使组织信息的传播方式发生了根本性的变革。网络不仅是一种全新的组织信息传播工具,而且是一种全新的媒体。网络的投入使用,不仅产生了网络型专题活动策划,而且为策划网络型专题活动提供了一个新的平台。

一、网络型专题活动策划的含义与特征

网络型专题活动策划是社会组织和策划人选择网络电脑通迅和数字交互式媒体等传播沟通手段,构思、设计、策划计划方案,以实现公共关系目标,影响公众的理性行为。构思网络型专题活动策划必须把握以下四个要素:公共关系主体(网上的各种社会组织)、公共关系客体(网上的社会公众)、公共关系中介(联系主客体的网络传播桥梁)和公共关系环体(网络环境)。所谓网络型专题活动策划的主体,是指建立组织的网站,主动利用网络及其技术实现特定公共关系目标的各种组织、团体、企业、个人等等。网络具有互动的特性,它能使主体在网络

型专题活动策划中发挥主动作用。

网络型专题活动策划的直接诱因是互联网的出现和应用,是公共关系策划在网上的延续。网络型专题活动策划是数字化环境下的公共关系活动。它具有以下几个特征:

1. 注重交互性

组织网络型专题活动策划是一种直接公共关系,具有很强的交互性。通过网络,组织可直接面向用户或消费者发布新闻或者是通过查询相关的新闻组织、网络论坛来发现新的目标公众群体,研究市场态势,为组织生存、发展提供有价值的信息。对公众而言,网络也使公众可以在线直接查询企业数据库,通过电子邮件、BBS 等互动设置,在线发表个人观点,参与组织与策划人策划的网络型专题活动的整个过程。所以,网络直接连接了组织和公众,为组织的公共关系活动提供了新的媒体平台。因而,组织在整个公共关系过程中都必须持续不断地与公共关系客体发生交互作用,策划人所选择的公共关系策略都要从公众需要出发,以公众反馈为依据。

交互性使得组织可以获得公众的许多信息资料,因此,策划网络型专题活动具有一定的可度量性、可测试性。有了可靠的网络型专题活动策划效果评价,就可以及时改进公共关系策略,从而获得更满意的效果。所以,在策划网络型专题活动中,网络型专题活动策划的效果测试是应着重强调的核心内容之一。

2. 凸显即时性

互联网把组织的公共关系活动带到了一个虚拟的平台上,在这个新的平台上,组织的公共关系行为完全突破了时间或地域的局限,形成了虚拟的以信息为主要内容的跨国界、跨文化、跨语言的全新的空间。以往,组织的信息发布一般都要遵循传统媒体的发行规律,如报纸或杂志需要每天或每月发行一次。而通过互联网,组织不再受时间、空间的限制,可以 24 小时随时公布新闻信息,使得组织与客户、媒体与受众之间的即时互动成为可能。而且,组织通过策划网上公共关系活动,与受众进行实时的互动交流,能够在第一时间向受众传递组织的信息,收集用户对组织的评价与反馈,这一切都不再需要繁杂的市场程序和动用众多的人力资源,通过互联网的运用即可获得实时信息。这也就使得组织获得最有利的时间优势,真正做到了省时省力。

3. 注重共享性

策划网络型专题活动可使组织获得掌握发布信息的主动权,同时网上传播的信息量大,能够实现组织与公众信息的多方共享,组织可以通过委托网上新闻服务商直接发送组织信息,而公众可以用关键词搜索在网上共享组织发布的信息。组织也可以在自己的网上站点发布信息,也可在有关网络论坛上张贴公司的新闻稿。一些专业的公共关系公司还可把组织的公共关系活动信息储存在电脑里,再发布到多个网站上,并用电子邮件把组织发布的信息传递给所需的专业媒体工作者。同样,网络建立的庞大、精确、动态的组织策划的公共关系资料数据库,能使组织实现内部信息共享,从而避免重复调查和信息处理对公共关系资源的浪费。组织可以通过网络平台实现与政府信息资源的链接,获取政府制定的最新法规和政策的信息,也可把组织有价值的信息传递给政府,实现组织与政府信息的互动与共享。组织还可利用网络平台与世界各国、各地的组织相连,在互联基础上相互交流,实现信息互补。这种信息共享为组织发展提供了丰富的信息资源。

二、网络型专题活动策划的价值

策划网络型专题活动运用互联网媒介,使公共关系信息传播功能得到极大的增强,从而极大地促进组织与公众的交流和沟通,有利于构建良好的公众环境,推动着组织的发展,显示了网络型专题活动策划的应有价值。

1. 拥有信息发布主动权

互联网所具有的数字化、多媒体化、多阶性、广容性、实时性与全球性特点,使组织发布的信息传播更加高速、高质、超量、多样化和广域化。策划网络型专题活动的目的在于推动组织利用网络平台主动发布信息,吸引公众,影响公众。在策划中,一般可选择搜索引擎类网站、门户类网站、垂直类网络这三类网络平台发布组织消息。

2. 动态监测组织的公共关系状况

策划网络型专题活动可以使组织获得实时状态的公共关系信息,为组织构思公共关系战略、进行公共关系决策、制定公共关系政策提供最新、最全面的依据。在公共关系行动方案实施中,网络型专题活动策划能增强传播的有效性,为公共关系活动内容提供数据。在公共关系行动方案实施后,网络型专题活动策划能辅助检测公共关系工作绩效和公共关系状态改善的情况,为制定新的公共关系行动方案提供依据。而且网络型专题活动策划能通过网民用户的信息反馈,发现公共关系状态不良运行数据,提高组织干预危机的应变能力。

3. 体现组织品牌形象

策划网络型专题活动,能使组织借助互联网的高科技手段以丰富的多媒体表现手法创造有益于组织品牌形成的文化氛围,有助于在公众心目中形成组织的品牌形象。策划网络型专题活动可以根据组织的公共关系策划目标,策略性地选择相应的网络传播平台,安排在特定时间,针对不同的目标受众群体传达品牌信息,反映公众的不同诉求。组织借助网络平台的色彩传播、概念传播、差异化传播、事件传播、品牌借势传播、文化传播、教育传播、情感传播等,可将自己的形象传播到公众中。比如,"可口可乐"公司选用红色传播,"百事可乐"选用蓝色传播,"麦当劳"瞄准黄色,"肯德基"看好红色等,这些国际品牌在消费者最直观的色彩感受中,成为他们最容易辨别的第一印象。有的社会组织借用品牌标准色和网络站点颜色,通过大量的精美产品图片进行传播推广。

4. 改变公众消费习惯

网络型专题活动策划更新了消费公众的时空观念,使得产品的实体流转变为虚拟的交换关系,交换不再受时间的限制。消费公众在一天 24 小时之内,每分每秒都可在网上交换;空间也发生了变化,不只局限于某一市场,它可以超越国界,甚至渗透到每一处有人居住的地方。这样,策划网络型专题活动将改变消费公众的生活方式、消费习惯和交换规律,从而使网络型专题活动策划与营销结合,孕育了营销的理论创新。组织的公共关系营销战略构思可以在网上策划虚拟的市场模拟,然后把虚拟的市场实证后反映到实际市场中去,再运用网站数据进行分析、模拟和测量,为组织较好地开发和拓展市场提供量化数据,便于组织进行市场决策,更好地引导公众的消费行为。

5. 营造和谐的公众环境

组织策划网络型专题活动,能使组织通过网络在第一时间发布最新的动态信息与策略,使公众迅速地接收组织发布的准确无误的信息,便于组织与公众沟通,也将提高组织的公开性和透明度,形成组织与公众良性的动态循环。策划网络型专题活动为组织提供网络论坛,便于网络用户一起参加讨论,集思广益,聚众而谋,显示了组织的开放胸怀,表达了组织与公众共生存、同发展的真诚愿望。这样的组织势必会引发公众的好感,营造有利于组织发展的和谐公众环境。

第四节 生态型专题活动策划

现代物质文明给人类带来了极大的物质满足,同时却使人类生活的地球环境遭到了巨大的破坏。人类不断向自然界索取,使得森林锐减、土地沙漠化、物种数量急剧减少甚至迅速灭绝。人类和环境的冲突越来越严重,环境的日益恶化使人们开始认识到保护生态环境的重要性。各类组织作为社会的基本单位,与环境资源、生态平衡问题有着千丝万缕的联系。如何从社会生态环境的角度开展公共关系活动和管理,已成为现代组织面临的重大课题。

一、生态型专题活动策划的含义和特征

1. 生态型专题活动策划的含义

生态型专题活动策划是指社会组织为了避免在生态环境问题上的失误对自身组织形象和长远利益造成不利影响,而有针对性地构思传播、沟通和协调等活动的过程。要掌握生态型专题活动策划的含义,需要从宏观和微观两个角度进行分析:

(1)从宏观角度来说,生态型专题活动策划是对大环境的优化。人们建设生态文明的过程,实际上是在改造客观世界,同时在改善和优化人与自然的关系。它以尊重和维护生态环境为宗旨,以可持续发展为依据,以利于人类的继续发展为着眼点。人类来源于自然,生存于自然,自然界对于人类发展的重要意义不言而喻。但是,长期以来,人类无视自然界的承载力,盲目滥用自己的智慧和力量,使生态环境遭到严重破坏。而生态环境良好是社会发展、组织发展的生态基础,人与自然和谐、与社会和谐才能得以实现,组织才能拥有一个良好的发展环境。因此,对于社会组织来说,在公共关系策划中加入生态环境保护的元素就显得格外重要,一方面提升了组织的环保意识和社会责任感,另一方面保护了大自然和人类自身生存的环境。

(2)从微观角度来说,生态型专题活动策划是组织、公众、环境之间和谐的要求。生态型专题活动策划从微观角度来说,就是要求组织、公众、环境这三者能够和谐共生、互相促进,即组织要能为公众着想,适应环境的变化和公众需求的不断发展,并使环境不断优化。社会组织应当在营运过程中逐步解决社会组织与自然环境的矛盾,塑造社会组织的公益形象,围绕生态平衡和环境保护问题,

进行一系列的生态传播活动。生态型专题活动策划所面对的课题,不单是社会组织的相关公众,而是全社会。它的实质是以社会效益为依据,利用各种传媒手段,把社会组织对生态平衡和环境保护问题所持有的理念以及为此作出的各种努力、贡献等,进行真实的传播与沟通,营造舆论氛围,引起社会共鸣,求得社会公众的支持、理解与合作,从而推动组织与社会、与环境的和谐发展。生态平衡与环境保护问题,始终是生态型专题活动策划的出发点和落脚点。生态型专题活动策划的最高境界和价值在于,创设一种以最小的环境代价取得最佳经济、社会组织稳定发展和地球生态平衡的"多赢"效果。

2. 生态型专题活动策划的特征

(1)社会性。从某种意义上来说,生态型专题活动策划不仅仅是为了组织内部的和谐和组织的发展,更为重要的是为了全社会的生态环境和生态平衡,为了人类生存的整个大环境,因此它具有社会性。在这里,它不单单是某个组织的个体行为,而应是各类组织为了构建和谐社会和人类的持续发展所作的努力。无论哪种类型的公共关系生态型专题活动策划都要尊重公众利益,重视社会整体效益。当然,在为社会服务的同时,也会提高各类组织的认知度和美誉度。

(2)文化性。生态型专题活动策划势必带有一定的文化特质,具有文化性。生态环境的保护、生态平衡的维持都是一种生态环境文化,生态型专题活动策划一般受到当地生态环境文化的影响。任何一个社会组织要想在未来的激烈竞争中赢得优势,就必须在加强产品和服务的文化内涵上下工夫,形成一个系统的、完善的文化体系,营造积极、团结、向上的文化氛围,并通过全员共同努力和长期坚持,形成特定的文化定势,使之养成良好的习惯,营造良好的氛围,使组织能够稳定发展。只有这样,组织的生态型专题活动策划才能真正进入最高境界。

(3)公益性。生态型专题活动策划表面上看是社会组织为了实现自身的可持续发展所进行的谋划,是为了单个组织的向前发展,但从整个社会和长远来看,它是一项造福于全社会的事情。一个组织只有在为社会、为公益贡献出自己的力量时,才能获得更多公众的支持,才可以为组织树立一个负责的、积极向上的形象。在现代经济社会,良好的形象是社会组织的宝贵资产,能够给组织的发展带来巨大的财富和声誉。因此,塑造良好的社会公益形象始终是社会组织开展生态公共关系的重要任务。组织在策划生态公共关系时把环保意识、生态观念、清洁生产、绿色营销等引入组织建设之中,有利于为组织塑造良好的社会公益新形象。

(4)可持续性。生态型专题活动策划不是权宜之计,它是社会组织实施可持续发展战略的重要举措。保护自然环境、治理环境污染、解决恶劣的社会环境已势在必行,各类组织应该将公共关系活动同自然环境、社会环境的发展相联系,使组织活动有利于环境的良性循环发展,即要求组织从实施可持续发展战略的高度来开展绿色公共关系活动。

生态型专题活动策划的社会作用,在于通过生态公共关系活动的开展让顾客了解商品和劳务的最终目的是为了享受绿色产品和服务,是为了提高生活质量。当然,这里还要涉及组织公共关系的沟通方式和手段能够对公众进行教育、宣传,并把他们的需求引导到符合生态要求的产品、服务或活动上来。这就意味着,生态型专题活动策划还应针对低效的、对环境造成破坏的消费习惯进行。

生态型专题活动策划的可持续性还表现为它能使组织为社会找到既能满足眼前需求、又不牺牲子孙后代未来利益的良好生存方式。这意味着组织不仅要寻求不破坏环境的绿色产品,还要开发出能改善环境状况的产品和服务,从而促进组织以及整个人类的可持续发展。

二、影响生态型专题活动策划的因素

生态型专题活动的策划会受到很多因素的影响,这里主要简介如下。

1. 组织自身的生态意识

作为生态型专题活动策划的主体,组织自身有无生态意识及生态意识的强弱,对生态型专题活动策划是否得以开展及开展得是否有效有着重要影响。随着环境污染的日益严重和人们环保意识的日益增强,不少走在世界前列的组织已经认识到良好的生态环境是组织得以生存和发展的物质基础。因此,组织只有把保护环境视作己任,主动承担起环境保护的社会责任,以积极的态度参与环境保护工作,才能为组织树立起关心社会、具有社会责任感的良好形象,进而使组织获得发展。但在我国,组织的生态意识并不尽如人意,许多组织的领导者对环境问题和生态型专题活动策划并没有给予足够的重视。他们还未深刻认识到我国所面临着的环境问题的严重性,在思想上还存在着"先污染、后治理"、"先发展、后环保"的误区,其中不少人的经济意识至上,片面追求经济的高速发展,掠夺自然资源,破坏自然环境,以牺牲环境和浪费资源为代价追求眼前利益,置后来人的幸福于不顾。这种行为在损害社会利益的同时大大损害了组织的形象,使组织处于公众的对立面。如淮河岸边的一些造纸厂直接向淮河排放废液废水,使得淮河水质遭到严重破坏,沿岸几千万人喝着被污染的水,生命健康受到了严重威胁,导致社会公众和这些组织的关系不断恶化。

2.公众对于生态环保的要求

公众对环保的要求可以推动组织生态型专题活动策划的开展。大气污染、水质污染、植被破坏、土地沙化、臭氧空洞等环境问题的出现,使人们的环境忧患意识得到强化。人们开始认识到,环境污染已经成为一个威胁着全人类生存和发展的头等大事,人类必须选择一种可持续发展的生活方式。为此,公众将矛头指向了最容易成为污染之源的组织,尤其是对一些生产型组织提出了环保生产的要求,促使组织进行生态型专题活动策划,切实对人类的生存环境负责。

3.社会大环境的要求

组织的生态型专题活动策划必须以环保为指导思想,积极推行环保和绿色公共关系。多年以来,一些人简单地把发展等同于经济数字的增长,为了追求一时的经济增长速度,不惜破坏生态环境,这不仅妨碍着组织的可持续发展,而且严重地危害了社会的整体利益。近几年来,我国政府制定的一系列环保政策,对组织生态行动和生态型专题活动策划具有重要指导意义。社会组织只有在遵循国家环保方针政策的前提下策划生态活动,改善生产经营模式,真正将大环境的保护作为自己的神圣责任,才能使公众重新认识组织、信任组织,才能营造出源源不断的发展后劲,推动组织和社会的和谐发展。

三、生态型专题活动策划的基本策略

生态型专题活动策划离不开公共关系策划的一些基本策略,但因为它加上了环保的元素,所以又有其特有的策略,并强调策划者在策划中引入环保理念,加大生态的宣传力度。生态型专题活动策划的评估是软评估,它包括经济效益、社会效益和生态效益,但是最重要的评判标准是生态效益,因此,在进行生态型专题活动策划时应突出生态环境的因素。

1.以绿色宣传树立组织的绿色形象

策划生态公共关系活动应突出绿色宣传,以绿色宣传为主。绿色宣传包括宣传组织的绿色理念和绿色形象以及在"绿色"方面取得的业绩。现代媒体是构成"信息化"时代的主要载体,组织要获取信息靠媒体,而公众要了解组织也要靠媒体。绿色形象宣传通过媒体传递绿色组织和产品信息,从而引起公众对组织的兴趣和认可。

2. 以环保公益赞助提升组织的绿色形象

环保公益赞助既是生态公共关系活动策划的一种重要手段,也属于社会赞助的一种形式,它往往能产生很广泛的社会效应。对于社会组织来说,这是一个绝佳的宣传机会。所以,在进行生态型专题活动策划时应该计划参与一定的环保公益赞助活动,结合活动的实际内容,适时向公众宣传组织的生态理念和价值观,为组织提升绿色形象奠定良好的基础。

3. 以环保责任感加强组织的绿色形象

环保责任感就是组织在发展过程中对环境保护、生态维护具有一种使命感,并把生态环保作为组织发展的一部分进行考虑。有了环保责任感,社会组织才能认真而自觉地履行法律规定的环保义务。社会组织的生态型专题活动策划能够使生态环保内容更贴近实际、反映现实,有效地保护生态环境、改善公众生活质量,引起公众对组织的生态公共关系予以高度关注和支持,从而加强组织的绿色形象。正如国外专家所指出的:过去人们一直把参与治理环境问题看成组织的负担,视其为组织获取利润的障碍,但事实证明,只有将环保视为自己的责任,才能赢得更多的公众支持,组织也才能最大限度地获取利润。

4. 以完备的突发事件预警机制和管理机制维护组织的绿色形象

在组织可能面临的所有突发事件中,有关环境保护的占很大的比例,并且向来都是社会舆论关注的焦点。比如原油泄漏和产品质量问题给环境或者公众造成伤害常会导致群体事件,并很难在较短时间内彻底解决。因此,组织在进行生态型专题活动策划时就应该建立较完备的有关环保突发事件的预警机制和管理机制,以利于迅速地平息事态,将负面影响降到最低程度,维护组织的绿色形象。生态型专题活动策划,走的是组织稳定发展和地球生态平衡双赢的道路,这不仅是组织对人与自然、社会发展与环境之间关系所作出的正确抉择,也是组织可持续发展的客观要求。

第五节 会展型专题活动策划

会展型专题活动的主要形式是展览会,即组织通过运用各种传播媒介,以直观性物品陈列来展现组织成果、风貌、专利、技术及产品的一种有组织的集中展示活动。

一、展览会的特点

1. 多样性

展览会信息载体呈现多样性的特点,即包括视觉信息、听觉信息、触觉信息、嗅觉信息、味觉信息等,对公众影响至深。

2. 整合性

一般来说,展览活动中会涉及的媒体包括:文字注释、印刷宣传资料、介绍材料等文字媒介;讲解、交谈和现场广播等声音媒介;照片、幻灯片、录像片及电影等音像媒介;实物媒介和现场表演、示范等动作语言媒介。各种媒体交叉整合传播,可以发挥整合的传播力量。

3. 直观性

展览会通常以展出实物为主,还有现场的演示,真实而且生动。公众也可以进行尝试、体验,这样能加深公众的印象。

4. 互动性

展览会在现场安排专人讲解,可以与公众进行面对面的沟通,互动性强。公众提出问题可以马上得到解答,可以获得从经销商、代理商那里得不到的信息,组织也可以在现场获得公众的建议和意见,有利于组织改进工作。

5. 集中高效性

展览会往往聚集了同一行业中的许多组织和产品,或者不同行业和地区的商品,大量实物和信息聚集在同一个场合下,可以让公众自由挑选比较,对象明确,且易于比较,为公众提供了更多的机会,并节省了大量的时间和费用。

6. 冲击性

展览会召开期间,会吸引政府部门、媒体、大批相关生产厂家等组织的光临,必然会产生很强的冲击力。同时,展览会往往能带动展览会场地周边行业的发展,拉动当地的各种需求,比如"广交会"召开期间,来自国内各个地区以及世界的各个厂家广泛交换信息和物资,必然会对酒店、餐饮、交通等服务业提出更高的要求,进而刺激当地的经济发展。

7. 新闻性

展览会是一种综合性的大型活动,除本身能进行自我宣传外,往往能够成为新闻媒介追踪的对象,成为新闻报道的题材。通过新闻媒介的报道宣传,展览活动的宣传效应将大大扩展。

二、展览会的重要作用

展览会的目的是介绍组织的成果、展示组织产品和技术等,在组织的公共关系交往中发挥着独特作用。

1. 从微观看,可以塑造组织的形象

展览会借助多种媒体展示组织的历史和取得的业绩,宣传组织特色产品和服务,并在展览会现场与公众直接沟通,让公众更清楚地了解组织,提高组织的知名度和美誉度。

2. 从中观看,可以提高经济效益和社会效益

一个地区或城市通过举办展览会,可以聚集旺盛的人气,并能产生直接的经济利益,包括展馆租金收入、广告赞助、会展服务收入,带动当地观光、旅游、购物、娱乐、交通运输、住宿、餐饮等行业的发展。会展业还能产生社会效益,有利于当地城市的精神文明建设,有利于产业结构优化升级,为本地提供很多就业岗位,缓解就业问题。

3. 从宏观看,提高国家的知名度和美誉度

随着中国经济实力和国际地位的提高,中国许多城市主办了各种形式的展览会,比如世界园艺博览会、世界动漫博览会、世界博览会等,这些国际性博览会邀请了众多的国际组织来参展,这正是中国宣传自我形象的良好时机,能赢得国际社会的认同。同时,中国的很多组织也会参加国际上主办的展览会,展示中国的实力,提高国家的知名度和美誉度。

三、展览会的策划程序

展览会是公共关系专题活动之一,必须遵循一定的程序。从开始筹划准备到实施全过程都要渗透公共关系意识。为了有效地组织展览活动,应该注意的是以下几方面的工作:

1. 分析必要性和可行性

组织举办展览会或者参加展览会都要进行科学、充分的分析,如果不分析其必要性与可行性,可能会浪费人力、物力和财力,起不到展览会应有的作用。

2. 明确主题和目的

展览会都有明确的主题和目的,或以贸易为主,或以宣传教育为主,或以宣传组织形象、提高知名度为主。主题确定之后,才能选择较为适宜的沟通传播方式,保证将所有的图表、实物、照片及文字等有目的地组合成一个有机的整体,使参观者一目了然,从而强化展览的功能和实际效果。

3. 展览会宣传,确定参展单位和项目

展览会的举行需要借助各种传播媒体进行宣传,以吸引参展单位。可以在报纸、电视、广播、网络、专业杂志上做广告宣传,也可制作宣传手册送发重点参展单位。宣传内容主要是回顾历届展览会的成果,突出展览会不断发展成长的趋势,介绍本次展览会的宗旨、主题、特色、规模、范围、时间、地点、展出项目类型、费用、配套活动等。同时可以直接向有可能参展的组织发邀请信,对重点单位要主动上门联系,尽力吸引更多的组织参展。邀请信内容与宣传内容基本一致,但应非常有礼和简明扼要。还要尽快确定参展单位、参展项目和展位需求情况。

4. 确定参观者类型

展览会要事先策划好到底哪些公众可以参加。参观者类型也会影响组织的信息传播手段,比如老年人和年轻人接受信息的传播方式就不同。同时,可以邀请一些研究学者、专业人士参加展览会,在现场进行研讨或者举办讲座等,以体现展会的专业性,为公众提供一些专业知识。

5. 选择展览会的时机和地点

时机上要考虑气候与季节,比如夏天炎热,人们不喜欢外出,不适宜召开展览会;冬天寒冷,人们一般也不乐意外出,因此选择气候宜人的春天和初秋会比较好。还应力求在产品销售季节举办,以增强展览效果。地点选择必须注意交通便利、停车方便、周围环境好、设施齐全等因素。

6. 培训相关工作人员

展览会工作人员技能与职业素养的高低对展览活动的成功与否有直接影响。因此,需要事先对展览会的工作人员,如讲解员、接待员和服务人员、翻译(有外宾参加时)等进行必要的公共关系知识与技能培训。培训的内容应包括每次展出项目内容的专业知识及礼仪知识等,以保证工作人员既能做到仪表端庄,热情、自如、礼貌地与参观者交谈,又可以提供展品业务方面的适当咨询服务。

7. 宣传资料准备和展厅布置构思

展览会最重要的任务是宣传企业和产品,传递信息,进行沟通。组织单位要准备好相应的宣传材料,包括展览会平面图、展览会的背景资料、前言及结束语、参展品名目录、参展单位目录,设计与制作展览会的会徽、会标及纪念品、主题画、海报、说明书、解说词、宣传小册子、幻灯片、录像带等音像资料和各种辅助材料。说明书内容要全面、易懂,解说词要具体、精练,有利于解说员正确、流利地讲解。展厅布置要根据展览主题要求和参加展览的具体内容进行整体的规划和构思、确定总体设计图,并根据总体设计图设计与制作各展区的展品、展板布置小样,进而做成实样。特别是展览大厅的入口处应该设置咨询台和签到处,并张贴展览大厅的平面图以作为参观的指南。

8. 制定费用预算

展览活动的费用一般包括场地和设备租金、电费、设计费、材料费、装饰费、工作人员的劳务费、交际费、交通运输费、保险费、传播媒介费、通讯费等。对于上述的所有费用都应该进行预算,体现厉行节约、量力而行、留有余地的原则。

9. 与媒体联络

展览会要提高影响力,必须成立一个专门对外的信息发布机构,负责与媒介的联络。该机构要利用一切能够调动的传播媒介,使参观者可以通过多种渠道获得组织的有关信息,并促使记者和相关人员把展览会中发生的许多有价值的东西写成新闻稿在多种媒体上发表,从而扩大展览活动的影响力。对外新闻发布机构的工作内容主要有:在展览会地点和时间确定后,以举办新闻发布会的形式发布消息;邀请新闻界人士参加开幕式,尽可能多地在报刊、广播、电视上报道开幕式的消息和实况;安排好新闻发布室,并准备新闻报道所需要的各种辅助宣传资料。在展览会期间尽可能发现有价值的新闻事件,邀请记者采访报道,扩大影响力。

第八章 公共关系专题活动策划

10. 准备相关服务

展览会的成功需要多部门共同努力,要事先与其他部门进行协调和沟通,提供相关服务。如处理对外贸易业务的部门、附设产品订购的接洽室以及文书业务、邮政、检验、海关、交通运输、停车场等。

11. 效果测定及评估

为了测定展览的效果,可在出口处设置参观者留言簿以征求参观者的意见,同时可以结合展览会举办座谈会,请参观者谈自己的感受,还可以在展览会后登门访问或发出调查问卷,了解展览的实际效果。当然,测定展览效果的最直接的指标是订货合同及金额、专家的评价、新闻媒介的报道和参观者的人数等。

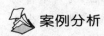 案例分析

【案例】

李宁互动社区成长记

那年夏天,热腾腾的雾气弥漫在智扬公关公司的一间办公室里,一个名叫李小妹的女孩不停地摆弄着手中的热转印机,她的办公桌上摆着各式各样印着个性徽章的李宁T恤,当时,他们正在开展李宁互动社区的"我的信念,我可以"定制徽章活动。在北京官园小店拜师学艺遭拒绝之后,李小妹毅然决定自学自悟,她把自己的T恤拿来做试验,而这段"烙大饼"的经历也成为李宁互动社区项目组一个永恒的话题。从2007年接到客户的一个任务——建立中国体育品牌最大的网络互动社区以来,一次次看似不可能应对的挑战,却在大家的努力下成功过关。在采访中,他们向记者打开了话匣子:

人气对于一个新成立的互动社区而言,永远都是一个亟待解决的课题,有时候甚至伴随着一丝尴尬和无奈,他们恨不得把周围所有爱好体育的亲朋好友都拉进来,也恨不得给每一个人都下达硬性指标。在那段时间,身为第一任总版主的刘博犹如电影《无间道》里面的卧底,成天埋伏在我为鞋狂、新新球鞋网、CN-KIX、虎扑NBA等蓄积大把鞋迷的论坛里面,他不时地还发个帖子,混个脸熟,渐渐地结识了骨干力量。而那些写过李宁文章的作者都不会从他的眼皮底下滑过,很快他挖掘了论坛里潜藏着的一大批李宁的忠实用户。

互动社区元老Andy就是其中的一个人。很难有人会相信,他一直苦心维护自己的博客——"李宁俱乐部",且丝毫没有官方的参与,这个李宁品牌的忠实消费者同时还是一个爆料大王,他能够寻找到各种有关李宁的内幕消息,在他周

围有着一群关注李宁的年轻人。沸腾鱼也是一位能够拉升人气的版主,他很早就建立了一个李宁QQ群,在他的牵线搭桥下,一批李宁爱好者走到了一起。

在项目负责人、智扬公关客户总监范建斌看来,互动社区并非仅是李宁产品的舞台,更多的是李宁粉丝的集散地,所以他们总是变着法儿地吸引人气,接二连三地进行活动轰炸。仅半年时间,互动社区就策划组织了16次线上活动和3次线下活动,从与明星事件挂钩的为韩庚搭配李宁装备、奥尼尔访华主题活动,到让会员热血沸腾的个性签名版征集、涂鸦设计比赛,各种活动应有尽有。

在互动社区刚起步不久,一个筑起千层高楼的帖子让他们感到了一丝诧异和惊喜。帖子里面的一张照片让刘博恍然大悟,原来是韩国Super Junior组合中的一个中国籍成员韩庚穿了一双李宁运动鞋,而互动社区之所以门庭若市是因为他的粉丝发出了到李宁互动社区顶帖呼吁韩庚代言李宁的号召。在当时,这个组合在国内所拥有的强大人气足以盖过刚刚起步的互动社区,为何不借助这件事情把这韩庚的粉丝都拉进来呢?此时,"庚饭"们已经紧锣密鼓地为代言一事摇旗呐喊,浩大的声势早已触动了李宁的神经。虽然他们通过官方渠道了解到代言一事希望渺茫,但身为总版主的刘博再也按捺不住内心的激动了,他要对这群聚集互动社区的"庚饭"进行适度引导,转移热情,"为在韩国的中国明星韩庚搭配李宁装备"的活动也便顺理成章地推了出来。谁都知道,韩庚能否代言李宁品牌其实已经并不重要了,粉丝营销所产生的巨大威力让李宁互动社区赚得钵满盆满,而只有善于发现网民需求、聚合网民力量并为我所用者才能胜出。

(资料来源:《国际公关》杂志 作者:孔琳)

【探讨】

结合以上案例,分析网络专题活动策划的特征和价值。

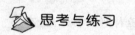思考与练习

一、思考题

1. 公共关系专题活动策划的含义是什么?有何重要意义?
2. 网络型公共关系专题活动策划应该注意什么?
3. 生态型专题活动策划的基本策略有哪些?
4. 展览会应该做好哪些准备工作?

二、辨析题

怎样看待具有韩国特色的端午已经申请为文化遗产?我国端午的文化特色体现在哪里?怎么办?请作出分析。

第九章

公共关系心理策略运用

📨 内容提要

在公共关系实践活动中,运用心理策略有助于公共关系效应的体现。一名出色的公共关系专业人员必定是"读心"高手;成功的公共关系活动必然运用了科学的心理策略。因此,如何成功探析公共关系中的心理现象,是公共关系专业人员需要十分重视的问题,它将直接影响到公共关系活动预期目标的实现。

📨 主题词

公共关系心理　心理沟通　心理交往　心理调适　心理氛围营造

第一节　心理沟通策略运用

沟通就是凭借一定的符号载体,将信息传递给对方,并寻求反馈以达到相互理解的过程。有效沟通的关键在于能否洞察、掌握公众之心理,并以特定的心理沟通策略掌控沟通的全过程。

一、心理沟通的一般原理

1. 心理沟通的主要内容

公众的心理是一种动态的过程,一般而言,包括认知过程、情绪过程与意志过程,其沟通内容主要为信息沟通、感情沟通与意见沟通。

(1)信息沟通。我们所使用的"信息"一词,大致指消息、情报、指令、图像、色彩、数据、资料中所包含的新知识、新内容。换个角度可以如此描述：信息是人们通过感觉器官和大脑能够认知到的未曾知道的东西。[①] 信息沟通是公共关系活动中的一项最基本的内容，它是个体获取知识和运用知识的过程，包括信息的传递、交流与分享。组织与公众之间的传播管理、组织内部成员之间的交流协调，无一不是在信息沟通的基础上展开的工作。

（2）感情沟通。公众在认知事物的时候，不仅对事物的属性、特征等各方面的信息进行交流与分享，还会对事物产生一定的态度，引起满意、喜爱、高兴、悲伤、厌恶、生气、恐惧等主观体验，这就是情绪；当这种主观体验积淀下来，成为人脑中的习惯性体验时，便形成情感。情绪是情感的外在表现，情感则是情绪的内在依据，二者也可统称为"感情"。公众的情感对于公共关系尤为重要。公共关系实务是组织为了与公众建构良好关系，提高自身的认知度、美誉度、和谐度所开展的传播活动及其传播管理。而其目标的实现有赖于公众对组织良好的信任感与亲近感。

（3）意见沟通。公众不仅能认知世界、对事物产生肯定或否定的情绪，还会对事物形成自己的见解、看法与主张，此即意见。一方面，意见沟通是实现公共关系目标的基础，组织与公众意见不一致甚至冲突，都会阻碍公共关系活动的开展；另一方面，意见沟通又是公共关系活动的目的之一，因为公共关系是一种说服性的传播，旨在改变公众的意见、行为，使公众与组织的意见趋向一致，最终构建起良好的公共关系状态。

2. 影响心理沟通成效的主要因素

影响人与人之间心理沟通成效的因素十分多，沟通双方的个性心理特征与心理倾向性的差异、对彼此心理状态的认知程度深浅，都可能使心理沟通的成效产生天壤之别。从公共关系的角度而言，影响公共关系过程中心理沟通的因素主要为公众的心理定势。

在公共关系传播中，经常会遇到公众在对某一共同对象认知、情感和意志方面表现出趋于一致或共同的心理特征和行为倾向，影响着公共关系专业人员与公众的心理沟通成效，此即心理定势。心理定势具备不自觉性、固着性的特点，犹如心理的"惯性运动"，使人不自觉地沿着一定的方向去认知事物，对事物产生相应的情绪体验并形成其主观意见。一般而言，公众心理定势包括个体心理定势与群体心理定势。

[①] 张云：《公关心理学》（第四版），第122页，上海：复旦大学出版社，2010。

(1)公众个体心理定势,也称"微观心理定势",是指受个体的综合性心理素养制约和影响并在具体事件中表现出来的心理定势。它侧重于社会认知方面,其特点是易受暗示,情感性强,理智常被情感所抑制。个体心理定势主要包括首因效应、近因效应、晕轮效应、移情效应。

首因效应又称"第一印象"或"首次效应",是指个体接触某事物或某人后第一次留下的深刻印象,成为一种心理定势难以改变。一方面,第一印象大多在第一接触中形成,但又不仅仅局限于第一次接触,假若此后仍有继续接触的机会,个体便会以"先入为主"的认知惯性来进行评价判断,补充此前形成的第一印象;另一方面,在某些情况下,第一印象不仅直接来源于第一次接触,也可能来源于个体此前从传媒的间接介绍中所形成的预存立场,这种预存立场与第一次接触相呼应,最终形成首因效应。首因效应一旦形成,将固执地影响着当事人今后的认知和行为,除非有"近因效应"产生。

所谓"近因效应",是指在多种刺激一次出现的时候,印象的形成主要取决于后来出现的刺激,即在沟通过程中,个体对事物或他人最近、最新的认识占了主体地位,掩盖了以往形成的评价。近因效应与首因效应在沟通过程中是普遍存在的,揭示了信息刺激在时间顺序上给公众心理形成的影响。

晕轮效应则是指个体根据不完全的、部分的信息而形成的对被知觉对象的整体印象和评价。通常是将对象的某种特征泛化为对象的整体特征,进而形成全盘美化或丑化对象的印象,就如笼罩在对象上的一个"光环",长久地影响着个体对于对象的认知与评价。在公共关系活动中,晕轮效应和首因效应、近因效应一样普遍。譬如危机公共关系研究中,学者 Coombs & Holladay(2001,2006)曾通过实验设计发现,组织与其公众的既有关系状况会确实影响公众对危机情境的认知,包括危机责任归属以及组织形象评价,他们称此效果为"魔鬼毡效果"(Velcro effect),其定义便近似于"晕轮效应"。而在日常公共关系工作中,公共关系专业人员应当注意,其一,在与公众交往中,可充分利用自己某些突出的品质,给对方造成晕轮效应,从而取得好感与支持;其二,对于他人给自己造成的晕轮效应,要谨慎对待与善加判断。

《尚书》云:"爱人者,兼其屋上之乌。""爱屋及乌"由此流传,心理学中将这种情感迁移称为"移情效应"。移情效应是把对特定对象的情感迁移到与该对象相关的人或事物上来的心理活动现象。移情效应首先表现为"人情效应",指以人为情感对象而迁移到相关的人或事物的效应;其次又可表现为"物情效应"与"事情效应"两种形式,是指以物和行为为情感对象而迁移到相关人的身上的效应。前者,如因喜欢某个明星,就连带喜欢和他长相相似的人或他推荐的商品。后者,如因十分喜欢某人送的东西而连带喜欢送礼的人、因闻不得香烟的味道而讨厌所有吸烟的人等。公共关系活动中所借助的"名人效应"便是移情效应的一种具体应用。

(2)公众群体心理定势,也叫"宏观心理定势",是指一定范围内人群共有的、积淀深厚且作用广泛的心理定势,具有群体性、地域性和传承性等特点,主要包括社会刻板印象、地域文化心理、民族文化心理等。

社会刻板印象是指社会上的一部分成员对某类事物或人所持有的共同的、固定的、笼统的看法和印象。因为"共同",所以它不是一种个体现象;因为"固定",所以难以变通;又因为"笼统",所以不一定与客观实际相符,往往只是一种社会偏见,但却可能造成许多麻烦,从而影响公共关系沟通的实际效果。

地域文化心理指由于自然及社会历史条件的差异所造就的不同地域特色的文化在心理活动中的反映。它主要表现为两种形式:一是以乡土观念为基础的亲缘心理,二是以地域文化为基础的依从心理。成功的公共关系活动通常依据不同地域文化心理而采取不同的策略。

除了地域差异之外,不同的民族有不同的文化,这种民族文化反映在本民族成员的心理活动中,形成了民族文化心理。它主要由民族意识、民族情感和民族习惯三个部分组成。其中,民族意识是基础,民族情感是在民族意识之上形成的对本民族文化的热爱,而民族习惯是民族意识与情感的具体表现,是最具代表性的内容。民族习惯被同化,就意味着民族特有的文化心理的丧失,所以,民族意识和民族情感总是极力地维护民族习惯。不尊重民族习惯往往会引起"民愤",甚至可能导致民族纠纷。因此,在开展公共关系活动时,公共关系专业人员应设法了解公众的民族习惯及宗教信仰,并给予充分的理解和尊重,否则极有可能招致严重的危机。

二、公共关系活动中的心理沟通策略

公共关系活动中的心理沟通要充分考虑影响沟通成效的各种因素,在信息沟通、感情沟通与意见沟通的不同层次中实施相应的沟通策略,简言之,首先是利用首因效应与晕轮效应建立最佳的第一印象;其次以情感共鸣的感情沟通方式让公众对组织产生亲切感与认同感;再者,采用行之有效的说服策略与公众进行意见沟通,加强或改变其对组织的态度。

1. 有礼则安,建立最佳的第一印象

《礼记》云:"人有礼则安,无礼则危。"荀子也说过:"人无礼不立,事无礼不成,国无礼不宁。"礼仪是公共关系专业人员在实施公共关系传播、与公众交往时必须遵守的最基本的规范与准则之一。公共关系专业人员作为微观的公共关系主体,直接展示其所属组织的形象。良好的公共关系礼仪能够让公众建立起对组织最佳的第一印象,产生积极的首因效应。而经过礼仪所塑造的公共关系专业人员的个人形象也能产生一种晕轮效应,使沟通更加顺畅、活动更有成效。

譬如,在日常公共关系沟通中,礼貌用语是使用最为频繁的。与公众沟通时,公共关系专业人员需要主动地、根据不同时间作出不同的问候,一般问候语言不应涉及私人问题,以免对方感觉到自己的隐私被窥探从而产生逆反心理。请求帮助时则须"请"字当先,请托语的使用是对对方的一种尊重。除此之外,还有致谢语、道歉语、祝贺语等,这些礼貌用语无不满足了公众特定的心理需要,让公众如沐春风,敞开心扉与公共关系人员进行心理沟通。

值得一提的还有沟通当中的称呼语。美国前总统罗斯福说过:"交际中,最明显、最简单、最重要、最能得到好感的方法,就是记住人家的名字。"公共关系专业人员一定要有记住别人名字的能力,这是赢得好感、建立首因效应的重要一步。如果第二次与人见面时能主动、准确地叫出对方的名字,这既让对方感到亲切,也让对方感觉到对其重视,自然就放松了心理戒备,使沟通过程更为融洽。

良好的公共关系礼仪是传递给公众的第一层信息,也是开展公共关系沟通的第一步,所谓"有礼则安",有礼则"畅",在建立起最佳的首因效应与晕轮效应后,接下来的公共关系传播将更为顺畅。关于公共关系礼仪的具体规范将在第十章中详细讲解,此处不再赘述。

2. 以情动人,诱发公众情感共鸣

感情沟通是心理沟通的重要内容,也是现代公共关系活动成败的关键环节之一。当公众面对着越来越庞杂乃至无孔不入的公共关系、广告、营销信息时,抗拒心理、逆反心理越来越重,想要成功使其接收并认可我们想传达的公共关系信息已非直白、单向的传播方式所能企及。因此,善于把握公众心理的公共关系专业人员开始寻找更加行之有效的策略——通过以情动人,诱发公众产生情感共鸣,使公众在心理上对组织产生亲切感与认同感。

以情动人是一种由"他人劝导"转为"自我卷入"的公共关系沟通策略,就是要发现、发掘、沟通公众潜在的情感,与公众在心理上达成一致,以达到吸引公众注意、构建良好关系的目的。

(1)洞悉情感需求。以情动人的前提在于洞悉公众的情感需求。站在公众的立场上真心理解他们,这只是实现感情沟通的第一步。对公共关系主体而言,最重要的还是要设法洞悉、满足公众的情感需求。公众的情感需求是多种多样的,亲情、友情、爱情以及爱国激情等纯洁真挚的感情成为物欲横流的社会中弥足珍贵的东西。优秀的公共关系专业人员善于把握这种心理特征与趋势,将其作为直达沟通成功殿堂的通行证。

(2)善用移情效应。以情动人有一种屡试不爽的策略——善用移情效应。移情效应在公共关系活动中常见的应用形式是名人效应,即利用认知度与美誉度高的社会名流、知名艺人作为代言人或是活动嘉宾,设法把公众对名人的喜爱情感迁移到自己的产品上来,或是迁移到自己企业的知名度上来,使公众认可自己、信任自己、喜欢自己。

(3)讲故事、动人心。讲故事是以情动人的绝佳方式。这是一个物质丰盈、精神贫瘠的时代,大量同质化的产品已让公众厌烦,但公众愿意听你为他们打造的品牌故事,并为之买单,因为故事里蕴藏着他们的梦想。公共关系传播中,"讲故事"必须通过两种方式使得品牌与公众密切相关:一种是和公众之间的私人联系,可以使公众处于故事的情景中,把自己当作故事中的角色,故事里有他们的梦想;另一种是故事内容与公共关系目标之间的联系,即故事与公共关系相关联,又能唤起行动。

3. 心悦诚服,劝导公众意见改变

公众一旦形成心理定势,是很难更改其态度与意见的。要劝导公众改变业已成型的意见,可以运用霍夫兰提出的著名的说服策略:

(1)说服者本身的条件是影响说服效果的基本因素之一。说服者的"声誉"与说服力成正比,说服者"声誉"的最主要成分是其专业知识(或专家身份)和超然的态度。因此,在新闻发布会上,要让信息更具说服力,公共关系主体可借助权威的第三方意见。

(2)信息本身的说服力。如果对方本来就赞同说服者的意见,只讲正面理由可以坚定原有的态度;如果对方原先或当时反对说服者的主张,把正反两方面的理由都说出来比只讲一方面理由更好;如果对方教育程度高,说出两方面理由更有效;如果对方教育程度低,说一方面理由较好;如果对方教育程度低,并且原来就赞同说服者的立场,则一定要用正面理由,若说出正反两方面的理由,反而可能导致他犹豫不定。

(3)话题的排列技巧。首先宣传的论点可以引起公众注意,易形成有利的气氛,最后提出的论点有利于公众记忆。如果传播内容是受公众赞同的或公众可能接受的,那么,把它们首先提出比较有利;如果首先唤起公众的需求,然后再提出问题,则易于被公众接受。在公共关系实务中,成功的公共关系活动经常能以一句朗朗上口、直达人心的主题口号占领传播的制高点。

霍夫兰的说服理论揭示了说服公众改变意见的基本策略,也是公共关系专业人员必须运用自如的基本技巧。

第二节 心理交往策略运用

公共关系交往是指公共关系活动中组织与公众之间的交往,它是公共关系活动运行、转化的基本形式之一,也是组织树立良好形象的关键性因素之一。研究公共关系交往时的公众心理与交往策略,对于组织进行有效的公共关系活动具有十分重要的意义。

一、公共关系心理交往的一般原理

1. 公共关系交往不等同于人际交往

公共关系交往,就其实质而言,指的是社会组织的公共关系专业人员围绕特定的公共关系目标,与公众相互传递信息、交流感情、沟通意见和施加影响力的过程。简而言之,就是社会组织运用人际沟通手段来实现与公众交流的过程。公共关系交往归根结底是人与人之间打交道,但公共关系交往又和日常生活中的人际交往不同,它是一种特殊交往,具有如下特点:

(1)公共关系交往的目标意识明显,具有计划性和技巧性。公共关系交往的目的或是为了树立组织形象、传播沟通信息,或是为了协调关系、咨询建议,或是为了谋求合作,公共关系专业人员会对交往形式、交往场所、交往内容、交往效果等进行总体的设计,并主动学习和掌握公共关系交往的方法和技巧,实现成功交往。日常人际交往则是多种多样的,包括有意的和随意的,而且比较松散。

(2)公共关系交往的对象具有群体性和可变性。组织的公共关系交往虽然包括与个人的交往,但更主要的是与社会组织、社会群体的交往,并且交往对象经常是变化的。

(3)公共关系交往双方有较明确的主观性。一般来说,组织的公共关系专业人员在公共关系交往中起主导作用,扮演着"主动者"的角色,掌握着交往过程中的主动权,社会组织的公众则处于被动地位,扮演着"受动者"的角色。

2. 公众心理是进行公共关系交往的心理基础

公共关系交往是组织与公众之间的交往活动,因此,公众心理是进行公共关系交往的心理基础。公众常见的心理倾向有动机、需要、自我倾向等。

(1)公众动机。动机是为实现一定的目的激励人们行动的内在原因。人从事任何活动都有一定的原因,这个原因就是人的行为动机。动机可能是有意识的,也可能是无意识的。它能产生一种动力,引起人们的行动,维持这种行动朝向一定目标,并且能强化人的行动,因此在国外也被称为"驱动力"。比如说,工作动机是指人们从事工作的原因或力量,具体可能是挣钱、学技术、发挥才干、造福人类等。作为公共关系客体的公众,当然同样有其行为动机。动机是在需要刺激下直接推动人进行活动的内部动力。动机是个体的内在过程,行为是这种内在过程的结果。引起动机的两个条件是内在条件和外在条件。内在条件就是需要,动机是在需要的基础上产生的,离开需要的动机是不存在的。而且只有需要的愿望很强烈、满足需要的对象存在时,才能引起动机。例如,求职需要学历,而且学历越高,求职的难度就越小。所以为了能找到合适的工作,人们就需要一定层次的学历,这种需要就会引起人们再学习、再深造的动机。外在条件就是能够引起个体动机并满足个体需要的外在刺激,称为"诱因"。例如,饥饿的人,食物是诱因;对于应届高中毕业生来说,考上名牌大学是诱因;对于要求进步的学生来说,学校的奖励和老师的表扬是诱因。诱因可能是物质的,也可能是精神的。个体的内在条件——需要,个体的外在条件——诱因,都是产生动机的主要因素。在个体强烈需要又有诱因的条件下,就能引起个体强烈的动机,并且决定他的行为。

(2)公众需要。需要是人的行为的动力基础和源泉,是人脑对生理和社会需求的反映(人们对社会生活中各类事物所提出的要求在大脑中的反映)。心理学家也把促成人们各种行为的欲望称为"需要"。人的需要是一个不断发展的动态系统,人的各种需要的强度不是绝对一样的。事实表明,不同时代、不同社会关系中的人有不同的优势需要;同一个体在不同年龄、不同心理发展阶段以及不同社会情境下,都有不同的优势需要。所谓"优势需要",就是在许多需要中占主导地位的需要,是最迫切、最强烈的需要。公众需要是特定社会群体的一种内在要求,任何社会组织都必须研究并适当满足其公众的合理需要。

(3)公众的自我倾向。自我意识是人对自己身心状态及对自己同客观世界的关系的意识。自我意识包括三个层次:对自己及其状态的认识;对自己肢体活动状态的认识;对自己思维、情感、意志等心理活动的认识。自我意识不仅是人脑对主体自身的意识与反映,而且人的发展离不开周围环境,特别是受人与人之间关系的制约和影响,所以自我意识也反映人与周围现实之间的关系。自我意识是人类特有的反映形式,是人的心理区别于动物心理的一大特征。公众是由个人组成的社会群体,社会组织所面对的公众,他们尽管在需要和心理方面存在某种差异,但又具共同的心理意识和行为倾向。

二、公共关系中的心理交往策略

公共关系专业人员作为从事沟通与交往的"传播者"、"社交家",必须掌握一定的策略与技巧,把握好成功进行公共关系交往的心理策略。具体来说,可运用的策略有下列几种。

1. 机不旋踵,把握最佳交往时机

要成功地进行交往,必须首先选择最佳交往时间。根据交往时公众的心理状态与当时的团体气氛,最佳交往时间有如下几种:

(1)心理失衡时。心理学认为,所谓"不平衡心理"是指人们因某种需要没有获得满足或遇有挫折而产生不满、怨恨、愤怒等复杂的心理活动或内心体验。个体在心理失衡时,处于一种较为低落的状态,给交往带来屏障,却又带来契机。马斯洛曾指出,人在同一时间、同一条件下会存在多种需要,但只有占优势地位的需要能支配人的行为。因此,公共关系专业人员在发现公众心理失衡时,只要及时甄别出这种优势需要,并在合理的范围内满足其心理需求,或是进行恰当的排解疏导,便能使公众从心理失衡转向敞开心扉与公共关系专业人员展开交往。导致心理失衡的根本原因是需求未得到满足,而诱因通常包括:自己与他人的差距、现实与期望值的差距、过分苛求、遭遇挫折等。公共关系专业人员可以在允许的范围内让公众参与公共关系的传播,使其行使自主权,以充分满足其自尊的需要。也可引导公众改变参照物、保持宽容平和之心,或是提供适当的宣泄渠道,将公众的负性情绪排解掉,使其走出心理失衡状态。

(2)受到鼓励时。公众受到鼓励时,是交往比较容易展开的良好时机。个体都有获得尊重的需要,包括自尊、自重和被别人尊重的需要,具体表现为希望获得实力、成就、独立和自我实现,渴望、希望得到他人的赏识和高度评价。当你尊重公众时,公众是乐于交往、容易诱导的,尤其是当他们知道获得你的尊重是因为他们有某种能力而不是由于其他的原因时,更是如此。因此,在交往之中给予对方恰到好处的赞扬,可以满足公众的多种情感需要,提高其自尊心,使其更加具备自我呈现的自信与欲望,为公共关系交往的顺利展开创设良好的氛围。

(2)愉悦情绪涌现时。愉悦情绪是一种令人感觉良好的、令神经活跃的正面情绪,是个体的一种快乐、舒心、踏实的情感体验。功利性和愉悦性是人际交往的动力之源。当愉悦情绪涌现时,也正是公共关系交往的最佳时机之一。愉悦情绪能减少交往中的心理屏障,使公众乐于且能主动地迎接公共关系专业人员的交往活动;愉悦情绪还能让交往中的个体保持一种积极的预存立场,对公共关系专业人员传递的信息进行正面的选择性接受、选择性理解与选择性记忆,提高公共关系交往的成效；再者，人际交往的目的其实就是在愉悦他人的同时愉悦自己，公共关系交往则旨在通过双方的愉悦来达到特定的目标。

2. 舌灿莲花，充分运用语言魅力

语言符号系统是沟通与交往最常用的工具，一个成功的公共关系专业人员，懂得如何舌灿莲花，通过语言魅力的展现来达到传播目标。譬如，诚挚的语言能够给人带来信赖感，赢得公众的信任，达到良好的交往目的；幽默的语言往往可以调节交往气氛，回避尴尬，从而使公众在轻松愉快的气氛中达到与自己良好沟通与合作的目的。以下介绍公共关系交往场合中的几种常见的语言技巧。

（1）说服。公共关系传播实际上是一种说服性传播，旨在让公众建立起对组织的良好评价，为组织发展创设良好的公共关系环境。因此，说服策略一直为公共关系专业人员所关注，前文介绍了霍夫兰的说服理论，而此处则着重讲说服的语言。一言以蔽之，好的说服语言应当是"情理两相用"，在陈述理由时兼顾公众的情感体验，所谓"晓之以理，动之以情"，如此才能让公众不至于产生逆反心理而对本应无可辩驳的理由充耳不闻。

具体来说，可以是循循善诱式的说服，巧妙地诱导对方，先提出能让对方表示同意的基本问题，层层递进，让其逐步接受公共关系专业人员的观点，不断地说"是"而不是说"不"，再推演出最终的结论，使之心悦诚服；也可以是巧借舆论式的说服，比如先描述一种状况，然后表示对于该事件大部分人是持这种意见的，"相信您也与大家的想法不谋而合吧"，人为了避免陷于孤立境地，在交往中大都趋向于寻求与周围人保持一致，因此营造一种特定的舆论氛围有助于增强说服成效的；还可以是引证权威进行说服，以经典文献、数据图表、名人名言等权威证据、事例来进行说服。

当正面说服收效甚微的时候，还可以采用激将式的说服，这是从侧面或反面刺激对方以达到正面激励的效果，从而使其改变意见的方法，运用激将法一定要因人而异，需要深刻地摸透并了解公共关系交往对象的性格、脾气及心理特征。激将法不宜用在性格内向、谨小慎微的人身上，他们经不起激烈言词的打击，可能会因此丧失信心、意志消沉。而对于那些经验老到的对象，也不宜使用这一方法，因为对方已经完全参透人情世故，激将法是难以奏效的。

（2）赞美。恰如其分的赞美可以满足公众的自尊需求，促进公共关系交往，但前提是必须以诚挚的态度去奉上对对方的赞美。而赞美的方式不一而足，常见有直言式赞美、对比式赞美、反语式赞美、目标式赞美、评说式赞美。直言式的赞美是直接赞扬对方的优点，直言夸奖不在话多，但要真诚、真切，有针对性、恰如其分，称赞的切入点也许并不是很大，但是要够真切、自然。对比式赞美是通过与他人的比较或是与交往对象过去的表现比较来赞美交往对象的方法。通过对比展现对方的优点、长处，更容易体现其价值，满足其自尊、自信的需求。反语式赞美是在特定的语境下通过反话正说来赞美对方。在某些特定情境中，正话反说会显得语言幽默，轻松诙谐，起到显著的效果。目标式赞美是为对象树立一个目标，从而促使其为之奋斗的赞美方法。这是一种带有激励意义的赞美方法，为交往对象树立一个目标，对其产生鼓舞力量。评说式赞美是在对某件事情或某种状况的评述中蕴含着对被赞美者行为的称赞，这样的赞美方式显得更为客观，也更令人信服。

(3)拒绝。在公共关系交往中，难免会遇到需要拒绝的情况，譬如，当记者询问涉及组织机密的问题时，当然不能回答，但也不能以一句"无可奉告"而简单、粗暴地加以回绝。拒绝也是要有技巧的。以下是公共关系交往中常见的拒绝艺术。转折式拒绝，这是先认同对方的意见或先肯定对方，然后再予以拒绝的方法。就人的心理而言，说"是"总比说"不"要愉快得多。因此，为了友好地拒绝他人，有必要先用肯定来获取对方的好感，然后再拒绝。如："我知道你的困难，但是……"、"我明白你的意思，也赞成你的看法，不过……"等。先肯定对方，使对方觉得受到了尊重，即使再听到"不"字也不会太反感。推脱式拒绝，不去正面回绝对方所提出的问题，而是找一些借口和托辞来委婉地应对，以达到拒绝的目的。诱导式拒绝，是指不直接答复，而是先讲明条件、说明理由，诱使对方自我否定的拒绝方法。该方法的特点是"不战而屈人之兵"，让对方自动放弃先前所提出的要求。搭桥式拒绝，答非所问、避实就虚表示否定，但旋即引向我们的公共关系议题，一箭双雕。比如用"很抱歉，这我不清楚……但我知道的是……"、"这不是我负责或专长的领域，但我能告诉你的是……"这样的语式将记者的提问转移到组织想发布的信息上。

第三节　心理调适策略运用

心理调适又称"心理调节"或"心理调整"，指用心理学技巧来改变个体的心理状态，以适应、应对和处理日常生活中的挑战，从而使心理健康得到保证。在公共关系中，公共关系专业人员与公众都应当保持健康的心理状态，以利于和谐关系的建构。因此，心理调适的相关理论成为我们接下来要讨论的内容。

一、心理调适的一般原理

心理调适可分性质调适和强度调适。前者指由某种情绪状态调整为另一种情绪状态;后者指由某种情绪状态通过调整改变其强度。心理调适若根据调适者身份又可分为他人调适与自我调适。自我调适是心理调适的常见手段,一般分为动机、需要自我调适,情绪、认知自我调适,行为、意志自我调适。除此之外,心理调适还可从压力调适、情绪调适与心态调适等几个方面进行阐释。

1. 压力调适

压力就是客观事件对个体的刺激(Roding,Salovey,1989),另一种说法是压力是压力源及环境条件变化对主体提出的要求(Stressor)和个体对它的反应(即压力反应,stress response)。压力源则是指威胁人类并使其应对能力承受重负的环境和事件。从心理学角度看,压力应当是一种经验的东西,它无法抛开主体而单独存在;但另一方面,假设事件发生了,但主体认为其不值一提,那压力也就无从谈起。因此,压力应该是压力源和压力反应共同构成的一种认知和行为体验过程。压力源可分为三大类,第一是生物性压力源,指直接阻碍和破坏个体生存与种族延续的事件;第二是精神性压力源,指直接阻碍和破坏个体正常精神需求的内在和外在事件;第三为社会环境性压力源,指阻碍和破坏个体社会需求的事件,包括纯社会性的——如重大社会变革、战争等,或是由自身情况造成的人际适应问题等。在现实生活中,造成心理问题的压力源绝大多数是综合性的,涵盖以上诸种因素,尤其是精神性压力源与社会性压力源。[①] 正确面对压力可使压力成为一种前进动力,激励个体去追求成功;而负面的压力不只影响心理健康,也会带来生理健康的隐患。在20世纪70年代早期便有人提出,所有的疾病及身体不适有50%跟压力有关。近年,有关身体和心理的研究结果更表明,80%与健康有关的问题,都是由压力所引起或是因为压力而造成恶化的。因此,压力调适成为现代人保证心理与生理健康的一大手段。

2. 情绪调适

情绪是个体对客观事物态度的体验,当个体面临超越承受范围的压力时,不良情绪必定相应而生。七情六欲是个体的正常心理现象,但是情绪过激、不良情绪则会损害身心健康。欢乐、愉快、乐观、恬静、满足等良好的情绪体验,能提高

---

① 郭念锋:《心理咨询师》,第310页,北京:民族出版社,2005。

大脑及整个神经系统的活力,有助于发挥整个机体的潜能;反之,悲伤、抑郁、焦虑、恐惧、愤怒等不良情绪则会给机体带来损害,可能成为疾病或灾祸的诱因。在生活中,谁都难免产生一些不良情绪,倘若盲目压抑这种情绪,同样会危害生理健康。因此,面临不良情绪时,应当善于控制、调节、消解这种情绪,从而最大限度地减轻其刺激和伤害。情绪调适的第一步是认识自己的情绪。情绪智力的创造人之一——梅耶认为,对自己情绪的认识指"既觉知到自我的情绪,又意识到自我对此情绪的看法"。梅耶发现,人们注意和处理自己情绪的风格可分三种:一是自我觉知型:自己的情绪一出现便能察觉,能有效地管理自己的情绪,一般拥有积极的人生观,自制自主;二是沉溺型:总是被卷入自己情绪的狂潮中,一旦沉溺于恶劣情绪将无法自拔;三是认可型:对自我的感受了解得一清二楚,但接受这种情绪,此种类型还分乐天知命型与悲观绝望型,前者的乐观情绪无须改变,后者是清晰识别自己的不良情绪,但对其束手无策、无所作为。情绪调适的关键是学会控制不良情绪,经营快乐情绪。抑郁、焦虑、恐惧、愤怒等不良情绪是常见的情绪垃圾,尽量放松神经、保持宽容平和的心态、通过经验积累来学会控制心情,是排遣这些不良情绪的通用法则。快乐情绪的经营则有三个方面的主题:笑口常开,心灵放松,强身健体。①

3. 心态调适

心态是人对事物所反映出来的一种态度。态度则是一个人对待事物的一种驱动力,不同的态度将决定产生不同的驱动作用。积极的心态产生积极的驱动力,而消极的心态则会产生消极的驱动力。常见的消极心态如:丧失生活目标、迷失人生方向、害怕遇到失败、恐惧承担责任、彻底否定现实、一味怨天尤人、绝望悲观厌世等。消极心态产生的原因不一而足,但毫无疑问,正确对待压力、舒缓不良情绪需要有良好的、积极的心态。心态调适首先可从改变认知开始。所谓压力与不良情绪,并不单纯是客观事件本身,还有更多的成分是人们的主观体验。改变不了事情的状态就要改变对这件事情的态度,个体因为事件发生所受到的伤害远不如他对这个事情想象的严重。事情本身不重要,重要的是个体对事情的态度,态度变了,事情也就变了。其次,保持良好的心态还在于不要过分执著于结局的成败,要学会享受过程;不要过分抱怨当前的状态,要学会感恩。在现实生活中,绝大多数人都处于比上不足比下有余的状态,一味地怨天尤人其实于事无补,不妨以感恩的心态愉悦地享受生活与工作,于己于人均是有百利而

---

① 谢爱武:《心理调适能力的培养》,第54～107页,广州:广东人民出版社,2008。

无一害。再者,爱心是积极心态的最佳表现。孟子云:"仁者爱人,有礼者敬人。爱人者,人恒爱之;敬人者,人恒敬之。"乐于奉献爱心的人,自然会有收获满满的关爱,生活于欢乐祥和之中。良好的心态与压力调节、不良情绪舒缓是相辅相成的。当个体拥有良好心态时,也就意味着其通常能够积极地面对难以避免的压力,使自己的情绪得到恰当的表达,不良情绪得以排解、快乐情绪得以蔓延。

二、公共关系中的心理调适策略

根据中国国际公共关系协会2010年发布的《中国公共关系业2009年度调查报告》显示,行业内排名靠前的公共关系公司员工每周平均工作时数接近46小时,劳动强度较高;而当项目执行时,通常又是夜以继日地工作,难免让公共关系专业人员心力交瘁,压力之大也就不言而喻,心理调适也因此显得尤为重要。

1. 公共关系专业人员的心理调适策略

在此,我们仅讨论公共关系从业人员职业上的心理压力。具体而言,这种工作压力有以下几种来源:第一,个人能力和个性与公共关系工作要求不匹配;第二,角色定位模糊,对自己的工作职责不了解、不明确;第三,角色冲突,包括工作时间上的冲突、工作职能上的冲突;第四,工作超负荷;第五,缺少工作绩效的反馈信息;第六,工作中紧张的人际关系,包括与同事、上级关系紧张或是不能处理好与客户、媒体的关系。人在强大的工作压力下难免产生不良情绪,影响工作状态与工作绩效。如前文所述,保持良好的心态是调节压力、排解不良情绪的重要通则。具体而言,应对压力的心理调适策略主要有以下两种:问题指向应对与情绪指向应对。Antonovoky等(1979年)提出压力可以根据其针对性分为问题指向应对(problem—focused coping)和情绪指向应对(emotion—focused coping)。问题指向应对是以直接解决压力事件或缓解压力为特征的应对;情绪指向应对是以解决自身情绪反应为特征的应对。

(1)问题指向应对。在问题指向应对策略中要做到:认清压力事件的性质;理性思考及分析问题的来龙去脉;确认个人对问题的处理能力;积累、寻求帮助解决问题的信息;运用问题解决技巧,拟订计划;积极处理问题。在问题指向应对策略中,有效的时间管理和获得社会支持是直接缓解压力的重要方式。首先,管理你的时间。工作压力的产生往往与时间的紧张感相生相伴。解决这种紧迫感的有效方法就是时间管理,在进行时间安排时,应该权衡各种事件的优先顺序。公共关系工作、尤其是活动执行中虽然经常发生各种突发状况,由此给时间管理带来一定的难题,但是对于活动总体时间的控制是必须了然于胸的。公共关系实务中的甘特图就是一种时间管理的工具。甘特图表示项目中完成每项活动所需要的时间的条形图,它以亨利·L·甘特先生的名字命名。甘特制定了一个完整地用条形图表示进度的标志系统,其中,横轴表示时间,纵轴表示活动(项目)。线条表示在整个期间,计划和实际的活动完成情况。甘特图可以直观地表明任务计划在什么时候进行,及实际进展与计划要求的对比。管理者由此可以非常便利地弄清每一项任务(项目)还剩下哪些工作要做,并可评估工作是提前还是滞后,亦或正常进行。有效的时间管理能够帮助公共关系专业人员尽可能地降低由于工作繁忙、事务繁多、时间紧迫而带来的压力感。问题指向应对策略的另一种方式是寻求社会支持。所谓"社会支持",指的是由一些个体组成的人际关系网络,在这个网络中,经常有互助性的活动和人际交往。在交往和活动中,个体的重要的心理需求得到满足,从而达到抵抗压力、缓解紧张情绪的效果。社会性支持以四种方式得以体现:工具性支持、信息支持、评价性支持和情感支持。① 公共关系是一个强调开放与沟通的领域,因此,公共关系专业人员也大多拥有相对广泛的关系网络。虽然工作中紧张的人际关系也是公共关系专业人员的一个重要压力源,但是工作上的压力反过来同样可以通过人际交往来缓解。处理好这一点的关键在于学会从不同的交往对象那里获取相应的社会支持。譬如,在同事身上获得工具性支持,以团体合作形式共同完成工作;从媒体记者身上获取信息支持,为公共关系策划提供参考,为公共关系评估提供反馈;从客户身上获取评价性支持,使之成为激励自己完成工作的动力;而情感支持则多是来源于亲友。

(2)情绪指向应对。情绪指向应对策略关键就是保持良好的心态,乐观地看待压力,消除悲观心态。譬如,可以进行积极的心理暗示。心理暗示是指人接受外界或他人的愿望、观念、情绪、判断、态度影响的心理特点。它是人或环境以非常自然的方式向个体发出信息,个体无意中接受这种信息,从而作出相应的反应的一种心理现象。心理学家认为,有效的、积极的心理暗示能提高自我价值的认识。心理暗示包括:自我言辞暗示、角色假定暗示与梦想板暗示。运用自我暗示法缓解压力和调节不良情绪,主要是通过语言的暗示作用。积极的自我暗示是自己通过自我激励的言语或想象使自己的身心机能发生积极变化,从而达到自助的效果。运用自我暗示法要注意:第一,自我暗示一般是用不出声的内部语言默认进行的;也可以通过自言自语、甚至在无人处大声呼喊的方式来加强效果;还可将提示语写出来,经常鞭策自己。第二,要选择良好的暗示时间。心理暗示的时间应选择在大脑皮层兴奋性降低的状态下进行,如早晨刚醒、中午午休和晚

---

① 谢爱武:《心理调适能力的培养》,第 210~212 页,广州:广东人民出版社,2008。

上入睡前进行,则效果较好。在大脑皮层兴奋性很高的状态下,不易进行暗示。第三,在暗示过程中尽量运用想象的方式,这往往比自我意志努力的效果好。第四,应当选择积极的内容进行自我暗示。在普遍暗示的基础上,如"我有信心对付各种各样的挫折",加上特殊内容暗示,如"生气是对自己智慧的侮辱,焦急是对自己无能的惩罚,而无助于事情的解决",二者相结合,效果则更好。第五,努力达到松弛和"凝神",把注意力集中于某一事物,久之,注意力自然松弛,不会专注于任何事物,从而使得心灵宁静,在这种心境下,暗示效果会更好。第六,要相信自我暗示的奇妙作用。[①] 而对于由于个人能力和个性与公共关系工作要求不匹配,或者角色定位模糊、角色冲突而产生的压力,公共关系专业人员则可以运用角色假定暗示法,想象自己就是可以出色完成工作的公共关系专业人才。或是运用梦想板暗示法,将目标视觉化、形象化,在脑海里形成一个具体明确的画面,也可以剪贴一张真实的画贴在墙上,从而促进目标的实现。这不仅有利于心理调适,在某种程度上也有利于萌发新的公共关系创意。

2. 在公共关系过程中对公众心理的调适

公众心理调适的意义主要体现在危机公共关系应对的过程当中。危机的种类与规模千差万别,但毋庸置疑的是每一次危机都对组织存在一定的负面影响,而公众则面临着潜在或显明的压力。能否恰当地消解公众的压力及有效地调适由此而生的负面情绪,是组织的危机公共关系应对是否成功的重要一环。压力若按强度还可分为一般单一性生活压力、叠加性压力与破坏性压力。一般单一性生活压力是普通的生活事件带来的压力,如工作上领导的要求、家人的期许、横向的竞争等等;叠加性压力包括同一时间里的同时性叠加压力,与两个以上压力事件相继发生的继时性叠加压力;破坏性压力又称极端压力,包括战争、大地震、空难等。公共关系危机中公众面临的一般性压力与叠加性压力,往往达到了很高的程度。大型危机、尤其是大型公共关系危机给公众带来的通常是极端的压力。经历极端压力之后,心理症状是多方面的,情绪以沮丧为主、易激怒、暴怒,有时伴有攻击行为,这种症状被纳入"创伤后压力失调"(Posttraumatic Stress Disorder,PTSD)。PTSD 是指由于异乎寻常的威胁性或灾难性心理创伤,导致延迟出现和长期持续的精神障碍。对破坏性压力造成的后果,心理干预是必需的。早期的心理干预主要是通过催眠暗示来消除心理障碍,到后来,研究者发现让受害者在社会中与健康人一起工作,或者让 PTSD 患者与其他类型的

---

① 谢爱武:《心理调适能力的培养》,第 216~218 页,广州:广东人民出版社,2008。

受害者共处,对缓解症状比较有利。① 对于极端压力与不良情绪的调适,一般的公共关系专业人员也许并不擅长,但切不可因噎废食,可以向专业的心理咨询师求助,借助心理学专业人士的专业知识来应对危机公共关系。特别是对公众的合理诉求,公共关系专业人员应积极协助组织平等交流、沟通、协调利益关系,满足公众的正当需要,以缓解心理压力,实现心理平衡。

第四节 心理氛围营造策略运用

心理氛围是以群体意识和心理认知为基础所产生的情绪状态。公共关系传播是一种融合了人际传播、群体传播与大众传播的活动,成功洞察、利用群体心理氛围,可以大大提高公共关系活动的绩效。

一、心理氛围营造的一般原理

心理氛围是制约群体内人们共同活动和个性发展顺利与否的全部心理条件,通常可分为组织心理氛围与社会心理氛围。

1. 组织心理氛围

组织的心理氛围,指的是组织团体内部的心理环境,是以群体意识为主要内容的对组织、对工作、对内部人际关系和对外公共关系的认识及情感方面的综合反映,体现了组织员工对本组织形象的普遍性态度以及相应的情感状态。组织直接面对和接触最多的是内部公众,他们是组织赖以生存的基础。组织唯有首先优化内部公众的心理氛围,增强凝聚力与向心力,使全体员工融洽和谐,才可能形成良好的内部公共关系状态,"内求团结"而后才能"外求发展"。其次,组织对外的公共关系活动旨在树立良好形象、扩大社会影响,而这不仅仅依靠管理层或公共关系专业人员的工作,还需要全体员工的共同努力。因为每一个员工都是组织与外部公众接触的触角,外部公众对于组织的评价很大程度上是由对组织个体员工的评价积累而来的。由此可见,组织心理氛围本身是组织内部公共关系状态的反映,是组织整个公共关系工作的基础,并直接制约着组织外部公共关系的效能。

---

① 郭念锋:《心理咨询师》,第 314 页,北京:民族出版社,2005。

2. 社会心理氛围

社会心理氛围是比组织心理氛围范围更广的集体心理大环境。社会心理氛围作为群体的整体状态,反映了社会公众中优势的情绪态度与思想倾向。一些社会心理学家认为,社会心理氛围与社会文化是相似的,它是某个时期某个社会所特有的感知、思维和反应方式。也有人认为,氛围是指人们如何看待其文化。社会心理氛围是一种复杂而抽象的集体心理,难以简单地揭示与判定。一般而言,发展水平与文明程度较高、人们总体心理状态较为健康的社会较容易形成良好的心理氛围。具体可体现为:社会公众间相互信任、相互帮助、相互尊重,大部分公众的基本需要——包括生理需要与心理需要得到满足,当涉及社会公共问题时公众能自由、积极地表达自己的意见,对于社会各方面的状况总体满意等。除了整体的、常态的社会心理氛围外,在某一社会事件或公共话题中,也会形成特定的心理氛围,这是占据优势的公众情绪、态度与意见营造出来的一种状态。

二、公共关系中的心理氛围营造策略

公共关系中的心理氛围营造包括公共关系主体——组织团体中的心理氛围营造,以及对外公共关系中对社会心理氛围的利用。

1. 公共关系主体——组织团体的心理氛围营造

良好的组织心理氛围,既得益于内部公共关系的开展,又反过来促进内部公共关系的实施,同时对组织的对外公共关系传播也起到毋庸置疑的重要作用。优化组织心理氛围,就是要创建一个有序高效、宽松和谐、齐心协力的组织内部环境。"从公共关系的角度来看,组织的心理氛围可以从三个方面进行判定,即组织成员的集体意识、主人意识和公众意识"。[①] 营造组织心理氛围的关键在于使组织成员具备相应的集体意识、主人意识与公众意识,对组织产生强烈的认同感、尊重感,并形成一股强大的凝聚力,由此成为一个协调、默契的高效率集体。

(1)形成集体意识。组织成员个体的集体意识表现为承认集体利益的价值、遵守集体的规范、和集体中其他成员友好相处。作为组织心理氛围的集体意识则不仅是个别成员的集体意识,而且是形成一种组织团体集体意识的心理氛围。具体体现在:其一,成员对组织具备认同感、归属感,上下属之间、成员之间沟通顺畅,具有良好的凝聚力和向心力;其二,成员对组织具备责任感、效力感,自觉

---

① 张云:《公关心理学》(第四版),第 241~262 页,上海:复旦大学出版社,2010。

关心集体,参与组织管理;其三,成员具备了共同的、集体的荣誉感。集体意识的形成可通过增强团队凝聚力的内部公共关系活动来实现,譬如,适时组织拓展训练,利用成立周年、战略调整、公司上市等重大时机举行庆典活动。

(2)强化主人意识。主人意识实际是一种建立在组织归属和认同基础上的自我意识。自我意识是指个体对自身及自身与外部环境关系的认识、评价、态度等心理倾向。作为组织心理氛围的主人意识是将组织视为是自己的,或说个人是组织的一员,本人是主人之一。因此,它是在集体主义思想指导下形成的主人意识,并具备三个特点:其一,互相平等的特点,组织中的任何成员——不论领导或是一线员工都是平等的;其二,权利与义务相统一的特点——既有管理和监督组织各种事务的权利,又有为组织作贡献的义务;其三,和集体意识相一致的特点。强化集体的主人意识,根本在于尊重组织成员的个体价值。组织心理学认为,当组织创造了这样一种环境,使每个成员都能充分实现自己的价值,满足其被尊重及自我实现的心理需求,那么成员们的主人意识就自然而然被激发出来,而组织的整体价值也因此通过组织成员的个体活动得以充实和体现。强化集体的主人意识,关键是完善组织激励机制,将群体发展与个人前途相结合,让员工感受到自己的付出与组织的发展是息息相关的、组织的业绩是能回馈到员工身上的。当恰当的激励机制使组织的目标已经内化为员工的目标时,当员工已经能够自觉地以"我们公司"来思考与行为时,集体的主人意识才真正建立起来。强化集体的主人意识,还要注意克服"责任分散"的心理倾向,鼓励组织的每一个成员独立地发挥主人意识。所谓"责任分散",是指在大家都有责任的情况下都不肯主动承担责任、相互期待别人来承担责任的一种心理现象。

(3)树立公众意识。公共关系理念的核心便是"公众至上",因此,公众意识在非严格意义上来说就是公共关系意识。公众意识是对公众地位、作用的认识与肯定,是将公众的概念贯彻始终的自觉意识。组织良好形象的确立从根本上说来源于与公众良好关系的构建——内部公众是树立组织良好形象的内部动力因素,外部公众则是树立组织良好形象的外部环境因素。首先,满足公众的需求是组织决策的出发点,组织所有决策和行为是否以公众利益为前提,是衡量组织公众意识强弱的标志。其次,组织必须把"公众至上"的意识引导成为全员共识,并体现在一切言行中,全员公共关系的理念得以执行。如今,许多组织的公众意识已不局限于目标公众,而是延伸到社会大众的领域,以彰显组织的社会责任感。组织的社会义务是一个正确规定的价值目标,要求组织从社会进步及自己对社会应尽的责任这个高层次去考虑组织的管理和运作。像IBM和松下电器等组织不遗余力地坚持以"服务"为最高宗旨,不是单纯地强调降低成本、提高利润,而是强调组织的社会责任,并以此为组织心理氛围和开展公共关系活动奠定基础。正是这一点,能够为组织带来长远的利益。

2. 公共关系过程中的心理氛围营造策略

在公共关系传播活动的策划与组织过程中,恰当的心理氛围营造策略的运用可对公共关系目标的实现起到事半功倍的效果。

(1)洞察群体心理特征。成功的心理氛围营造策略的前提在于精确洞察群体心理特征。群体心理的一般特征包括认同意识、归属意识、整体意识与排外意识。而在不同的发展时期、不同的时间、不同的地点、不同的条件下,群体心理又会呈现出独特性。把握公共关系过程中的心理氛围营造,首先要洞悉目标公众当前的群体心理特征。譬如,对于精神世界相对贫瘠的现代人来说,经常怀有一种难以遏制的怀旧心理,这是一种对过去的单纯美好的眷恋、一种感时伤怀的情绪。2010年,在争议中成长起来的80后一代人集体"奔三",开始陆续步入而立之年,媒体抓住这一话题大书特书,80后群体的集体怀旧情绪也强烈地迸发出来。一些企业成功地洞察到这一群体的心理氛围,推出怀念青春主题的公共关系活动。如由雪佛兰科鲁兹全程支持、中国电影集团联手优酷网共同出品了11部青春系列短片,其中的《老男孩》更是反响强烈,一炮而红,引发了广大80后对于青春的追忆,而雪佛兰科鲁兹作为支持单位以植入式广告的形式出现在短剧中,成功赢得了关注与认同。

(2)善用流行心理定势。营造群体心理氛围的捷径是善用流行心理定势。对于公共关系传播而言,较常利用的典型的流行心理定势是时尚心理。时尚又称"流行",其中既有个性追求、自我表现的心理,也有趋同、从众心理,是这两种看似对立的心理相互作用的结果。时尚的产生是个性追求的结果,是人们求新、求异心理的反映。时尚最大的魅力之一是其样式的新奇性。人们生活在社会中既希望维持现状,渴求有一个相对安定的生活环境;又不满足于每天单调重复的生活,要求有新的刺激和变化。追求时尚正是一种给生活注入新鲜感的有效手段。时尚中的个性追求、自我表现是时尚的个人机能,它试图通过标新立异、与众不同来提高身价,超然于不如自己的人。因此,自我彰显是人们追求时尚的另一个心理动因。时尚的一个主要特征,就是消费者可以按照自己喜欢的方式来展现自我,而凡是可以标准化和规模化的产品,消费者总是会觉得有很多缺憾,而这些缺憾因为工业化规模生产的模式而很难得到改变。因此,消费者更希望企业可以按照自己喜欢的方式来设计和推广产品,高级定制、DIY成了潮流。从时尚的社会机能看,它是个体适应群体或社会生活的一种方式,一种从众现象。时尚不像法律那样具有强制性,但它具有很强的暗示性,对一些人有一种束缚力量,这种力量会转化成一种社会刺激,使一些人产生追随心理。如今业界兴起不少时尚型公共关系的案例,就是利用公众追求时尚的心理,通过时尚化的传播方式来达到公共关系目标的。公共关系专业人员应该从理论与实践双方面认知、掌握流行时尚的心理机制及特点,以及倡导、控制时尚的策略与技巧,学会满足与刺激公众的时尚心理,善于预测、制造和引领时尚。

(3)谨防非理性群体心理营造非理性心理氛围。法国社会心理学家古斯塔夫·勒庞在其传世名作——《乌合之众——大众心理研究》一书中,极为精致地描述了群体心理的非理性。他指出:"群体中的个人会表现出明显的从众心理。这来源于群体压力。"勒庞称之为"群体精神统一性的心理学规律"。"约束个人的道德和社会机制在狂热的群体中失去了效力。因为即使仅从数量上考虑,形成群体的个人也会感觉到一种势不可挡的力量,使他敢于发泄出自本能的欲望。群体是个无名氏,因而也不必承担责任;群体只知道简单而极端的情绪,总倾向于把十分复杂的问题转化为口号式的简单引领观念"。"在群体中,个人易于接受暗示,每种感情与行为都有传染性","在群情激奋的气氛中的个人,会进入一种特殊状态,类似于被催眠的人在催眠师的操纵下进入的迷幻状态"。一旦指向组织的非理性群体心理形成,对于组织而言是一场莫大的危机。因此,如何运用危机公共关系运作攻破流言形成的不利社会心理氛围也是需要着重考虑的策略。防止非理性群体心理形成的关键是保证信息传播的畅通与准确。在危机当中,倘若来自组织官方的权威消息源缺失、沟通渠道不畅,将会导致流言四起,群体的非理性心理逐渐形成,组织会面临更大冲击。

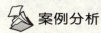
案例分析

【案例】
中国的百年老店同仁堂也热衷于讲故事,甚至讲成了一部热门电视剧——《大宅门》。公元15世纪,乐良才于明朝朱棣迁都之际,由宁波迁来北京定居,成为北京乐氏宗族始祖。乐良才是一位走街串巷行医卖药的铃医,来京后仍操此业。经过乐氏两代人的奋斗,传至乐显扬。乐显扬在清朝当上了清太医院吏目(掌管御医的高级医官)。乐显扬博览群书,对中医药学造诣颇深。他收集了大量的宫廷秘方、古方、民间验方,加上乐家的祖传秘方,在清康熙八年(1669年)创办了同仁堂药室,后发展为同仁堂。这便是同仁堂创办的故事。在此后的300多年里,同仁堂随着国家民族的风云激荡流传出众多曲折辉煌的故事:抗击日寇、救济百姓、扶助职工、诚待顾客⋯⋯这些故事在民间口口相传,在同仁堂中生活了几十年的郭宝昌以这些故事为原型,编写成了历史长剧《大宅门》,2001年在中央电视台热映,让同仁堂"同修仁德、济世养生、取利于义"的儒商精神广为传播。2007年,同仁堂博物馆在北京正式落成,历史故事生动塑造了一个同仁堂,也将再续一个同仁堂……

（资料来源：编者根据相关资料整理编写）

【探讨】

上述案例运用了公共关系心理的什么策略？案例是怎样触发公众情感的？

 思考与练习

一、思考题

1. 心理沟通策略应注意哪些问题？
2. 心理交往策略的要求是什么？
3. 心理调适策略的一般原理是什么？
4. 请结合实例分析如何利用群体心理氛围来策划公共关系事件。

二、辨析题

人际交往是否等同于公共关系交往？请说明理由。

第十章

公共关系职业道德

内容提要

随着公共关系活动向专业化、规范化的方向发展,公共关系职业道德规范的重要性日益凸显。深入了解公共关系职业道德的必要性,懂得公共关系职业道德规范的总原则,把握公共关系职业道德规范的内容和基本要求,是成为一名合格公共关系专业人员的必备条件。

主题词

职业道德　特征　要求　内容　意义

第一节　公共关系职业道德特征

职业生活是人类社会生活极为重要的领域。公共关系职业道德就是适应公共关系职业需要而产生的。公共关系职业道德规范是由经济社会发展和公共关系职业的利益以及公共关系活动的类型方式所决定的,是在长期公共关系职业实践中形成的。自觉培养和履行公共关系职业道德的内容和要求,是对每个公共关系专业人员的职业要求。

一、职业道德和公共关系职业道德

职业道德是所有从业人员在职业活动中应该遵循的基本行为准则,是社会道德在职业活动中的特殊要求,是一种具体化、职业化、个性化的职业道德原则和规范体系。要做一个称职的从业者,首先必须具有良好的职业道德品质。职业道德作为社会道德系统的重要组成部分,与人的职业角色和职业行为相联系。各行各业都有与本行业和岗位的社会地位、功能、权利义务相一致的道德行为规范,并要求每个从业者遵守、奉行。

公共关系愈益职业化、专门化,于是就有了调节公共关系职业与其服务对象关系的职业道德规范。这种因各自职业特点和职业需要而产生的职业道德,成为指导和约束其从业者的道德行为准则。公共关系职业道德是指公共关系专业人员在公共关系实践活动中应当遵循的行为规范和准则的总和。公共关系专业人员履行职业责任和道德义务,才能充分体现自己为社会和公众服务的良好愿望及公共关系工作的价值。比如,企业公共关系目标是赢得社会公众对企业整体的良好评价,进而营建和谐的公众关系,促进企业健康发展。公共关系专业人员在职业活动中,认真实践职业道德规范,努力为公众做好事,就会得到公众的好评,这既反映了企业公共关系的公益性道德价值,也是企业公共关系专业人员职业道德行为准则的基本要求。

二、公共关系职业道德的主要特征

公共关系职业道德规范与一般的社会道德规范之间是部分与整体的关系。恩格斯指出:"实际上,每一个阶级,甚至每一个行业,都各有各的道德。"在我国,公共关系职业道德是在改革开放之后,伴随着公共关系职业和实践活动的出现所产生的一种新的社会道德现象。公共关系作为一个独特的职业领域,它必然要求逐步形成具有该职业特点的道德和道德习惯,并引导从业人员养成优良的职业道德心理和品质。公关职业道德与其他社会道德比较,养成优良的职业道德具有三个显著特征:

1. 公共关系职业道德有其特殊的调节范围

公共关系工作的基本职能之一是"协调关系"。即以社会组织和公众之间的共同利益为基础的,努力化解矛盾、建设和维护三者的互利合作关系。换言之,公共关系活动的主要目的就是要协调好这种利益关系,以减少和消除社会组织与公众之间的冲突。根据公共关系这一职能,公共关系职业道德主要用于帮助公共关系专业人员调节两大方面的关系:一是调节社会组织与其内部成员之间的关系;二是调节社会组织与其外部相关公众之间的关系。社会组织与其内外部相关公众间利益方面的矛盾、摩擦,除应通过法律、行政或专业技术等手段解决之外,都要依靠公共关系职业道德予以调节。对于公共关系职业以外的其他领域,如家庭生活中的问题等,或者说不涉及社会组织与其公众利益关系,当然不在公共关系道德调节范围之内。由此可见,公共关系职业道德有其特殊的调

第十章 公共关系职业道德

节对象和领域。公共关系专业人员必须以公共关系职业道德约束个人的行为,在公共关系活动中应在坚持社会整体利益第一的原则下来处理公众的利益问题,协调兼顾各方的利益。具体点,就是充分考虑公众的切身利益,满足公众的合理诉求,寻找与社会、组织的利益共同点,促进它们的相互理解,协调彼此间的利益关系,消除误会和矛盾,巩固合作,营造和谐的社会发展环境。

2.公共关系职业道德有其独特的功能

塑造和传播组织的良好形象是公共关系的重要职能。一个公司、一个企业,若不顾公众利益,假冒伪劣、坑蒙拐骗,是无法形成良好形象和声誉的。《国际公共关系协会行为准则》中就明确要求,协会成员"牢记由于职业与公众的密切关系,个人的行为——即使是私人方面的——也会对事业的声誉产生影响"。公共关系活动应运用传播沟通的方法来影响社会组织的公众舆论,塑造社会组织的良好形象,优化社会组织的运作发展环境。因此,公共关系活动既是一种为社会组织谋求和谐公众关系及发展前途的重要工作,也应当是一种实践职业道德规范,履行职业道德、义务,塑造良好的道德形象的过程。公共关系专业人员理所当然地应该具有良好的道德意识,并注意处处用公共关系职业道德准则来规范自己的行为,维护公共关系职业的整体形象,从而担负起提高组织知名度和美誉度的重任。公共关系职业道德这一特殊功能的实施,不仅有利于组织、有利于公众,而且有利于公共关系专业人员形成良好的公共关系职业道德习惯、道德心理和道德品质。

3.公共关系职业道德规范具体鲜明、可操作性强

一般来说,社会道德规范较为笼统,而职业道德规范不仅具有明显的行业和工作岗位特点,而且还有着具体、可操性强等个性特征。以爱国这一规范为例,它是人们在个人与本民族关系中普遍遵循的社会道德规范,但在公共关系职业道德中,被赋予了职业活动的特点。如《中国公共关系职业道德准则》第一条及第十条明确要求,"公共关系工作者应当坚持社会主义方向,遵守我国的宪法、法律","在国内外公共关系实务中应该严守国家和各自组织的有关机密"。由此可见,公共关系职业道德对具有普世价值的"爱国"道德规范赋予了与公共关系职业相关的特定内容和要求。再比如"忠于职守",对公共关系专业人员的语言和服务对象的要求是"避免使用含糊可能引起误解的语言,对目前及以往的客户或雇主都始终如一","不使用任何操纵性方法与技术来引发对方无法以其意志控制因而也无法对之负责的潜意识动机"等。这些道德规范和行为要求,对公共关系职业应尽的责任、义务等方面作出了明确的具体规定,针对性强,易于操作,形

成了公共关系职业道德规范的鲜明特征。

三、公关职业道德的价值取向

公共关系职业道德的价值取向，必须站在全社会的高度，符合社会的期望和道德的义务要求，同时有益于公共关系专业人员和整个公共关系职业的发展与提高。这就意味着公共关系专业人员扮演"组织的良心"和"社会道德卫士"的职业角色。他们的任务是促使组织以公众利益为导向，履行社会道德责任和道德义务。以此为价值取向，能够推进公共关系职业道德的发展与完善。

1. 公共关系职业道德与公共关系职业行为相同步

公共关系职业道德规范是约束公共关系专业人员行为的准则，目的是提高公共关系活动的实效，更好地建设和维护协调公众关系，赢得更大的发展空间。按照公共关系职业道德的要求开展公共关系活动，保证组织行为的公开性和公益性，这样组织才能得到公众的信任、支持与合作，进而有利于组织的更好发展。相反，公共关系职业行为以牺牲公众的福祉为代价，为特殊利益集团谋取利益和开展传播活动，这样的公共关系职业行为不仅不符合公共关系职业道德的要求，会被公众所抛弃，而且不利于公共关系专业人员履行职业责任和组织的发展进步。

2. 公共关系职业道德与社会道德价值观相一致

社会道德价值观是确立各行各业职业道德的理论基础，公共关系职业道德是社会道德价值观在公共关系职业领域的应用。因此，任何一个公共关系专业人员的职业道德行为都是为了公众和组织创造最大利益，对于那些偏离公共关系职业道德准则的公共关系行为应予以批评与纠正，以保证公共关系行为的道德价值取向与社会道德的价值导向一致。

3. 公共关系职业道德与社会环境相协调

公共关系职业道德有助于社会组织不断适应变化的公众和环境的需要，保证组织行为与社会环境相协调，尤其是在公共关系职业行为不再符合公众利益时，能及时改变其负面行为，按照公共关系职业道德准则的要求，规范和约束自身的行为，从而促进组织发展，实现公共关系的社会责任。

4. 公共关系职业道德与和谐公众关系构建相统一

公共关系职业道德实践通过道德行为和中介，以真实信息的共享代替小道消息的误传,以和谐代替分歧,以利益协调代替矛盾对立,筹集资金开展慈善事业,设置帮困助学基金,减少对残疾人、妇女、儿童的歧视;经济组织为投资者提供利润分成,为员工提供工作以及为消费者提供商品和服务;这些必然有利于和谐公众关系的建设,能够减轻社会功能失调的程度。

第二节 公共关系职业道德要求

伴随着现代市场经济的不断发展,各类组织企业面临着越来越激烈的竞争。为了保持高水平的竞争力,各类组织需要在公众面前塑造良好的形象,建立和维持和谐的公共关系。这正是企业公共关系专业人员追求的工作目标。近年来,公共关系活动延伸到社会的各个角落,从事公共关系职业的人员也在不断增加,他们所遇到的问题与挑战也越来越多。在特定的组织环境中,公共关系专业人员的身份特殊,作为社会组织与公众之间的桥梁,他们的言行必须对公众和组织的共同利益负责。很多时候,企业与公众之间的利益并非一致,而公共关系专业人员应当及时和正确地帮助组织协调二者之间的利益关系,力求实现互利共赢。正由于这种身份上的特殊性,决定了公共关系专业人员有着多视角的职业道德要求。

一、遵守基本的社会道德规范

在现实社会中,公共关系专业人员作为社会的一员,生活在社会大家庭中,当公共关系专业人员加入某个组织或代表某一组织开展公共关系工作时,他们首先需要遵循的应该是社会的基本道德规范。因为公共关系工作要塑造组织良好的形象必须符合社会道德规范要求并能获得公众的认可和信任。无论是开展信息传播,还是进行公共关系危机管理等,公共关系专业人员都必须考虑是否与基本的道德规范相冲突。公共关系专业人员不能借口为组织着想而违背社会基本道德规范,即不能损害社会整体和公众的根本利益。如若善恶颠倒,不顾社会长远发展和公众的合理诉求,所开展的公共关系活动必然无法得到社会及公众的信任和社会舆论的认可,组织的良好形象不仅无法形成,而且会妨碍组织的可持续发展,甚至危及组织的生存。

二、坚持真实传播、实事求是的原则

公共关系活动是一个有组织、有计划的传播、沟通和协调的过程。要让公众

高效而准确地接受组织所传播的信息,达到预期的效果,其操作过程除必须符合法律、道德、习俗等方面的准则外,还要求从事公共关系活动的组织及人员始终坚持实事求是的原则,一切从实际出发,合乎公共关系规律,所宣传的内容是真实的。"真实"是公共关系工作的生命所在,是公共关系职业道德的最基本的要求,缺乏"真实",就不能取得公众的信任和支持,就不能有效地开展公共关系工作,必然导致公共关系工作的失败。一百多年前,美国著名的"公共关系之父"艾维·李开辟公共关系职业的新阶段,其思想的本质就是"讲真话"、"公众必须被告知"。将"真实传播"作为现代公共关系的灵魂,标志着现代公共关系从诞生那天起就以诚信作为立业之本。公共关系组织及公共关系专业人员在所有的公共关系活动中都应当力求信息传播真实、准确,以公正和诚信的态度对待公众,实事求是地开展公共关系活动。对违背真实传播、不执行实事求是原则的组织及个人要及时予以制止,并通过行业组织采取相应惩处措施以保证公共关系职业的纯洁性。

三、兼顾各方利益,实现共赢

现代社会,任何社会组织在生存和发展的过程中,都必须承担一定的社会责任,即通过提供产品或服务来满足社会的需求,在优先维护社会和公众利益的基础上实现自己的发展目标。公共关系行业亦如此。公共关系行业通过为相关公众提供公共关系服务来满足社会的需求,实现组织发展的目标。恩格斯说:"每一个社会的经济关系首先是作为利益表现出来。"公共关系要在市场经济条件下生存与发展,就必须兼顾各方面的利益。也就是说,一个社会组织在其运作经营中,既要考虑自身的利益,又要考虑公众的利益,特别是生态环境乃至整个社会的利益。只有达到了各方利益的一致,寻求双方或多方的共赢,才能实现自身的发展。为了达到这一目的,公共关系组织及公共关系专业人员所要做的就是在坚持社会整体利益和效果的原则下来协调组织与公众的利益,一定"不能为了私人利益而散布假信息以从中谋取利益,骗取公众的信任,影响公共关系工作的信誉"。当然,在现实环境中,组织利益与公众利益难免发生冲突,此时,如何兼顾两者利益是公共关系专业人员面临的难题。爱德华·伯内斯早在1923年就指出:"公共关系工作是为了赢得公众的赞同,公共关系应首先服务公共利益。"因此,公众利益应该置于公共关系活动首位。一般来讲,无论是整个公共关系行业还是每位公共关系专业人员,公众对他们的可信赖度取决于他们所做的事是否符合公众利益的道德原则。公共关系专业人员在从事公共关系活动中必须重视公众的利益,兼顾各方的利益,最终以各方的共赢作为根本目标。

第三节 公共关系职业道德内容

公共关系职业道德是社会职业道德的一部分,它和其他社会职业道德规范相互补充,指导和要求公共关系专业人员遵守本职业岗位的道德规范,履行职业责任和道德义务。它的基本内容可以概括为以下几个方面:

一、爱岗敬业

爱岗敬业是公共关系职业道德的基本要求。爱岗就是干一行、爱一行,安心本职工作,热爱自己的工作岗位,就是把公共关系部、公共关系公司看成自己的组织,把自己看成社会组织的一分子,尽心尽力地去努力工作。敬业是通过对公共关系业务的刻苦钻研,对公共关系技能的精益求精,对公共关系职业工作的极端负责任,即通过对公共关系职业的乐业、勤业、精业表现出来。特别是精业,公共关系专业人员只有精通公共关系业务,才能成就自己的事业,有所发明,有所创造。爱岗和敬业是紧密联系在一起的。敬业是爱岗情感的表达,是爱岗意识的升华。

爱岗敬业对公共关系专业人员来说,既是职业道德的要求,也是一种神圣的职责。它要求公共关系专业人员热爱公共关系职业,具有崇高的事业心和责任感,在开展公共关系活动时,要恪尽职守,认真负责,一丝不苟,任何马虎敷衍、玩忽职守都是公共关系职业道德所不允许的。爱岗敬业要求公共关系专业人员维护公共关系职业的纯洁性,抵制形形色色轻视与贬低公共关系职业的言行,特别是对"假公共关系"、"伪公共关系"、"庸俗公共关系"进行大胆无情的揭发和针锋相对的斗争,以实际行动建立和维护公共关系职业的正当性和纯洁性。

二、诚实守信

诚实守信是公共关系职业道德的基石,也是公民道德规范的重点。其中,诚实即真诚、诚恳、真心实意;信即信誉、信用。古人云:"人无信不立","人而无信,不知其可也"。所以,"诚信"涉及价值观的问题,是公共关系专业人员和社会组织良好形象得以建立的基石和突出特征。诚实守信,在公共关系活动中就是要做到言行一致、恪守诺言。海尔集团总裁张瑞敏认为,"质量是产品的生命,信誉是企业的灵魂",海尔就是将"真诚"注入每个员工的心里,员工又把真诚注入每件产品上,最后将"真诚"注入成千上万的消费者心中。公众在享受海尔产品的同时,也在感受海尔人的真诚,而这正是公共关系职业道德的灵魂。相反,在国际上享有盛名的全球五大会计事务所之一——美国安达信会计公司,因为在审计活动中弄虚作假,并与安然合伙作假,亵渎了诚信的职业道德,结果导致彻底败落,安达信CEO迫于公众的压力,也宣布辞职。美国著名科学家富兰克林在《给一个年轻商人的忠告》中,不仅提出了"时间就是金钱"的命题,而且强调"切记""信用就是金钱",还说"影响信用的事,哪怕十分琐屑也得注意"。

三、服务公众

服务公众,满足公众要求,尊重公众利益是公共关系职业道德要求的目标指向最终归宿。它反映了公共关系职业道德的本质,是公共关系和谐发展的关键与基础。商业组织在产品营销和售后服务过程中,需要公共关系专业人员确立服务公众的职业道德意识,竭诚为购买者、消费者、用户服务,这不仅是社会组织应该遵循的伦理规范,也是公共关系专业人员必须履行的职业道德责任,是做好本职工作的重要前提条件。在现代市场经济与信用经济条件下,一般社会组织和公众不仅是平等的,而且愈来愈要求组织更好地为公众服务。服务公众就是要求公共关系专业人员设法满足公众的要求,处处为公众的实际需要着想,尊重公众的利益,取得他们的信任和信赖。

四、办事公道

办事公道是公共关系专业人员处理内外公众关系的重要行为准则。在开展公共关系活动时,公共关系专业人员应自觉遵守社会组织的处事原则:平等待人,秉公办事,清正廉洁;不允许违法乱纪、厚此薄彼、滥用职权、损人利己、损公肥私。一视同仁是办事公道的具体表现,不论是领导、熟人、朋友,还是陌生人、不同意见者、竞争者,在提供公共关系服务时,都应平等对待,按章办事,周到服务,这是公共关系职业道德的基本要求。与此同时,公共关系职业在与其他职业协同活动中,也要互相关照,承担相应的责任,相互扶持,兼顾国家、组织、公众的利益,追求社会公平、正义。

五、维护信誉

信誉中的信,即相信、信任,誉即名誉、美誉,两者是有机统一的。市场经济既是竞争经济又是信用经济。信誉是组织的立身之本,也是公共关系职业道德的基本要求之一。公共关系专业人员在与公众交往过程中,作为组织的代表,必须注重自身的言而有信、言行一致,对公众作出的承诺必须努力践行,朝秦暮楚、反复无常或损害组织的信誉,不符合公共关系职业道德的要求,也是公共关系职业行为所不允许的。在一些发达的国家中,公共关系公司对雇员的信誉要求是非常严格的,有时候在我们看来甚至是残酷无情的,有些小题大做。但是,他们都非常重视公司雇员在为客户服务时的一举一动、一言一行对公司信誉带来的影响,规定公共关系专业人员必须具有维护组织信誉的职业能力和道德品行。

六、严守机密

公共关系专业人员在服务公众、客户的过程中,由于开展工作的需要,必然会了解客户的许多内部情况,如果不能很严格地为客户保守业务秘密,则会对客户的利益和发展造成损害,引发官司或争执,进而使个人和组织处于被动地位。因此,公共关系专业人员应具备为客户严守机密的职业道德品质。在开展国外公共关系时,对涉及国家的经济安全及国家资源开发、政策制定、金融往来等业务应严守秘密,顾全大局,绝对不能泄露秘密而有损国家和客户的利益。《中国公共关系职业道德准则》第十条明确规定:"公共关系工作者在国内外公共关系实务中应该严守国家和各自组织的有关机密。"这一职业道德准则要求公共关系人员必须强化保密意识,在公共关系工作中切实为维护客户、为国家利益而严守机密。

第四节 公共关系职业道德意义

随着中国对外开放和经济的起飞,公共关系职业有了迅猛的发展。早在1999年,原国家劳动与社会保障部就已将公关员作为一门新职业列入了《中华人民共和国职业分类大典》,标志着国家正式承认公共关系职业。然而,公共关系事业在蓬勃发展的同时也带来了各种各样的问题。进入21世纪的几年里,企业公共关系危机事件层出不穷,涉及企业声誉方面的危机事件大幅度上升。许多企业在诚信度和对相关法律法规的遵守力度、社会责任履行等方面出现诸多问题,直接或间接地导致了企业危机的密集性爆发。举国震惊的三鹿毒奶粉事件重创了国内奶制品行业,也给公共关系行业带来了形象危机。三鹿婴幼儿奶粉含三聚氰胺被媒体曝光之后,一份由某家公共关系代理公司为三鹿公司炮制的"危机公共关系提案"在网上广为流传,因为三鹿事件本身具有的广泛影响,也因为该"提案"对人性的极端冷漠和对专业的无知亵渎,公共关系行业面临前所未有的信誉危机。一波未平,一波又起,三鹿毒奶粉事件引发的百度搜索门事件还没平息,蒙牛雇用网络公共关系公司打击对手事件又进一步引发社会对公关系行业的不信任,使正在成长中的中国网络公共关系面临重大危机。这一系列危机的背后正说明,在社会发展以及公共关系快速发展的特定社会环境中,公共关系行业发展的不平衡,行业从业者素质的良莠不齐,部分公共关系组织和公共关系专业人员缺乏行业自律以及对于公共关系职业道德规范的漠视,直接导致了这一连串的公共关系行业危机,严重影响了公共关系公司及其专业人员的形象。英国著名公共关系专家弗兰克·杰夫金斯曾说:"我们生活在一个公共关系极度敌视的世界。敌视的主要原因就在于人们在公共关系活动中偏离甚至丢弃了道德规范,这样,不但使人们对公共关系产生抵触情绪,还导致了公共关系自身陷入困境。"因此,在建立社会主义市场经济秩序,加强全社会诚信建设,重塑公共关系行业形象,维护中国公共关系行业健康发展的今天,对公共关系专业人员进行职业道德教育就显得尤为重要。

一、提高专业人员职业道德修养,形成良好的职业道德习惯

每一种职业在长期的社会实践中都会逐渐形成自己特有的职业规范,以此指导、调整和改善专业人员的职业行为,确保本职业的繁荣发展。公共关系是一种崇高的职业,也有其特有的职业规范和道德准则。1999年,国家劳动和社会保障部正式认可公共关系职业,在其"公关员"职业资格标准中对公共关系职业道德规范提出了8条原则性规定。由于公共关系专业人员在其从业过程中,通过掌握各种沟通传播技术,能对各种人群产生重大的影响,在公共关系活动过程中,是否具备良好的职业道德品质,能否将公共关系职业道德作为规范组织及个人行为的基本准则,将关系到客户利益、公众利益及社会广泛利益,关系到公共关系这种职业的生存与发展,因此,国家对公共关系专业人员提出了明确的职业道德要求。职业道德修养是指在各种岗位上工作的人员为掌握一定的职业道德原则和规范而主动、自觉地进行自我锻炼和自我改造以及所达到的道德品质、理想境界。公共关系专业人员职业道德修养的根本目的在于通过对公共关系职业道德的学习,使每一个公共关系专业人员能够结合自己职业的特点,在公共关系实践中,把公共关系职业道德规范转化为个人内心的要求和坚定信念,逐步形成良好的职业行为和职业习惯,成为具有高尚职业道德品质、能够根据职业要求提供公共关系服务的公共关系专业人才。

二、提高公共关系行业声誉,维护公共关系行业形象

首先,公共关系行业或企业的声誉,是指公共关系公司的服务在社会公众中的信任程度。提高企业的信誉主要靠产品的质量和服务质量,而专业人员职业道德水平高是产品质量和服务质量的有效保证。若专业人员职业道德水平不

第十章 公共关系职业道德

高,很难生产出优质的产品和提供优质的服务。一些缺乏公共关系职业道德和良知的组织和专业人员在逐利过程中的卑劣行径对公共关系行业造成了恶劣影响,严重损毁中国公共关系行业经过近三十年的努力才建立起来的形象。因此,对公共关系专业人员进行公共关系职业道德教育,要求公共关系组织及其专业人员严格按照公共关系职业道德进行自律,提高公共关系行业的声誉,维护公共关系行业形象,已成为中国公共关系行业的当务之急。

三、提高经济效益,促进中国公共关系事业健康发展

全球公共关系联盟主席吉恩瓦兰认为:"会员的职业道德标准不仅推动了行业的发展,而且能够使个人在市场里建立起更高的信誉度。"行业、企业的发展有赖于高的经济效益,而高的经济效益源于高的员工素质。员工素质主要包含思想道德素质、科学文化素质、专业技能素质和身心健康素质,其中,责任心是至关重要的。据估计,我国目前从事公共关系行业的在职人数近万人,受过正规培训的公共关系专业人员有两三万人,加上受过公共关系普及教育的人数,有四五十万之众。这么一个庞大的群体其成员难免良莠不齐,而近年来社会上出现的各种公共关系危机事件、公共关系诚信问题都发人深省,所以,加强公共关系专业人员的职业道德建设必须进入实际工作日程。公共关系活动虽然是一种社会活动,但它同时又是一种道德活动。公共关系的职能之一就是塑造和传播组织的良好形象,其中就包括职业道德建设这一要素。具体承担这一职责的有关人员理所当然地应该具有良好的道德品质。要注意处处用职业道德准则来规范自己的行为,用专业的技能和高度的责任心为公众提供最优质的公共关系服务,从而为行业建立良好的声誉和形象,为公共关系行业发展营造良好的生态环境,以赢得社会公众的信任和支持,为公共关系组织带来高的经济效益和社会效益,带动公共关系事业的快速健康发展。

四、应对新媒体挑战,为公共关系事业发展保驾护航

当人类进入 21 世纪第一个十年的时候,世界真正进入了新媒体时代。随着公共关系传播技术的飞速发展,公共关系事业的发展也面临新的挑战和机遇。当前首要的挑战就是如何应对因媒体道德与法律、法规在网络媒体方面存在空白而出现的网络公共关系危机。网络媒体的发展为公共关系专业人员对组织信息传播带来了互动、公众参与、媒体形式和内容多样化等许多方便的同时,也带来了许多新媒体道德和法律的空白。当众多的网络红人在网络推手们的"新闻策划"下,以无视社会伦理道德和法律的各种怪异形象尖声怪叫着向公众扑来的时候,网络传播道德与法治的问题也随之而来。是坚守公共关系职业道德真实

诚信传播，还是凭空制造以吸引公众的眼球？是坚守社会伦理道德捍卫公共关系行业的纯洁公正，还是寻找法律空白甚至违反法律规定利用新媒体迅速达到获利目的？这个问题不能不引起公共关系行业和公共关系专业人员的高度重视。是不择手段地获取金钱，还是坚持公共关系行业和职业的道德原则、依法开展公共关系实务，已成为从业者和公共关系公司必须抉择的重大问题。在依法治国的大背景和现实社会条件下，新媒体不能因有虚拟特点而成为不受法律约束的世界，公共关系公司和公共关系专业人员应当在依法开展公共关系活动的同时，积极地用自己行业和职业的道德行为，为公共关系事业的有序健康发展贡献力量。

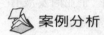
案例分析

【案例】
危机公共关系不是"丑闻消音器"

危机公共关系要有法律底线和道德操守，不能把推卸责任、误导舆论和"金钱公共关系"当成法宝。

中国国际公共关系协会发布的调查报告显示，网络公共关系运作及危机公共关系处理已成为份额增长最快的业务。以大企业、政府及城市为主要客户的公共关系服务需求正逐步增加，此类业务约占公共关系行业总业务的三成。

这个"激增"，让人喜忧参半。

喜的是，一些地方政府和企业改变了对突发事件的"鸵鸟政策"，开始重视与公众进行沟通，重视对公众关切的问题及时作出回应，希望通过网络公共关系运作来引导舆论、化解困局。与过去的"习惯性沉默"相比，这是一种进步。实践证明，公共关系方法运用得当，可减轻危机给地方和企业带来的声誉损害。

忧的是，一些人片面理解了公共关系的内涵，以为危机公共关系处理就是利用网络等媒体"摆平"和"搞定"公众舆论。而不少网络推广公司也常为自己能"成功引导互联网上的舆论导向"而得意，其背后的"奥秘"，就是通过控制论坛和网络水军来操纵舆论。

去年沸沸扬扬的蒙牛公共关系事件，是业内利用网络水军"抹黑"的典型行为；2010年下半年发生的"双汇瘦肉精万人道歉大会"闹剧，更是一场试图"抹红"却适得其反的公共关系丑闻：年逾七旬的双汇董事长鞠躬道歉，有经销商甚至在现场高喊"双汇万岁"。中国国际公共关系协会负责人向媒体透露，这次"表演"是网络公共关系公司的手笔。出了问题，企业不是忙着给消费者损失一个说法，却忙于计算自身损失，企图通过"表演"蒙混过关——危机公共关系处理异化为"秀"意十足的"表演",引来的只能是更大危机。

危机一旦出现,邀请专业公共关系机构参与应对,组织公共关系活动,这本身不是问题。但危机公共关系有一个前提,就是以诚恳、诚实的态度面向公众,不回避问题和错误,更不是通过拙劣的表演欺骗公众。仅靠公共关系手段掩盖问题绝不可能真正化解危机。那些只会"捂盖子"、花钱"删帖子"而不是忙着解决问题、舒缓公众情绪的做法,无疑是本末倒置的败笔。事实证明,"秀"出来的危机公共关系不是、也成不了真正的"丑闻消音器"。只有真诚地道歉、及时地弥补、积极地查处、主动地改进,才能及时挽回形象;也只有积极承担企业的社会责任,才能赢得消费者的同情和理解,重新找回公众的信任与尊重。

危机公共关系处理、网络公共关系运作的火爆,从某种程度上说,是社会的进步,是政府部门和企业成长的需要。可是,公共关系要有法律底线和道德操守,不能把推卸责任、误导舆论和"金钱公共关系"当成法宝。当然,这不仅需要公共关系行业加强自律,更需要"出事"企业、政府以正确的态度和方法,找到真正的"丑闻消音器"。

(资料来源:《人民日报》)

【探讨】
结合以上案例,试述公共关系职业道德的特征和目前面临的困境是什么。

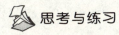
思考与练习

一、思考题

1. 公共关系职业道德的特征有哪些?
2. 公共关系职业道德有哪几点要求?
3. 在"服务至上"的观念已深入人心的今天,公共关系专业人员应如何做到服务公众?
4. 公共关系职业道德有什么重要意义?

二、辨析题

履行社会责任是公益性组织的职责,营利性组织的运行目标是利润最大化,不需要履行社会责任。你同意这个观点吗?为什么?

第十一章

公共关系专业人员礼仪修养

内容提要

公共关系专业人员礼仪修养必须经历主动学习、反复实践提高的过程,这种修养绝不是天生的,也非一朝一夕所能完成的。因此,公共关系专业人员都应当加强公共关系礼仪修养,了解组织的礼节仪式和国外礼俗风情,提高公共关系礼仪素质,以推动公共关系事业的更快发展。

主题词

礼仪修养 仪容仪表 礼节仪式 礼俗风情

第一节 公共关系专业人员礼仪修养的道德要求

一、礼仪修养的含义

1. 礼仪修养

礼仪修养就是指个体在一定的社会风气和道德环境下,为了达到一定的社交目的,主动学习礼仪文化知识和行为规范,并进行不断的锻炼和改造,从而形成良好的礼仪品质和礼仪水平。

从个人修养的角度看,礼仪修养是一个人们自我学习、自我养成、自我提高的过程,是通过有意识的学习、仿效、积累而逐步达到的境界。

2. 公共关系礼仪修养

公共关系礼仪修养就是指为了塑造组织和自身的良好形象,公共关系专业人员对于自己在公共场合应遵守的公共关系礼仪规范的自觉认识、自觉遵守、自觉提高与完善的学习实践活动过程及高度。

在现代社会生活中,社会组织与公众之间、组织与组织之间、公众与公众之间以及人与人之间的交往活动日益频繁,公共关系专业人员在公共关系活动中扮演着重要的角色,也起着重要的作用。公共关系专业人员必须全面提高自身的礼仪文化素质水平,加强仪表仪式礼节等方面的修养,塑造良好的个体形象。

二、公共关系专业人员礼仪修养的道德要求

1. 忠诚的品格

忠诚,是公共关系专业人员确立礼仪形象最重要的因素。它包括公共关系专业人员对所服务的组织的忠诚、对公众的忠诚以及对公共关系职业的忠诚。

(1)对组织的忠诚负责。公共关系专业人员在制定公共关系计划、策划公共关系活动方案和实施公共关系计划或方案的过程中,都要有对组织负责的精神,而不应有任何敷衍行为。对专业公共关系公司的从业人员而言,还应该具有对委托组织忠诚负责的品行。

公共关系专业人员必须实事求是地及时向领导汇报公众对组织的意见,不得出于自己的主观需要任意改变公众意见,给组织形成一个虚假的印象。

公共关系工作是社会组织的一项管理活动,必须接受组织最高领导层的统一指挥和管理。任何公共关系专业人员都必须对上司予以应有的尊重、支持和配合。专业公共关系公司的从业人员不得干涉委托人或客户的内部业务,"干涉他人内政"是越权行为,也是一种无礼的表现。公共关系公司的从业人员未经委托人或客户同意,不得同时为利益相互冲突的委托人或客户服务。公共关系专业人员不得泄露委托人或客户的任何内部信息。

(2)对公众的忠诚。公共关系专业人员应当尽心尽力地维护公众的利益,不得以虚情假意去欺骗公众;要如实地向公众报告事关他们权益的信息,尊重公众的合理诉求,不干扰他们维护自身正当权益的行为。

公共关系专业人员对公众要言必信、行必果,对自己发布的信息、签订的合同、承诺的事情要千方百计去实现,不得出尔反尔,不得以不道德的手段去骗取公众的信任,更不得乘人之危或以掌握客户的秘密作要挟。

公共关系专业人员不得因利害关系不同而故意奉承一部分公众、歧视另一

部分公众。例如,在公共关系接待工作中,公共关系专业人员不能因为某些公众所代表的组织没有显赫的地位就怠慢他们,而去巴结地位显赫、与本组织利害关系较大的公众,或是显得特别热情。这不仅有损公共关系专业人员正直平等待人的形象,而且不利于组织赢得更多公众的好感与合作。除此之外,公共关系专业人员切忌把个人意愿强加在公众头上,要尊重公众的人格和意愿。

(3)对公共关系职业的忠诚。公共关系专业人员对公共关系职业的忠诚,是指公共关系专业人员对所在工作岗位的热爱、坚守和对公共关系事业目标的执著追求及真诚奉献。公共关系专业人员要有强烈的事业心和责任感,努力提高其公共关系业务水平,忠于职守,认真负责,做好每一项具体工作,在公众面前树立忠诚的礼仪形象。

2. 宽容的心态

宽容是一个人具有优良心理素质和高尚思想道德品质的标志之一,是公共关系专业人员礼仪形象中的一个重要因素。

社会组织与公众之间在具体利益上有时会出现矛盾,并以纠纷等形式表现出来。解决组织与公众的矛盾和争端,恢复和建立两者的良好关系,是公共关系专业人员义不容辞的责任。如果碰到这种情况,在处理问题时,公共关系专业人员只站在组织立场上一味地据理力争,得理不饶人,会引起公众的反感和对抗情绪,使矛盾进一步激化。这很不利于社会组织与公众之间建立和谐的关系。善于求同存异,得理让人,能饶人处且饶人,以宽容的态度对待公众,是公共关系专业人员应该具有的心态,有利于形成良好的礼仪形象。

在公共关系活动中,公共关系专业人员的宽容和大度还体现在尊重公众的个性、理解公众的思想而不强求公众与组织或公众与公共关系专业人员保持高度一致。公共关系强调公共关系专业人员要尽力为公众和社会提供有益的服务,组织的行为要符合公众的利益和需要。公共关系专业人员在策划公共关系活动时要为公众着想,应当尽量避免公众利益与组织利益发生冲突,如果有矛盾和冲突则应进行适当的调解,在无法实现总体上协调一致时,要善于求同存异。如组织有必要作出利益牺牲,公共关系专业人员应当以恰当的让步取得公众对组织的支持和信任。这是由公共关系的公益性特征所决定的,也是公共关系专业人员宽容心态的体现。

3. 公平的原则

公平,即公正和平等,这是市场经济中重要的行为准则,也是整个市场体系有序运转的重要保障。公平原则是公共关系专业人员必须遵守的礼仪规范。公正,是一种道德意识,是指在处理人们的工作与回报、权利与义务之间的关系时,要正直和公道。公共关系专业人员在公共关系活动中应力求为人处世公平、公正,体现公道无私的优秀思想道德品质。

(1)公道平等。公共关系专业人员在公共关系活动中要主持公道,无论面对的是哪一类公众,都应当一视同仁,平等对待。组织所面临的公众各具特点,虽然它们有的是国家政府机关,而有的只是普通的民间团体;有的是政府要员,而有的只是普通公民;有的是与组织利益攸关的经济实体,而有的只是微不足道的小公司,但它们都是公众,地位应是平等的。任何一个公共关系专业人员都不能对与己关系不太和睦或影响不大的公众不屑一顾,对关系密切、利益攸关的公众极力巴结、百般奉承。

(2)正直无私。公共关系专业人员在公共关系活动中,代表的是社会组织和公众的正当利益,所做的是公开透明的交流、沟通、协调工作,所以在为组织或公众办事时,应当大公无私、正大光明、合理合法,不能借助手中的特殊权力或以掌握组织或客户的资料、秘密为工具从事不正当活动,如要挟组织、向客户索取不合理的报酬等。公共关系专业人员在策划活动时要真正做到一切为公共利益服务;搞歪门邪道,只顾个人名誉、利益的公共关系专业人员在公众心目中是不会有好印象的。

(3)顾全大局。组织开展公共关系工作的直接目标不是经济效益,而是取得社会效益,即提高组织的知名度和美誉度,为此,公共关系专业人员应当把社会整体利益、大多数公众的利益作为策划活动的出发点。社会组织要经常组织公益活动,为社会公众服务。当社会组织的利益与公众的利益相冲突时,公共关系专业人员应当采取适当的方式满足公众的需要,即顾全大局,求得组织利益、公众利益和社会长远发展的有机统一。

第二节　公共关系专业人员礼仪修养的内容

一、个人礼仪修养内容

仪容主要是指一个人的容貌,它是由发型、面容以及体型等内容构成的。其重点则是指人的面貌。在人际交往中,每个人的仪容都会引起交往对象的特别关注,并将影响到对方对自己的整体评价。仪表是指人的外表,包括人的容貌、姿态、风度、服饰和个人卫生等方面,它体现人的精神风貌。

对一个人来说,天生丽质是令人喜欢的自然条件,但如果不懂得珍惜、爱护,衣着不整,也会使自己的形象黯然失色。仪容仪表虽是人的外表,但它在一定意义上能反映出一个人的修养、性格等特征,容貌俊秀、仪表端庄、整洁大方,不仅能给自己带来自信,还能赢得他人的尊敬,在社会交往中会给人留下鲜明的印象。所以,注重仪容仪表是一个不容忽视的问题,公共关系专业人员的仪容仪表不仅是个人形象问题,从一个侧面代表了组织的形象。

1. 仪容装饰

(1)发式之美。头发整洁、发型大方是个人礼仪对发式美的最基本要求。整洁大方的发式易给人留下神清气爽的印象,而披头散发则会给人以萎靡不振的感觉。一般来说,发式本身无所谓美丑,无论男女,只要一个人所选的发式与自己的脸型、肤色、体型相匹配,与自己的气质、职业、身份相吻合,就能显现出真正的美。

(2)面容之美。面容是人的仪表之首,也是最为动人之处。由于性别的差异和人们认知角度的不同,使得男女在面容美化方式方法和具体要求上有着各自不同的特点。

男士应养成每天修面剃须的良好习惯,保持卫生,不管是留络腮胡还是小胡子,整洁大方是最重要的,切忌胡子拉碴去参加各种社交活动,尤其是外事活动,因为这关系到对他人的尊敬。女士面容的美化主要采取整容与化妆。整容非个人自行所能完成的,因此一般选择化妆。一般女士略施粉黛,职业工作妆以淡雅、清新、自然为宜。切忌在脸上涂一层厚厚的粉底,嘴唇鲜红耀眼。工作场所不要当众补妆。

(3)颈部的美化。颈部是人体最容易显现一个人年龄的部位,平时要和脸部一样注意保养。有时,女性会用项链、围巾进行装饰。

(4)手部的美化。手面、手指和指甲的美,与人体其他部位的美一起组成了人体的美,手暴露在服饰之外,极易被他人所注意。要养成勤洗手勤剪指甲的良好习惯,女性若涂指甲油一定要谨慎选择色彩。

2. 服饰礼仪

服饰是人形体的外延,包括衣、裤、裙、袜、帽、手套及其他各类服饰。服饰又是一种无声的语言,它蕴含着一个人的个性、身份、涵养及心理状态等多种信息。服饰打扮的原则主要有:

(1)整洁原则。这是服饰打扮最根本的要求。一个穿着整洁的人总能给人积极向上的感觉,总是受人欢迎;而一个衣衫褴褛、肮脏不堪的人,给人的感觉总是消极颓废的。

(2)个性原则。由于年龄、性格、职业、文化素养不同,人们自然就会有不同的气质。因此,服饰的选择既要符合个性气质,又要能通过服饰凸显个性气质。

(3)和谐原则。美的最高追求是和谐。服饰的和谐美表现在:一是服饰应与自己的社会属性(即职业、社会地位、文化修养等)相和谐;二是服饰应与自己的自然属性(即年龄、体型、肤色、发型、相貌特征、性格特征等)相和谐。服饰打扮首先应考虑自己的社会角色。比如超短裙穿在青春少女身上,倍显亮丽活泼,而穿在女教师身上,则会引起非议,并有损教师的形象;而政府官员、公司职员穿上乞丐服,同样不可理喻。一般情况下,穿着保守些可以反映严谨的格调,有利于塑造个人和组织的良好形象。

3. 着装的 TPO 原则

TPO 原则是国际上公认的穿衣原则。TPO 是英文 Time(时间)、Place(地点)、Object(目的)三个单词的缩写。

(1)T 原则,是指服饰打扮应考虑时代的变化、四季的变化及一天各时段的变化。服饰应顺应时代发展的主流和节奏,不可太超前或太滞后;服饰打扮还应考虑四季气候的变化,夏季追求轻松凉爽,冬季注意保暖舒适,春秋两季应适时增减衣服并防风;服饰还应根据早中晚气温的变化及是否有活动而作相应调整。

(2)P 原则,是指服饰打扮要与场所、地点、环境相适应。在严肃的写字楼里,小姐穿着拖地晚礼服送文件,将是什么情景?在工作场所就应穿职业装,回到家里就应穿居家服,不同的时空场合应选择不同的服饰。

(3)O 原则,是指服饰打扮要考虑此行的目的。参加国事活动,服饰打扮自然要稳重大方;而与女友蜜月旅行,则应穿得轻松舒适些。

总之,TPO 原则的三要素是互相联系、相辅相成的。人们总是在一定的时间、地点、为某种目的进行活动,因此,服饰打扮一定要合乎礼仪要求,这是工作、事业及社交成功的条件之一。

二、组织礼节仪式内容

仪式礼仪,是现代社会的重要社交方式。在现实生活里,我们接触到的仪式很多,诸如签字仪式、剪彩仪式、交接仪式、庆典仪式等,都是非常郑重的社交活动,气氛要么隆重,要么庄严,要么神圣,要么肃穆。无论是哪种仪式,主办方及其公共关系专业人员必须遵守一定的流程和礼仪惯例,其代表人物和相关的工作人员在仪式上的形象、举止、言行往往会影响他人对个人、组织的印象或评价。仪式礼仪也是组织方对内营造和谐氛围、增加凝聚力,对外协调关系、扩大宣传、塑造形象的有效手段。因此,讲究仪式礼仪是现代公共关系活动的客观要求,也是组织成功的要素之一。

1. 迎送仪式

迎来送往作为常见的社交礼节,在社会交往和组织交往中是不可缺少的。对待来访客人,应视其身份、国家或组织间的关系状况、活动的性质等因素,安排相应的迎送仪式。

(1)迎送仪式前的准备主要有:

一是确定迎送规格。迎送规格可遵循国际惯例。主要迎送人员通常与来宾身份相当或者相差不大,尽量做到对等、对口。主要迎送人不能出面时,应从礼貌角度出发向对方解释清楚,以免产生误会。其他的迎送人员不宜多。有时,为发展双方关系和政治需要,也可破格接待。

二是掌握迎送时间和地点。迎接客人必须在来宾乘坐的飞机(火车或轮船)抵达之前到机场(车站或码头)等候,送行则应在客人登机前到达机场(车站或码头)。因此,必须准确掌握客人乘坐的飞机(火车或轮船)抵达和离开的时间,及早通知全体迎送人员和有关单位,如有变化应及时通知。

尤其要注意迎送的细节。应安排好迎送的车辆、准备献给客人的鲜花,了解对方的背景以及适时调整途中交谈的话题等。

(2)正式迎送仪式的程序。在迎接重要客人时,要安排正式的迎送仪式。迎送一般客人可省去正式仪式,主要是做好各项安排。正式迎送仪式的程序如下:

第一,迎送人员应提前到达。重大迎送仪式,可安排乐队,在客人抵达或离开时,乐队奏乐。

第二,安排献花。如涉外迎送仪式等,通常由儿童或少女在迎送主要领导人士与客人握手之后,将鲜花献上。

第三,相互介绍。双方见面后在行过握手等见面礼节之后,迎接人要与客人之间相互介绍,可由礼宾交际人员介绍,也可由欢迎人员中的身份最高的人介绍。

第四,陪车。客人抵达后,由机场(车站或码头)到安排好的住地,或访问结束由住地到机场(车站或码头),有时需要安排主人陪同乘车。陪车时应请客人坐在主人的右侧,译员坐在司机旁边。上车时,最好客人从右侧门上,主人从左侧门上,以避免从客人坐前穿过。如果客人先上车坐了主人的位置,则不必请客人挪动位置。

第十一章 公共关系人员礼仪修养

2. 洽谈仪式

洽谈是在社会交往中,存在着某种关系的各方,为了保持接触、建立联系、进行合作、达成交易、拟定协议、签署合同、要求索赔,或是为了处理争端、消除分歧而坐在一起进行面对面的讨论与协商,以求达成某种程度妥协的一种形式。洽谈人员在洽谈时,应预备好洽谈的场所、安排好洽谈的座次,并应当注重自己的仪表,以此来显示对于洽谈的郑重其事以及对于洽谈对象的尊重。洽谈时,要注意掌握洽谈原则:

(1)礼敬对方。洽谈应礼敬对方,努力保持文明友好的洽谈气氛。

(2)依法办事。洽谈应以法律为至尊,洽谈中不应搞"人情公共关系",即不与对方无原则地做交易或施行小恩小惠,更不能做违法的事。

(3)平等协商。洽谈时有关各方应在合理、合法的情况下,平等协商,可讨价还价,但不可漫天要价。达成的协议不能显失公平,不能以大欺小或以强凌弱,更不能单方面决定霸王合同内容。

(4)求同存异。洽谈应通过有关各方的相互让步、妥协来达到互利互惠的目的。在任何一次正常的洽谈中,都没有绝对的胜利者和绝对的失败者。

(5)人事分开。在洽谈会上,应当理解洽谈对手的处境,不应对对方提出不切实际的要求,或是一相情愿地渴望对方向自己施舍或回报感情。

3. 签字仪式

现代签字仪式是组织与组织经过会谈、协商,形成了某项协议或协定,再互换正式文本的仪式。它是一种比较隆重的活动,礼仪规范也比较严格。签字仪式不是一种纯礼仪活动方式。签字仪式的举行所形成的协议、条约等,具有一定的法律效力。签字仪式由于涉及组织与组织间的利益关系,往往是会谈、谈判成功的一个标志,有时甚至具有里程碑意义,所以必须进行十分细致的准备。

一是待签文本的准备:

(1)洽谈或谈判结束后,双方应指定专人按谈判达成的协议做好待签文本的写稿翻译、校对、印刷、装订、盖印等工作。

(2)文本一旦签字就具有法律效力,因此,准备文本应当郑重严肃。在准备文本的过程中,除要核对谈判协议条件与文本是否一致以外,还要核对有关证件是否齐全,合同内容与证件内容是否相符等。审核文本,必须对照原稿件,做到一字不漏,对审核中发现的问题应及时互相通报,通过再谈判,达成一致意见,并协商确定签约时间。

(3)在协议或合同上签字的有几个单位,就应为签字仪式提供几份文本。如有必要,还应为各方提供一份副本。

(4)与外商签署有关协议、合同时,按照国际惯例,待签文本应同时使用宾主双方的母语。

(5)倒本,即本方保存的文本,其机构名称、签署人签字,均应置于对方之前。

(6)待签文本通常应装订成册,并以真皮、仿皮或其他高档质料作为封面,以示郑重。其规格一般是大八开,所使用的纸张务必高档,印刷务必精美。主方应为文本的准备提供准确、周到、快速、精美的条件和服务。

二是签字人员的安排:

(1)在举行签字仪式之前,有关各方应预先确定好参加签字仪式的人员,并向其有关方面通报。客方尤其要将自己一方出席签字仪式的人数提前通报给主方,以便主方安排。

(2)签字者的人选应视文件的性质来确定,可由最高负责人签,也可由具体部门负责人签,但双方签字人的身份应该大致对等。

(3)参加签字的有关各方事先还应安排一名熟悉签字仪式的详细程序的助签人,并商定好签字的有关细节。

(4)其他出席签字仪式的陪同人员,基本上是双方参加谈判的全体人员,按一般礼貌做法,人数最好大体相等。为了表示重视,双方也可对等邀请更高一层的领导人出席签字仪式。

三是签字场地的布置:

(1)举行签字仪式的场地,一般视参加签字仪式的人员规格、人数多少及协议中的内容重要程度来确定。一般选择在客人所住的宾馆、饭店,或东道主的会客厅、洽谈室。无论选择在何处举行,都应征得对方的同意。

(2)签字场地的布置,一般是在签字厅内设置长方桌作为签字桌,桌面覆盖深绿色台布,桌后放置两把椅子作为双方签字人座位,主左客右。

(3)座前应陈列各自保存的文本,上端分别放置签字时使用的文具,如签字笔、吸墨器等。如与外方签署协议或合同,还应将各自的国旗布置在该方签字者的正前方。如签署多边性协议时,各方的国旗则应依一定的礼宾顺序插在各方签字者的身后。

四是签字仪式的程序:

(1)参加签字仪式的人员都应注意自己的仪表、仪态,穿着打扮要整洁得体,举止要大方自然。

(2)双方出席签字仪式的人员准时步入签字厅后,签字者按主左客右的位置入座。双方其他陪同人员站在各自签字人身后。主客两方各自以职位、身份高低为序,自中间向两边排列。双方助签人员则分别站在己方签字者的外侧,协助翻揭文本,指明签字处,并为已签署的文件吸墨防洇。签字时,按国际惯例,遵守轮换制,即签字者首先在各自保存文本的左边首位处签字,然后由助签人员互相传递文本,并相互握手致意,其他出席人员鼓掌祝贺,同时,礼仪小姐端上香槟酒,供双方出席签字仪式的人员举杯庆贺。

(3)双方最高领导者及客方人员先退场,然后东道主再退场。

三、国外礼俗风情内容

1. 韩国的礼俗风情

韩国也称大韩民国,古称高丽。韩国历史悠久,经济发达,受儒家文化的影响很深。礼仪方面的特点是重视地位、辈分、老幼、男女之别,有敬老的传统。对待长者,谈话时要摘去墨镜,说话要用尊称,见面要先问候,同行时要让路,不能走在他们的前面。认识的人见面时,一定要相互问候,可视身份关系用点头、鞠躬、握手或拥抱等形式。

韩国有男尊女卑的讲究,进入房间时,女士不可以走在男人的前面,女士须帮助男人脱下外套,坐下时,女士要主动坐在男子的后面。不可以在男子面前高声谈论。

韩国人十分好客,招待客人往往是尽其所能,而客人应尽量多喝多吃,吃得越多越能显示感情的深厚。进韩国人家里要脱鞋,到韩国式食堂进餐也要脱鞋,因此一定要注意穿干净的袜子。袜子不干净或有破洞是失礼行为,会被人看作没有教养。入座时,宾主都要盘腿席地而坐,若是在长辈面前应跪坐在自己的脚底板上,无论是谁,绝对不能把双腿伸直或叉开,切勿用手摸脚,否则会被认为是不懂礼貌或侮辱人。吃饭时,不要随便发出声响,不宜高谈阔论。与长辈一起吃饭时,晚辈不能先动筷子,不可以用筷子对别人指指点点,用餐完毕后将筷子整齐放在餐桌上。

2. 日本的礼俗风情

日本古称大和,后来正式定名为日本国。日本人酷爱樱花,以其象征民族精神,享有"樱花之国"的美称。日本是以讲究礼貌、注重礼节而著称的国家,日本人在待人接物以及日常生活中上谦恭有礼,见面时,要互相问候致意,鞠躬礼是日本最普遍的施礼致意方式,而不一定握手;只有见到朋友才握手,有时还拥抱。男子与女士相见,只有女士主动伸手时才握手,时间不可太长也不要过分用力。一般初次见面时的鞠躬礼是30度,告别时是45度,而遇到长辈和重要交际对象时是90度,以示尊敬。妻子送丈夫、晚辈送长辈外出时,弯腰行礼至看不见其背影后才直起身。在较正式的场合,递物和接物都用双手。在国际交往时,一般行握手礼。

日本人说话常用自谦语,特别是妇女,在与人交谈时总是语气柔和、面带微笑、躬身相待。日本人善用礼貌用语,为此,在语言上还分敬体和简体两种。由于日本人等级观念很重,上下级之间、长辈与晚辈之间界限分得很清。因此,凡是对长者、上司、客人,都用敬语说话,以示尊敬;而对平辈、平级、小辈、下级,一般用简语讲话。这时,敬、简两种语体是不混合使用的。

日本人见面时,多用"您早"、"您好"、"请多关照",分手时则说"再见"、"请休息"、"晚安"、"对不起"等话语。在对人称谓上,常用"先生"、"小姐"、"夫人"等,也可在其姓氏之后加上一个"君"字,将其尊称为"某某君"。但"先生"一词往往只限于称呼教师、医生、年长者、上级或有特殊贡献的人,对一般人称"先生"会令他们处于尴尬境地。

日本人忌讳绿色,认为绿色为不详;对狐狸和獾的图案很反感,认为这两种动物图案是晦气、狡猾、贪婪的象征。忌"9"、"4"等数字,因"9"在日语中发音和"苦"相同,而"4"的发音和"死"相同。日本人忌讳三人合影,认为三人合影,中间人被夹着是不幸的预兆。他们还忌讳金眼睛的猫,认为看到这种猫要倒霉。菊花和菊花图案是皇族的象征,送人的礼品上不能使用这一图案。日本妇女忌讳问其私事。日本人使用筷子有许多禁忌,如忌讳将筷子直插饭中,不能用一双筷子依次给每个人夹、拨菜肴。

3. 英国的礼俗风情

英国的正式名称是大不列颠及北爱尔兰联合王国,有时它也被人们称为"联合王国"、"不列颠帝国"、"英伦三岛"等。"英国"是中国人对其的称呼,出自"英格兰"一词。英国的主要宗教是基督教。

在社交场合,英国人极其强调绅士风度,他们待人十分客气,"请"、"谢谢"、"对不起"、"你好"、"再见"一类礼貌用语,天天不离口。即使是家人、夫妻、至交之间,英国人也常常会使用这些礼貌用语。"女士第一"在英国比世界其他国家都明显,我们接待英国妇女时必须充分尊重她们。对英国人用表示胜利的手势"V"时,一定要注意手心对着对方,否则会招致不满。

英国人对数字除忌讳"13"外,还忌讳"3",特别忌用打火机或火柴为他们点第三支烟。一根火柴点燃第二支烟后应及时熄灭,再用第二根火柴点第三个人的烟才不算失礼。与英国人谈话,若坐着谈应避免两腿张得过宽,更不能跷起二郎腿;若站着谈话不可把手插入衣袋。忌讳当着英国人的面耳语,不能拍打肩背。英国人忌讳用人像作商品装潢,忌讳用大象图案,因为他们认为大象是蠢笨的象征。英国人讨厌孔雀,认为它是祸鸟,把孔雀开屏视为自我炫耀和吹嘘。他们忌讳送百合花,认为百合花意味着死亡。

4. 法国的礼俗风情

法国的正式名称是法兰西共和国。"法兰西"源于古代法兰克王国的国名。"艺术之邦"、"时装王国"、"葡萄之国"、"名酒之国"、"美食之国"等都是世人给予法国的美称。法国首都巴黎更是鼎鼎大名的"艺术宫殿"、"浪漫之都"、"时装之都"和"花都"。法国的主要宗教是天主教,法国近80%的人是天主教教徒,其余的人信奉基督教、犹太教或伊斯兰教。

法国人非常善于交际,即使是萍水相逢,他们也会主动与之交往,而且表现得亲切友善,一见如故。法国人天性浪漫,在人际交往中,他们爽朗热情,雄辩善谈,高谈阔论,爱开玩笑,幽默风趣,讨厌不爱讲话的人,对愁眉苦脸者难以接受。

法国人经常用的见面礼是握手。而在社交场合,有一定社会身份的人行吻手礼。少女常行屈膝礼。法国人的亲吻礼,主要是相互之间亲面颊或贴面颊。至于吻手礼,则主要限于男士在室内象征性地吻一下已婚妇女的手背,但少女的手不能吻。

5. 德国的礼俗风情

德国的正式名称是德意志联邦共和国。"德意志"在古代高德语里,其含义为"人民的国家"或"人民的土地"。在世界上德国有"经济巨人"、"欧洲的心脏"、"出口大国"、"啤酒之国"、"香肠之国"等美称。德国的主要宗教是基督教和天主教。

德国人勤勉矜持,讲究效率,崇尚理性思维,时间观念强。他们不喜欢暮气沉沉、拖拖拉拉、不守纪律和不讲卫生的坏习气。德国人讲究穿着打扮,总体风格是庄重、朴素、整洁。他们不大容易接受过分前卫的服装,不喜欢穿着过分鲜艳花哨的服装,并且对衣冠不整、服装不洁者表示难以忍受。德国人在正式场合露面时,必须穿戴整齐,一般男士穿深色的三件套西装,打领带,并穿深色的鞋袜。女士穿长过膝盖的套裙或连衣裙,并配以高统袜,化淡妆。

在公共关系活动中,德国人不仅讲效率,而且准备周详。在谈判中他们倔强好胜,表现得较为固执,难以妥协,很少让步。但他们重合同,讲信誉,对合同条文研究得极为仔细与透彻,合同一旦签订,任何对合同的更改要求都不会得到他们的理会,他们执行合同也十分严格。德国人在交谈中很讲究礼貌。他们比较看重身份,特别是看重法官、律师、医生、博士、教授一类有社会地位的头衔。对于一般的德国人,多以"先生"、"小姐"、"夫人"等称呼相称。但德国人没有被称

"阁下"的习惯。

6. 美国的礼俗风情

美国全称为美利坚合众国。美国的绰号是"山姆大叔",也有"世界霸主"、"超级大国"、"国际警察"等代称。美国人主要信奉基督教、天主教。因为美国具有特殊的发展历史,美国人一般具有性格外露、自信、热情、坦率和办事利索的性格特征。

美国人穿衣服是因场合而异,与身份无关。达官贵人去参加野餐或爬山等聚会时,一定也是着便装、球鞋。相反的,即使是清洁工人去参加正式的宴会时,也都会穿西装打领带的。所以,美国人在应邀参加应酬时,事先都一定要问清楚这个场合应该穿什么衣服。中国人需要特别注意的是,在美国,睡衣是只能在室内穿着的衣服,睡衣万万不能穿到室外去。

美国人喜欢社交,似乎与任何人都能交上朋友。与人交往时讲究礼仪,但没有过多的客套。通常相见时,一般只点头微笑,打声招呼,而不一定握手。一般也不爱用先生、太太、小姐、女士之类的称呼,而认为对关系较深的人直呼其名是一种亲切友好的表示,不喜欢称官衔,对于能反映对方成就与地位的学衔、职称,如"博士"、"教授"、"律师"、"法官"、"医生"等却乐于称呼。美国人从小就养成说话要有礼貌的习惯,在每天的日常生活中,即使与家中父母、兄弟姐妹说话,也都会使用"你好"、"请"、"对不起"及"请原谅"等客套话。

美国人通常不会问妇女(特别是中年妇女)的年龄。有教养的男士通常都会抢先一步去为女士开门,请妇女先行上下车或进出电梯。若与妇女在街上同行时,男士都会走在靠近有车辆行驶的那边,以保护同行妇女的安全。

美国人认为个人空间不可侵犯,所以与美国人相处要保持适当的距离,碰了别人要及时道歉,坐在他人身边应征得对方认可,谈话时不要距离对方过近。美国人大多喜欢用体态语表达情感,但忌讳盯视别人、冲别人伸舌头、用食指指点交往对象等体态语。

美国人忌讳"13"和"星期五"。他们不喜欢黑色,偏爱白色和黄色,喜欢蓝色和红色。崇尚白头鹰,将其敬为国鸟。在动物中,美国人最爱狗,认为狗是人类的忠实朋友。对于那些自称爱吃狗肉的人,美国人是非常厌恶的。在美国人眼里,驴代表坚强,象代表稳重,他们分别是共和党和民主党的标志。

7. 俄罗斯的礼俗风情

俄罗斯的全称是俄罗斯联邦,是联邦制的国家,首都是莫斯科。它是1991年12月以后由原来的苏维埃社会主义国家联盟中"俄罗斯苏维埃社会主义联邦共和国"更名而来,与历史上的俄罗斯既有渊源关系又有区别。俄罗斯人素来以热情、豪放、勇敢、耿直而闻名于世,是一个重礼好客的多民族国家,其礼俗兼有东西方礼仪的特点。在交际场合,俄罗斯人惯于和初次会面的人行握手礼,但对于熟悉的人,尤其是在久别重逢时,他们则大多要与对方热情拥抱。

俄罗斯人的一个古老习俗,就是喜欢用面包和盐招待客人。因为在历史上俄罗斯对盐很珍视,只有款待贵宾时才能在宴席上见到,而面包在以前则是富裕和地位的象征。通常,主人手捧面包,客人躬身接过面包,先亲吻面包,然后掰一小块撒上一点盐,品尝一下,表示感谢。这一风俗流传至今,俄罗斯人用面包和盐招待客人以示善意和友好,已成为俄罗斯人与人交往中不可缺少的环节。

俄罗斯人对颜色的好恶和东方人相似,喜爱红色,忌讳黑色;对数字,他们却和西方人一样,忌讳"13",但对"7"这个数字却情有独钟,认为它是成功、美满的预兆。拜访俄罗斯人时,送给女士的鲜花宜为单数。

俄罗斯人认为"左主凶,右主吉",因此,他们也不允许以左手接触别人,或以左手递送物品。俄罗斯人忌讳食用狗肉。忌讳的话题有:政治矛盾、经济难题、宗教矛盾、民族纠纷、苏联解体、阿富汗战争以及大国地位等问题。

第三节 增强公共关系礼仪修养的自觉性

一、自觉增强公共关系礼仪的学识修养

公共关系专业人员礼仪修养的学识基础包括礼仪的专门知识、相关学科的基础知识以及人文、自然科学的一般知识。公共关系礼仪是公共关系专业人员的外部行为表征。从礼仪规范的表现形式来看,似乎人的举手投足、表情达意全是个人的生活小节,而实际上它涉及个人与组织的形象。没有对传统文化礼仪、社会人际关系深层次的认识和理解,就不能自觉地认识公共关系礼仪的重要性,因而会做出许多违背礼仪规范的事。

1. 公共关系礼仪知识的修养

公共关系礼仪的学识修养主要是有关礼仪的基本知识修养。它包括我国古代的礼仪文化、现代的礼仪知识、公共关系礼仪的必备知识以及国外礼仪的规范和礼俗风情等。

2. 公共关系礼仪相关学科知识的修养

公共关系礼仪的相关学科涉及公共关系学、传播学、伦理学、美学、社会心理学、经济学、行为科学等基础和应用性的人文社会学科。其中,公共关系学、传播学、伦理学、美学4门相关学科的知识尤为重要,是公共关系礼仪最一般的、最常用的基础知识。

第一,公共关系学科的知识修养,主要是指公共关系学原理、公共关系实务、公共关系史以及公共关系心理学、公共关系行为学、公共关系广告、公共关系谈判、公共关系营销、公共关系语言、公共关系策划、公共关系管理等各门学科的知识。通过对这些公共关系知识的学习,可以提高公共关系理论文化素养,掌握开展公共关系的技能、技巧,增强公共关系意识。

第二,传播学知识,主要是指传播学原理、新闻学、语言学和写作、报刊、影视、网络等各方面的知识素养。通过学习,能有效地进行信息交流与沟通,运用现代传播媒介树立社会组织的形象。

第三,伦理学知识,主要是指中国的传统美德、社会公德、职业道德、社会主义道德、共产主义道德的知识。通过学习和实践锻炼,可以提高公共关系专业人员的道德修养水平,培养文明礼貌的行为习惯。

第四,美学知识,主要是指审美知识,包括文学、艺术、影视、戏剧、美术等各门学科知识。通过学习,可以提高公共关系专业人员的审美情趣、审美能力,使其能在公共关系礼仪行为中更好地提高美的文化内涵,表现美,传播美,塑造公共关系专业人员的心灵美和形象美。

3. 其他社会人文学科与自然科学知识的修养

公共关系礼仪还涉及其他社会人文学科、自然科学的知识。这些知识的广泛掌握可以使公共关系礼仪的规范和程序更加科学化、系统化、现代化。比如把握公众交往礼仪中的空间距离要涉及物理学、数学和社会统计学的知识,掌握这些学科的一般知识,能精确地确定空间接触距离,有效地规范各种礼仪行为。

二、自觉养成良好的公共关系礼仪的行为习惯

习惯是一个人行为方式的定势,是价值取向的稳定形式,是不需要经过思想和意志努力就自然地可以实现的行为方式。良好的公共关系礼仪习惯能促使公共关系专业人员上进;不良的行为习惯不仅会阻碍公共关系专业人员的自我完善,而且会损害组织的形象。

培养良好的礼仪行为习惯,要从大处着眼,小处着手,寓礼仪于行为之中。

公共关系专业人员根据职业道德的需要,可先从"您好"、"请坐"、"尊老爱幼"、"尊师重教"等这些最一般的礼仪行为做起,只要长期坚持下去,必能成为行为习惯。古语说:"千里之行,始于足下。"每个公共关系专业人员只要平时能严格要求自己,身体力行,从点点滴滴做起,坚持不懈,习惯成自然,在组织内部就会逐渐形成良好的风气,在公众的心目中就会逐渐形成良好的礼仪形象。

在培养公共关系礼仪行为习惯的过程中,应当重视发挥情感、理想追求和意志的重要作用,特别是人的自觉性、慎独精神和自控能力对良好礼仪思想品质形成的重大意义。公共关系专业人员只有养成稳定的公共关系礼仪品质,才能有高度自觉的礼仪行为习惯。

公共关系专业人员通过公共关系礼仪塑造个人和组织的外在形象美,从根本上体现组织对公众的关心、尊重和理解,也必然获得公众对组织行为的支持、信赖和合作。这种双向互动的公共关系效应一定能推动公共关系专业人员礼仪形象的不断完善与发展。

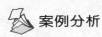

案例分析

【案例】

从事商业活动之前,必须首先了解宗教。如在回教教规中,最重要的是礼拜、献金、禁食、朝圣四项。疏忽了这些教规,就会惹出麻烦来。曾经有这样一个故事:一位颇有身份的外国商人在中国某回族聚居区完成了礼节性拜访后,坐进等候在外边的车子里。懂得阿拉伯语的司机去提冷却水了,他只能在车子里稍候片刻。他不知此时正好是在当地的禁食期间,拿出香烟就吞云吐雾起来。当地居民很快发现了有人在车子里吸烟,立刻聚集在车子周围,其中还有些人用手指着他大声呼喊。由于语言不通,他感到莫名其妙,显得一筹莫展。后来,他以为是这些人看见外国人觉得好奇,便微笑着和他们打招呼。结果,当地居民的呼喊声更大,终于一发而不可收拾。最后,还是警察前来解释之后,他才晓得当地居民是在指责他抽烟的行为,而他不明所以反倒以笑脸回报。结果,当地居民更觉受到侮辱,以致事件火上浇油,使问题变得更为复杂。

(资料来源:陈敏:《现代公共关系实务》,上海中医药大学出版社)

【探讨】

该外商的故事从哪些方面违反了礼仪原则?

思考与练习

一、思考题

1. 公共关系专业人员礼仪修养的道德要求有哪些？
2. 个人礼仪修养的内容有哪些？
3. 公共关系专业人员参加招聘面试,有哪些服饰礼仪要求？
4. 公共关系专业人员应该怎样增强公共关系礼仪修养的自觉性？

二、辨析题

现代礼仪是否就是中华民族的传统礼仪？试判断并说明理由。

第十二章
公共关系技能培训

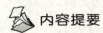 内容提要

读书是学习,实践运用也是学习,而且是一种更重要的学习。通过公共关系学课程的学习,不仅要掌握公共关系的理论知识,更重要的是培养公共关系技能和解决实际问题的技能与技巧。

 主题词

公共关系能力　公共关系技巧　培养与训练

第一节　公共关系的能力要求

一、公共关系能力的含义

开展公共关系活动,塑造组织的良好形象,实现组织的公共关系目标,不仅需要公共关系专业人员具备合理的知识结构和良好的素养,而且必须有较强的实践能力和创造能力。其中,当然包括多方面的公共关系能力。我国2000年出版的《辞海》中说,"能力是指成功地完成一种活动所必需的个性心理特征",通常是指个体在从事社会实践活动中具有的本领。人的能力可分为一般能力、特殊能力和潜在能力。一般能力是一个正常的人所具备的记忆力、观察力、抽象力、想象力等一般智力。特殊能力是指一个人在知识和技能方面所达到的一种很强的专门能力,如音乐能力、写作能力、绘画能力。潜在能力是一个人具备的、尚未被开发出来的一种能力。人的能力是在知识和素质基础上逐步发展起来的,必

须经历相当长时间、相当艰巨的学习实践过程。

公共关系能力是公共关系专业人员为顺利开展公共关系活动，实现组织的公共关系目标所必需的一种综合的专业能力。公共关系能力和公共关系活动的效果相联系。我们平时常常说的某个人能力强、某个人能力差，均是以公共关系活动的效果来对某人能力来作评价的。

在公共关系活动中，人的能力很大程度上表现为一种实际操作的具体能力，它是一种分析问题、解决问题的能力，是有客观标准的。这种标准表现在处理和解决问题的质量、数量、速度、成本上。公共关系专业人员分析问题、解决问题的质量越高、种类越多、速度越快、成本越小，则表明其公共关系能力越强。

二、公共关系能力的形成

第一，知识是能力形成的基本要素。公共关系专业人员必须具备良好的知识结构。公共关系专业人员一方面要了解公共关系的基本理论知识，如公共关系基本要素、公共关系的本质及活动规律、公共关系工作的基本程序等；另一方面要掌握公共关系的基本实务知识，如公共关系活动策划知识、公共关系礼仪知识、公共关系调研的知识等。

第二，技能是公共关系能力形成的必备条件。公共关系技能，顾名思义就是公共关系专业人员熟练运用公共关系相关技术的一种能力，是具体应用公共关系策略、方法和工具设备等科技手段解决实际问题的过程及效果。

公共关系能力和知识、技能是互相联系的。其中，公共关系知识、技能的掌握是以学习和动手操作能力为前提的，而知识、技能的掌握又会促进知识、技能学习能力与实践创新能力的提高。

第三，实践是公共关系能力形成的关键环节。公共关系知识理论和技能都是在公共关系活动实践中形成的，必须在社会实践中接受检验和得以进一步发展。公共关系专业人员的能力除了需要在课堂上和实验室中学习公共关系知识理论与技能外，还必须参加公共关系实践活动，在社会中实践、运用所学的知识。缺少实践锻炼，不仅无法深化认识和形成实际操作技能，而且不可能有什么公共关系能力可言。一句话：公共关系专业人员要使自己的能力有较快的发展和提高，没有捷径可走，只能靠自己勤奋学习，在公共关系的实践中不断探索、体验、总结。

三、公共关系的基本能力

公共关系能力根据其性质的不同可分为基本能力和专业能力。公共关系工作内容丰富而复杂，公共关系专业人员的工作职责不尽相同，对其工作能力的要

第十二章 公共关系技能训练

求也不同,但是总体看来,公共关系专业人员应具备以下几种基本能力:

1. 组织管理能力

公共关系活动的开展、公共关系目标的实现,是一个系统工程,没有良好的组织管理能力是不行的。因为在公共关系调查、公共关系策划、与公众沟通等大型活动中,无不需要社会方方面面的支持,而公共关系专业人员是活动的组织者,因此应该具备较强的组织管理能力。组织能力是公共关系专业人员从事公共关系活动的重要保证。在准备公共关系活动的时候要集思广益,制定严密的计划,深思熟虑、认真推敲;在公共关系活动开展过程中,要有条不紊地执行计划,及时地与公众沟通、协调,保证活动主题突出,上下左右平衡,步伐一致;活动结束时,要认真总结成功经验或汲取失败教训。管理能力主要包括公共关系专业人员的领导能力、执行能力、处理突发事件的能力。公共关系专业人员需要与不同的公众打交道,需要具有一定的领导能力,其中包括掌握激励的艺术、善于调动人的积极性、掌握用人的艺术、知人善任、扬长避短。执行能力是指在公共关系方案执行过程中,能够有效进行监督、检查,排除各种干扰因素,保证渠道畅通和公共关系目标的实现。处理突发事件的能力,是指当组织遭遇突发事件、出现负面消息或人心慌乱的时候,能够临危不乱,当机立断,公布事实真相,机智巧妙地引导舆论,扭转不利局面,转危为安。这种管理能力常常被称为公共关系的危机管理能力。

2. 观察分析能力

公共关系专业人员要具备敏锐的观察能力,必须深入第一线,对公众的态度、意向进行调查研究,把握公众的最新动态,以便"有的放矢"地开展公共关系工作。在公共关系活动中,公共关系专业人员可以从平常的报刊、电视网络新闻中、在枯燥的数字资料中收集有用信息,把握公众变化的方向和变化的速度,从而更早地发现问题、解决问题,为组织的发展争取主动,抢占先机。

公共关系观察能力提高的一个重要途径是坚持不懈地考察目标对象,即经历对特定对象、特定现象或人和事物有计划、有目的的观察过程。这种观察常常和积极的思维相结合,它不仅要用好各种感觉器官,而且要积极开动人的脑筋,调动已有的知识经验来对事物作出准确的判断。

公共关系专业人员每天面对大量的信息,还应该学会筛选、编排,即对原始的信息进行分门别类的整理和综合分析。分析是在头脑中把事物分解成各个属性、部分、方面来加以认识。综合是在头脑中把事物的各个属性、部分融汇起来认识其整体。在公共关系的实践中,只有在分析的基础上对客观事物进行综合,才能更接近事物的本质,才能找到公共关系工作的方向,才能找到实现目标的路径和方法。

3. 语言表达能力

语言是人类思想交流的工具。公共关系专业人员不仅要善于做事,而且要善于"讲话",即具有一定的表达能力。表达能力是运用书面语言、口头语言、形体语言将自己的观点、要求、意见准确传递给他人的一种能力。

(1)书面语言。文字是记录和传达语言的书写符号,能够在更大的时空中、更长的时间内进行交流。人类有了书面语言,人类的文明成果才能得以保存和延续。对于公共关系专业人员来说,要和公众进行交流、传递组织的信息,就必须具有驾驭文字的能力。

在公共关系活动中,公共关系专业人员要写许多公文、新闻稿、通讯报道、调查报告、演讲稿和公共关系广告、公共关系活动方案、工作总结等,这些都需要公共关系专业人员具有较高的文字表达能力,能够熟练地进行公共关系相关应用文的写作,给人以清新、亲切、生动之感。

(2)口语表达。公共关系是一门与人打交道的艺术,除了用书面语言与公众进行交流之外,更多的是直接与公众面对面地交流,如谈话、演讲等,其口头表达能力如何,不仅会影响到发言宣传的效果,而且会直接影响组织与公众沟通的效果。因此,公共关系专业人员在语言表达时,要吐字清晰,能说一口流利、标准的普通话;在说话的态度上,要坦率、热情、大方;在说话的内容上,要准确、精练、得体。戴尔·卡内基说过:"一个说话得人心的人,人家对他能力的评价,往往超过他真正的才华。"

(3)形体语言。在公共关系活动中,除了使用口语、文字,常常要以非语言符号进行交流。形体语言是通过人的形体动作、脸部表情、空间距离等来传递感情、交流信息的。形体语言的表达在公共关系工作中的作用是有声语言和文字无法替代的,它在具体的场合传递出来的信息和情感极其丰富,常常是于细微处见精神。公共关系专业人员要精心研究人的形体语言,善于从交往对象的某种细微表情和形体动作来了解对方内心的真实感受。同时要注意在特定的语境下用自己的形体语言把一些口头语言和文字不能表达的信息准确地传递给交往对象。

公共关系专业人员的书面语言、口语表达、形体语言能力是相互联系、相互补充的。在实际的工作中,应该根据具体的文化背景加以综合运用,以增强语言的表现力。

4. 心理承受能力

在开展公共关系活动中,由于公共关系涉及面广,经常会遇到各种各样的困难,如公众的误解、组织的重大失误及其面临的信任危机等。这些都需要公共关系专业人员在心理上具有较强的承受力和忍耐力,以开朗的性格、坚强的意志来适应复杂的环境,完成艰巨的工作任务。

在现实生活中,人的心理承受力是存在较大差别的,同样是挫折,有的人把痛苦和不幸作为人生道路上一种宝贵的财富,吸取教训、克服困难,最后取得成功;有的人却因为一次失败便认为自己无能而产生挫折感,继而自我封闭、不思进取。人的心理承受能力的差异归纳起来有生理和心理方面的原因。在生理方面,与人的神经类型的体质状况有关。神经系统属强型的、体质好的人比神经系统属弱型的、体质差的人具有更高的耐受力。在心理方面,意志坚强、自制力强、性格外向的人心理承受能力便强。

虽然人的心理承受能力天生具有一些差异,但是只要后天主观努力,经过专业的训练,人的心理承受力是能改善和提高的。在繁忙的工作中,公共关系专业人员要坚持提高自己的心理承受能力。

第一,要保持一种自信、乐观的情绪。在困难面前,尤其在强大的压力面前,要相信自己的能力,对未来充满信心。即无论成功与失败都应始终保持一种积极的心态,善于自我调节。事实证明:积极的心态常能带来成功,消极的心态往往带来的是失败。

第二,拥有宽容的心态。公共关系专业人员要不断地接受新的事物、新的观念、新的知识。要善于接纳与自己性格不同、意见不同、工作风格不同的同事,做到"和而不同"或"异中求同"。

第三,改变不合理的认识。在当代心理学的领域中有一种 ABC 理论。在该理论模型中,A 指诱发事件,B 指个体对诱发事件的看法即信念,C 指事发后个体情绪的行为结果。该理论认为:引起个体情绪的行为结果 C 的直接原因,不是人们习惯上以为的诱发事件 A,而是对诱发事件的信念 B,A 是引进 C 的间接原因。根据这一理论,我们可认为,挫折(相当于 A)只是引起心理障碍(相当于 C)的间接原因,而对挫折的不合理认识(相当于 B)才是引起心理障碍的直接原因。

四、公共关系职业能力

公共关系职业能力是公共关系专业人员从事公共关系活动的必要条件。马克思指出:"如果我们选择了一项我们对之没有所需要的能力的职业,那么,我们永远不能以适当的方式履行我们的职责。"一名优秀的公共关系专业人员不仅要具备与职业匹配的一般能力,而且要具备公共关系职业所必备的特殊能力。

1. 沟通能力

组织要塑造自身的良好形象,更好地为公众服务,就必须通过各种沟通、协调的手段,使组织与公众在充分进行信息交流、信息分享的基础上保持和谐的状态。沟通是组织内部成员和外部公众执行正确决策的必要条件,是实现组织目标的重要保证,是增进和谐的润滑剂。戴尔·卡内基认为:一个人的成功,约有15%取决于知识和技术,85%取决于沟通——发表自己意见的能力和给他人热忱的能力。管理心理学的有关研究表明:组织的管理者实际上70%的时间用在沟通上,组织中70%的问题是由于沟通障碍引起的。公共关系专业人员的沟通具体可分为:

(1)言语沟通和非言语沟通。言语沟通要求公共关系专业人员善听—慎说—会问。非言语沟通是通过人的形体动作、面部表情、声调、声音等来传递信息的。

(2)正式和非正式沟通。正式沟通是按照规定的指挥链或作为工作的一部分进行的沟通,是按层级进行的交流沟通,要做到上情下达、下情上传、横向交流、斜向交流。非正式沟通是指不由组织的层级结构限定的交流。非正式沟通往往发生在非正式场合,如食堂、公共汽车、家里、办公室等;交流的对象如师徒关系、朋友关系、熟人等,这种沟通可以起到正式沟通难以替代的作用,更有利于促进情感的交流。

2. 策划能力

策划能力是公共关系专业人员最为重要的一种职业能力。策划通俗地说是出主意、想办法。从管理学的角度解释就是决策谋略、规划方案、制定程序的意思。古人云:"人可以谋人,可以谋事,亦可以谋天,亦可以谋地。谋则变,不谋则不得变,谋则成,不谋则不得成。"公共关系的策划是一门充满智慧的学问,它需要策划者有一种创造性的思维作基础,能够专业策划出各种立意深刻、形式新颖的公共关系活动的方案。从一定意义上来说,公共关系策划既是一种预测又是一种决策。从预测的角度看,它要对组织未来发展的前景和遇到的问题进行科学的论证和合理的评估;从决策的角度看,是针对未来要发生的事情做当前的决策,即谋划、构思、制定方案和工作流程。

公共关系策划的目标是凸显组织的功能,构建和谐的公众关系。有了公共关系专业人员精心策划的活动方案,便有章可循,有条不紊。

公共关系专业人员的策划能力,首先表现为对客观环境分析的准确性上。只有在对组织生存的政治环境、经济环境、文化环境进行深入、准确分析基础上的公共关系方案才可能是有效的。其次表现在对组织发展前景的预见性上。公共关系专业人员要为组织的发展号准脉,才能起到定向导航的作用。再次表现在策划方案的"创意"上。好的"创意"是公共关系策划是否成功的关键,它不仅能引起关注、产生共鸣,还能产生巨大的经济效益和社会效益。

3. 创新能力

商品经济社会充满激励和竞争,"物竞天择,适者生存"。如果组织一味地模仿、继承,形成一个固定的套路,活动乏味、单调,缺乏时代感、新鲜感,将很难较好地生存与发展。公共关系专业人员的创新能力表现在根据组织的实际情况、发展目标、存在问题提出构思精巧、新颖独特的发展思路和解决方案。创新能力,要求公共关系专业人员首先具备创新性思维。这种思维具有鲜明的特点:一是思维的变通性。思维灵活多变,举一反三、触类旁通,能多角度、多方位考虑问题,不拘泥于传统和经验。二是思维的流畅性。主要表现在思维的速度和开阔的状态。思考问题的时候具有发散性思维,能从一点想到多点,具有广阔的视野。三是思维的独立性。在决策和策划时,有强烈的独立思考的意向,实事求是、解放思想,打破条条框框,不受传统观念、方法的影响。四是思维的批判性。具体表现为对权威、对传统的经验不盲从、不迷信,多问为什么,善于发现差距和不足,敢于开拓,勇于创新。古人云:学贵知疑,小疑则小进,大疑则大进。人的这种批判意识和怀疑意识越能符合实际、越深刻,设计的公共关系活动方案便越有价值。公共关系专业人员的创新能力还包括体制的创新、内容的创新、方式方法的创新、产品的创新等。

4. 应变能力

应变能力是指公共关系专业人员在开展工作时见机行事的能力。在公共关系开展活动的过程中,经常会出现一些意想不到的事件和问题。公共关系专业人员应该保持清醒的头脑和冷静的心态,具备很好的自控能力,对突然出现的情况迅速加以分析、判断,理智地分析原因,果断地采取措施,化险为夷,转危为安。公共关系专业人员的应变能力,一是来源于良好的心理素质和心理承受能力。一个成熟的公共关系专业人员越是在错综复杂的困难面前,越应该有自信心,善于化不利因素为有利因素。二是来源于平时知识和经验的积累。俗话说:冰冻三尺非一日之寒,滴水穿石非一日之功,没有平时深厚的积累和学习,很难在关键的时候急中生智,变被动为主动。三是来源于准确的观察力和判断能力。判断能力是一种辨别与断定的能力。公共关系专业人员只有对错综复杂的事物进行认真的观察,才能透过现象看到本质,作出与实际状况相符合的判断,做到"量体裁衣"、"对症下药"。要提高公共关系专业人员的应变能力,就必须用运动、发展的眼光来看待人和事,巧妙应付动态的变化,迅速地作出恰如其分的反应,采取果断的措施。

第二节 公共关系的技巧运用

技巧即高超、巧妙的技能。如:说话的技巧、绘画的技巧。公共关系技巧就是公共关系专业人员在与公众的交往过程中,为树立组织形象、实现组织目标所熟练运用的各项技能。公共关系技巧的运用是对公共关系内在规律的认识、把握,以及在此基础上将公共关系专业技术自如地用于公共关系实务的一种实践过程。

一、沟通的技巧

1. 语言沟通的技巧

(1)有声语言技巧。公共关系人际交往主要靠口语来进行。公共关系专业人员在与人交谈、发表演讲、商务谈判的各项沟通活动中,应该有很强的口语表达能力。

从语言的物理属性来看,语言要清晰明确,注意语调的抑扬顿挫,把握语音的轻重快慢,音节的长短停顿,把口语的语调、语速、语音、音节进行合理安排和优化组合,使语言产生悦耳动听的美感。

从语言表达方式来看,要适当运用一些修辞技巧,例如,比喻、拟人、双关、夸张、对比等以增加语言的生动性,使人"如闻其声,如见其人,如入其境"。

从语言的态度上看,一要尊重和理解他人,接受对方,重视对方的价值,真诚赞美对方,因为赞美比批评更能达到沟通的目的,被赞美的对象不仅会产生愉悦、自尊之心和奋进的动力,而且会形成良好的互动。二要亲切热情。俗话说:"笑语对冷言,烈火化冰雪。"如果我们在和别人交流时,能有面带微笑的表情、专注的目光、略带前倾的姿态、亲切的问候、明快的节奏,会使双方产生愉快的情感体验。三要委婉含蓄,刚柔相济。公共关系的语言效果是要追求对话双方的愉悦互动,因此说话要富于弹性,留有余地,多用商量的口吻,忌用命令式的口

第十二章 公共关系技能训练

气,但有时需要用较肯定、干脆利索的语言表达自己的意思。

从语言的风格上看,要幽默风趣。幽默本质上是一种风度、气质和文化修养,它能使双方在意见相悖的时候减少摩擦,化尴尬为自然,是缩短人和人距离的一座桥梁。

语言的技巧并非一成不变,它还应根据说话时的语境、对象的心理特点和反馈的信息,作及时的调整,使双方的交流朝着更有意义、更富建设性的方向发展。

(2)书面语言技巧。书面语言技巧就是文字表达的技巧。书面语言是在口头语言的基础上发展起来的,自从人类发明了文字后,书面语言也随即问世。书面语言扩大了语言在时空上的流传,对人类文明的发展起着重大的作用,并对口语的发展和规范产生直接而重要的影响。

书面语言在公共关系活动中主要用于公文、简报、新闻稿、演讲稿、合同协议、咨询建议、公共关系策划书、调查报告等的撰写,还常用于日常工作中的贺信、感谢信、慰问信、贺电、请柬等。

在公共关系活动中,书面语言使用时要层次清晰、结构严谨、简洁精练、通顺流畅。书面语言具有相当的严肃性,一旦成文,经双方确认,就具有法律约束作用,因此需在反复推敲、认真修改、确认无误后,方可送达。

(3)表情语言技巧。表情语言指人的脸部及眼、头、颈、嘴等各部位的动作、神色所构成的语言,能表现出丰富、复杂的内心情感世界。

脸部表情。表情是人内心思想感情的脸部外化,主要是通过脸部的肌肉运动来实现的。随着内心情感的波动,可呈现喜、怒、哀、乐多种神情。微笑被认为是人类最美的语言,它发自内心,是人际交往中最好的一张名片。脸部表情语言表达技巧非常丰富,俗话说"出门看天气,进门看脸色",与人沟通要善于察"颜"观色,破译"颜"与"色"中所透露出来的内心秘密,以使沟通更加有效。

目光语。眼睛是心灵的窗户。在公共关系交往中运用目光语传情达意时,首先,应注意目光注视的部位。近亲密注视将视线停留在对方的双眼和胸部之间的三角部位,远亲密注视将视线停留在双眼与腹部之间的三角部位,社交注视将视线停留在双眼与嘴部之间的部位。前两种适用于亲近的人,后一种适用于公共关系交往。其次,应注意目光注视的时间。与人交谈时,视线接触对方面部的时间应占谈话时间的20%～60%。超过这一平均值,表示对谈话本人比对谈话内容更感兴趣;低于这一平均值,表示对谈话内容及谈话本人均不感兴趣。长时间盯着对方或不看对方,都是不礼貌的行为。再者,还应注意目光注视的方式。凝视是集中目光看对方;环视是眼睛向前再往后有目的地扫一下,使所有人都注意到你,不觉得你在和单个人交流,新闻发布会中发言的嘉宾通常以环视来吸引公众注意、了解公众的心理反应;虚视则是似视非视,演讲就需要这种虚与实的目光交替,"实"看某一部分人,"虚"看大家,演讲要做到"目中无人,心中有人"。在公共关系活动中,以凝视和环视为宜。当进行个别交谈时应采用凝视的方式;与广大公众进行交谈时,要采取凝视与环视相结合的方式,有利于营造和谐友好的气氛,圆满实现公共关系目标。最后,交往时的眨眼次数也是需要注意的,一般情况下,每分钟眨眼 6~8 次为正常,若眨眼次数过多,表示在怀疑对方所说内容的真实性,而眨眼时间超过一秒钟就成了闭眼,表示厌恶、不感兴趣。

(4)体态语言的技巧。体态语言是指人的身体部位和动作组合表现出的具体语言含义。公共关系从业人员在与公众交流沟通时,往往会情不自禁地运用手势、动作、姿态来辅助有声语言,增加语言的表现力。例如,与人交流时身体微微前倾体姿,会使人感觉到对方乐于同自己交流。掌心向上有诚恳、开放、友善之感;掌心向内表示友好、容纳;掌心向下表示强制性和权威性。我们在生活中仔细观察可以看到:高兴时会有人手舞足蹈,冷漠时袖手旁观,尤其是开会时交叠在双腿上的一只脚不停地晃悠悠,往往表示他对会议的内容不耐烦、不感兴趣。

人的体态语言由于文化背景和风俗习惯的差异,常常是同一个动作表现出不同的含义。如中国人竖起大拇指表示赞叹,可是在欧洲有的人在公路边竖起大拇指,却表示要搭乘车。公共关系从业人员在与他人交往时,要正确解读交往对象体态语的真实含义和蕴含的情感信息,就应该了解其所在区域、国家的文化背景和风俗人情。同时,要恰当地、准确地使用自己的体态语言,以免因表达错误传递出虚假或错误的信息,造成误会。

2.情感沟通的技巧

情感沟通是组织与公众进行沟通的重要内容。正确运用情感沟通的技巧,有助于公共关系目标的实现。运用情感沟通技巧,要注意以下几点:

(1)满足情感需要。组织及其公共关系专业人员与公众进行情感沟通时,要满足公众的自尊需要、友爱需要、理解需要和表现需要,这不仅是满足公众正当的、合理的需要,也是建立良好公众关系的重要条件。

(2)注重互动效果。重视给予公众表达情感和诉求的机会,既可引导和矫正不良情绪与心境,又能促使公众主动体谅组织的困难,乐于为组织分忧解愁,正所谓"投之以桃,报之以李",有助于建立良好的合作关系。

(3)掌握有利时机。一般说来,在公众心境良好的情况下,不失时机地进行直接沟通能取得较好的效果,而当公众心境不好的时候,应待公众情绪转变后,才能进行沟通,以期取得较好的效果。另外,在体察公众激情的过程中,当公众处在愤怒、发泄的心态时,应保持头脑的冷静,以静制动,以真诚的态度进行说

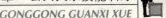

服。当公众与组织处于对立状态时,应设身处地地为公众着想。拥有积极主动的心态,即使公众处在愤怒、激动之中,最终也能与公众实现良性沟通和互相谅解。

3.信息沟通的技巧

信息沟通是组织与公众相互联系的基本形态。在公共关系活动中,无论是谈话、书信往来,还是开会、网上聊天,都有利于理顺关系,形成合力,发挥最佳的整体沟通效应。

(1)及时沟通。信息具有很强的时间性,任何信息一经公布,所有社会组织都能共享。因此,组织与内外公众及时沟通,不仅使大家共享信息。而且组织的信息越透明,越有利于公众了解组织的状况,形成向心力和吸引力,心往一处想、劲往一处使。

(2)全面沟通。组织与环境具有千丝万缕的联系,需要广泛地收集与传递组织的信息,与公众实现全面的信息沟通。

(3)双向沟通。公共关系的信息沟通是组织与公众的双向互动,不仅要把组织的信息传递给公众,而且要反馈公众对组织的意见、愿望和要求,这种双向信息沟通充分体现相互沟通的主动性、能动性与创造性。

(4)真实沟通。公共关系的信息沟通应是真实可靠的,任何片面、夸张、虚假的信息传递,都会引起公众的不满情绪和不信任,最终会损害组织的形象、危害互利共赢。

二、交往的技巧

1.称呼要使用尊称

在与公众交往时,一般都使用尊称:您好、请您、贵姓;或使用职业、职称、职务的泛称,如张医生、李教授、王处长;也可以使用李小姐、赵先生、周女士等称呼。但要注意称呼的场景与对象,特别是使用问候语时还要注意民族习惯、宗教信仰、文化差异。在与公众见面时,最好首先问候对方,以显示敬重的态度,即使对方首先问候自己,也应立刻问候对方,并表示谢忱和具体答复对方提出的问题。

2.介绍要繁简恰当

介绍一般分自我介绍和他人介绍。两种介绍的技巧各有特点。

(1)自我介绍要实事求是。自我介绍,既不要对自己评价过高,给对方留下自傲的印象；也不要过于谦虚，形成自卑的心理或导致对方产生误解、误判，而应掌握分寸，留有余地。一般不宜用"很"、"最"等溢美词。自我介绍要掌握好时间，内容要简洁，态度要大方、自然，切忌矫揉造作，同时要考虑场景、亲疏程度，特别是要考虑对方心情、情绪，针对不同公众进行不同繁简程度的介绍。

（2）他人介绍要热情大方。他人介绍要注意次序。一般的社交礼仪要求是：把年幼的介绍给年长的，把晚辈介绍给长辈，把男士介绍给女士，把没有职务的一方介绍给有职务的一方，把个人介绍给群体。而且介绍时要热情大方，介绍者可向双方打一个招呼，"我能把这位客户介绍给您吗？""我介绍你们认识好吗？"得到允许后再作介绍。介绍语言切忌刻意吹捧，要掌握分寸，介绍后不要马上离开，应稍留片刻，以引导双方交谈，待双方比较融洽后再托故离开。

3. 握手要符合礼节

正确的握手姿态是在人们介绍之后或互相问候之时，伸出自己的右手与对方右手掌心相握，彼此之间保持一步左右的距离，掌心向左前下方伸直，五指并拢，握手时间一般不宜超过3秒钟。

握手时上身略为前倾，头稍低一些，并友好地与对方目光交流，表示恭敬有礼。切忌不讲顺序、心不在焉、不摘手套、掌心向下、用力过重或过轻、时间过长、滥用双手、左手握手、交叉握手等。

在社交场合的握手顺序讲究颇多，一般而言由"尊者决定"，即由身份尊贵的人决定有无握手的必要并首先伸出手，男女之间应当由女士先伸手，长辈与晚辈之间握手应当由长辈先伸手，高职位者与低职位者之间握手应当由高职位者先伸手。握手还要注意根据场景及对方心情而区别对待。

4. 送花要懂得花语

在公共关系活动中，赠送不同的花卉，会表达不同的情感信息。

首先，花卉的色彩有不同的象征功能。比如黄花具有激发人向上的力量；蓝花带来祥和、冷静的感觉；红花是活力与精神的代表；绿花代表安全与放心；紫花代表优雅、高贵；白花带来纯洁安静的情感。

其次，不同的情景应送不同的花。当客人、亲人从远方归来的时候，应送红色的花，红花表示热烈、隆重，如木棉、红杜鹃、红牡丹。要见初恋的情人应送红蔷薇，红蔷薇是充满爱情语言的花儿。恋人接受了它，便会明白你在爱着她，在追求她。男性向女性求婚的时候，便可送一束红玫瑰作为暗示，若女方同意，可回送一束玉兰。若是新婚夫妇可送百合花、马蹄莲、郁金香，表示的含义是"百年好合"、"恩恩爱爱到白头。"

第十二章 公共关系技能训练

再次,对不同的人应送不同的花。当年轻人过生日的时候,应送石榴花、月季花、茉莉花,表示美丽鲜艳。对老人祝寿时可送龟背竹、万年青、寿星草、松柏等。

在送花的时候,应遵守一定的礼仪规则。必须送鲜花,塑料花及已枯萎的花不能送人。另外,送花应用彩色透明包装物,再系一条鲜艳的绸带,使花更加艳丽夺目。

第三节 公共关系技能的训练

公共关系学是一门应用性很强的学科,公共关系的技能不能仅是"纸上谈兵",只有经过艰苦的训练,在实践中加以运用,才能真正地把书本知识转化为一种实际运用的能力。

一、创新技能的训练

人的创造力可以通过一系列的技能训练来加以开发,它能极大地调动人的主观能动性。最早提出创造技能训练的是现代创造学的奠基人奥斯本,他提出的智力激励法,被称为世界上第一种创造技法,以后许多创造学家相继提出了一系列方法,丰富了创造技能的训练和运用。

1. 奥斯本智力激励法

通过限时的小型会议,使人相互启发,激起创造新设想的连锁反应,达到产生大量创造性设想的效果。具体的方法是:与会人数不超过 10 个,时间控制在 1 小时之内。会议目标明确,大家畅所欲言,并规定:绝不允许批评别人的设想;任何人不作判断性的结论;设想越多越好,不拘一格;不许私下交谈,干扰别人的思维;各种设想不分好坏,一律记录在案,与会人不分上下,平等相待。由于相互启发,激发灵感,效果明显。

2. 缺点列举法

由日本的贵冢喜八郎所发明,它是通过揭示对象的各种缺点,然后找出方案,达到创造发明目的的方法。具体方法是:召开限时(1~2 小时)、限员(10 人之内)的缺点列举会,发动与会者围绕主题穷尽各种缺点,然后挑出主要缺点制定改革方案。类似的方法还有希望点列举法、特性列举法等。

3. 康顿综摄法

这是美国人康顿发明的创作技法。它是指通过已知的事物,运用类比的方法达到创造发明目的的方法。具体做法是:在进行创造性活动时尽可能根据创作选题,寻找现实生活中已有的类似原理、结构、形式等,进行类推,并加以适应性改造。最常用的是仿生类比(如模拟人的手臂动作设计挖土机,模拟蜻蜓和鱼的外形设计飞机和潜艇),直接类比(如将汽车的操作系统改造后用于汽艇上)和象征类比(如在建筑设计中,以某种造型来象征一定的含义,使建筑具有诸如"庄严"、"典雅"或"艺术"等独特风格)。[1]

二、合作技能的训练

1. 美国总统的团队精神训练法

比尔·克林顿就任美国总统后所采取的第一项措施,就是对他的主要行政人员进行精神训练。在内阁会议上,克林顿请两位专家对新的内阁成员就怎样和谐相处、如何提高工作效率进行培训;这两位专家要求内阁成员带上自己的简历,并谈谈他们生活中令人振奋的经历;在星期六晚上的讨论会上,两位专家又请他们谈谈在简历中没有提到的个人重大事件。这种团队精神训练的目的是让团队成员理解自己应如何运用自己的个性特征为群体作出贡献。因为这些内阁成员以后需要靠密切合作才能解决他们面临的大量问题,所以克林顿及其内阁成员认为,他们需要互相学习,从仅仅是一群人变成合作和互助的团队。这种团队精神训练在4个月后又进行了一次。再往后,就是6个月开一次例会。

美国总统的团队精神训练方法同样可以运用到公共关系专业人员技能培训中去。[2]

2. 角色换位法

减少合作障碍的最好方法就是让团队成员有机会了解对方的工作方式。例如,可以安排某一团队的成员观察或代替另一团队成员的工作一整天;或让一团队成员面对另一团队成员所面临的问题或挑战。另一种方式是要求两名团队成员走访另一个团队,然后向大家报告他们在对方团队中的所见所闻。

---

[1] 卢家楣:《现代青年心理探索》,同济大学出版社,1989。
[2] 胡丽芳、张焕强:《团队工作实务》,海天出版社,2004。

用角色换位法去观察、体验他人的处境、心境,能增加彼此之间的了解,①对公共关系专业人员合作技能的提高起到事半功倍的作用。

3. 游戏训练法(运送"核废料")

组织 10～15 人,用一个小时的时间,在室内或室外均可,来开展运送核废料的游戏。器材是:眼罩 4 个、装水塑料器皿 1 个、橡皮筋 4 条、棉绳 10 条、一次性纸杯 1 个。在游戏中教师为每组学员分派 4 条橡皮筋、10 条棉绳、4 个眼罩,要求他们将摆在大约 4 平方米范围内的 1 杯水("核废料")在不利用其他工具的情况下运送到教师指定的地方。

参加者可商量如何利用现有工具将"核废料"运出,其中负责操作的 4 名学员必须带上眼罩才可以操作,并将"核废料"倒入 1 个塑料器皿内。在运送过程中,负责操作的学员双手不可接触"核废料",过程中任何人都不许进入 4 平方米的范围内。其他组员只可在场外提示,不可与操作者有身体接触。

合作技能的训练要培养学员的合作信任感,通过具体的行为训练,感受团队合作的力量,学会合作的技能,从而融入团队之中。②

三、沟通技能的训练

1. 倾听技能的训练

倾听能帮助听者收集所需要的、详细的信息,有助于洞察对方的内心世界,建立良好的人际关系。在训练的时候要特别注意"倾听"与"反馈"两个环节。

在训练中,可将学员分成一组(3～4 人),然后轮流当说话者(一次一人)、倾听者(一次一人)、观察者(1～2 人),每人皆需分别当过三种角色,体会每种角色的立场与感觉。三种角色的任务如下:

说话者:在 5 分钟内主动引发各种话题。

倾听者:只扮演倾听与响应的角色,不主动引发任何话题。

观察者:不介入说话者与倾听者的对话,只负责观察两人的对话情形。

事后要进行讨论。每人皆当过三种角色后,小组成员做经验分享活动,说话者与倾听者分享彼此的感受,观察者则说出观察到的情形。活动的时间需 25～30 分钟。在交流过程中,教师应当培养学生学会目光集中、点头会意、适当插问

---

① 胡丽芳、张焕强:《团队工作实务》,海天出版社,2004。
② 杨成:《经历、体验、成长》,广东人民出版社,2004。

等基本倾听能力。①

2.沟通游戏：认识你

活动安排：教师安排 8~15 人一组，整个活动时间为 10~20 分钟，活动于室内室外举办均可。

活动过程：让小组所有成员围成圆圈，双手握着只有一个绳结的橡皮筋绳。当教师发出"转"的指令时，组员把橡皮筋绳按顺时针或逆时针方向转动；当教师发出"停"的指令时，则停止转动。停止转动后，橡皮筋的绳结停留在谁的手中，则请该名组员向全体组员作自我介绍，直至教师再发出"转"的指令。所有组员自始至终双手不能离开橡皮筋，也不能双手握紧橡皮筋不放。

活动的目的是通过小组成员的互相介绍，促进交流，帮助小组成员彼此认识和了解。②

3.小队组建：设计共同的"家"

在沟通训练的时候，教师可将学生组成 8~12 人的小组，以"我们的团队，我们的家"为题，开展小队组建，地点应选择在室内。材料：准备若干的纸和笔。活动要求学员在 30 分钟之内快速组织一个小队，并完成 6 条要求。

口号：选择一句通俗易懂、朗朗上口的话作为小队的精神性口号。

队歌：选择一首小组成员耳熟能详的歌作为小队的队歌。

规章制度：(至少 6 条)作为小队行为规范的要求。

队标：画一个象征性的图案作为小队的标志。

队名：给小队起一个富有意义的、幽默风趣的名字。

造型：小队全体成员摆一个充满想象力、创造性的动作造型。

活动的要求是：人人积极参与，个个献计献策，经过充分的讨论，最后进行展示。

由此不难看出，公共关系技能的操作性特强。当然，在公共关系实践中，具体到某种公共关系活动，尽管都需要上述技能，但存在不同侧重点和不同程度的区别，亦存在不同的技能组合和不同的技能结构。

---

① 胡丽芳、张焕强：《团队工作实务》，海天出版社，2004。
② 胡丽芳、张焕强：《团队工作实务》，海天出版社，2004。

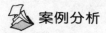
案例分析

【案例】

"小燕子"的一封信

日本奈良市郊区有一家旅馆,外部环境优美,旅馆招待客人热情,很吸引顾客。但美中不足的是每到春季,许多燕子相继飞临,在房檐下营巢安家,排泄的粪便弄脏了玻璃窗和走廊,服务员小姐擦不胜擦,旅客都有点不快。旅馆经理很爱鸟,不忍心把燕子赶走,但又没有办法把燕子粪便及时、彻底清除,很是苦恼。

一天,旅馆经理忽然想出一条妙计。他提笔写道:

女士们,先生们:

我们是刚从南方赶到这儿过春天的小燕子,没有征得主人的同意,就在这儿安了家,还要生儿育女。我们的小宝贝年幼无知,我们的习惯也不好,常常弄脏您的玻璃和走廊,致使您不愉快。我们很过意不去,请各位女士、先生多多原谅!

还有一事恳求各位女士和先生,请您千万不要埋怨服务员小姐,她们是经常打扫的,只是她们擦不胜擦。这完全是我们的过错。请您稍等一会儿,她们就来了。

您的朋友 小燕子

(资料来源:陈敏:《现代公共关系实务》,上海中医药大学出版社)

这显然是以"小燕子"的名义写的向旅客们解释、道歉的信。旅馆经理把它张贴到显眼的地方。客人们看了这封公开信,都给逗乐了。他们不仅不再提意见,而且对这家旅馆更感亲切,并留下了美好的印象。

【探讨】

1. "小燕子"的一封信,体现了经理哪些方面的能力?

2. 如果你是该旅馆的公共关系专业人员,你还能为经理处理该事件提供哪些方面的建议?

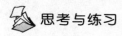
思考与练习

一、思考题

1. 公共关系的能力有哪些要求?

2. 公共关系的沟通技巧应该怎样运用?

3. 公共关系的交往技巧应该注意哪些方面？

二、辨析题

熟能生巧是否意味着在公共关系实践中多次重复同一行为就能变为熟练技巧？

第十三章

公共关系的未来发展

内容提要

在经济全球化的时代背景下,公共关系作为一门独立而蓬勃发展的行业,有着良好的发展前景。随着科学技术的发展和传播理念的不断创新,公共关系在美国、欧洲、亚洲等国家和地区有了飞速的发展。公共关系专业人员的人数正在逐年上升,公共关系教育受到了高度的重视,公共关系理论在社会实践活动中的运用更加广泛,逐步走上了规范化、完善化、系统化、科学化、国际化的道路。

主题词

新走向 新发展 中国特色公共关系

第一节 国外公共关系的新走向

作为现代公共关系起源之地,美国在公共关系的研究和实践应用等方面走在了世界的前列。多年来,不同的学者和具有理性思考的公共关系专业人员为丰富公共关系理论和实践均作出了重要的贡献。公共关系职业在社会上的广泛应用,客观上也对公共关系理论提出了新的要求,即从理论上规范化、完善化、系统化、科学化。

一、美国公共关系的新发展

在全球化时代,商品流通的国际化引起了公共关系的国际化。公共关系服务在经济竞争的战略选择中的作用就是为企业、政府营造较强的公共关系能力,它在经济竞争中起着十分重要的作用,也是国家经济实力、组织经济实力的一项重要内容。不但美国公共关系行业规模在全世界遥遥领先,与此同时,以公共关系为研究对象的公共关系学科也以极快的速度发展起来。美国公共关系新发展具体体现在:

1. 美国公共关系教育层次齐全

美国之所以能够形成如此庞大而又成熟的公共关系市场,与其普及的公共关系教育密切相关。美国是世界上最早开展高校公共关系教育的国家,也是当今高校从事公共关系研究最前沿的国家,其公共关系教育理念已在今天的全球范围内产生着重要影响。2006年11月,美国公共关系协会公共关系教育委员会最新的研究报告《21世纪公共关系教育规划报告——联结专业》,建议公共关系本科的(七项)基本课程分别为:公共关系原理(理论),公共关系案例(研讨专业实作),公共关系研究、测量与评估,公共关系法规与道德,公共关系写作与制作,公共关系策划与管理,公共关系活动、公共关系实习、其他专业选修。如果在开课上有困难,最少也要有五科以公共关系为名的课程。[1] 公共关系专业的学生需要同时具备管理者的角色以及技术者的角色,更高级别的硕士课程应该根据学生的意愿分为三种教学模式:为培养博士作准备,为就业作准备,或为培养公共关系专家作准备。[2] 根据《21世纪公共关系教育规划报告》中对教师的资格要求,理论及专业实务的老师都相当重要,教师们应该有的共识是,公共关系需要在跨学科、跨文化、全球脉络下实践。学校对教师的选择应以全职、受过学术训练的博士为主,辅以有专业经验与学术素养的兼职教师。由于兼具最高学历与丰富经验的教师实际上仅有少数,那么就需要以有博士学位的教师为教学主力,包括教授、副教授、助理教授、讲师,而拥有相当专业实务经验的兼职老师作为搭配,比如公共关系业界的CEO、高级主管、各媒体资深编辑和许多相关领域事业有成的专业人士。让本科学生在课堂上不只学到理论,更能应用所学知识和实务互相联结。而研究生层次则要求应以合格的全职博士教师进行教学,同时具有指导学生做论文及研究的能力,马里兰大学则是最佳的例子,该校教授群体以优异的研究能力闻名,包括知名的格鲁尼格教授等著名公共关系学者。到

---

[1] Turk, J. v. public relations Education for the 21th century—The professional bond[R]. NY:The Commission on Public relations education, 2006.

[2] The Report of the Commission on Public Relations Education(November 2006)Edited by Judy Van Slyke Turk, Ph. D., APR, Fellow PRSA Director, School of Mass Communications Virginia Commonwealth University P7.

目前为止，美国已经建立了完整的本科、硕士、博士公共关系教育课程体系以及公共关系各类专业培训和认证培训的教育体系，这将使更多的公共关系专业人士不断更新自己的知识，提升公共关系专业水平。

2. 美国公共关系职业专业化程度颇高

20世纪90年代是公共关系业企业传播飞速增长的年代，这样一个信息社会，因为全球互联网的发展和使用、全球传播的需求以及传播渠道的扩展，美国公共关系在传播管理、沟通管理、危机管理、企业公共关系、政府公共关系、公共利益与非营利公共关系、社会责任、新媒体冲击下的公共关系业策略调整与前景等领域，以及专业细分的市场趋势，都有了公共关系新专业业务的发展。从颁发行业资格认证书、为会员提供多种交流机会、举办各种各样的讲座和出版刊物，到为众多公共关系专业人员，尤其是小型企业或分散在各地的公共关系专业人员和独立公共关系专业人员提供公共关系业务的指导，这些措施提高了公共关系专业人员的专业技术和专业素养，也扩大了公共关系专业人员之间的交流。另外，美国公共关系协会每年还有两项名为"银钻奖"和"铜钻奖"的大奖，以此来评价全美国公共关系专业人员所取得的成绩。美国公共关系业在职业化、专业化、规范化和国际化发展方面已经遥遥领先于其他国家。

3. 美国公共关系理论研究硕果累累

20世纪80年代后，美国公共关系管理整体研究呈现上升趋势，一大批学者都对公共关系管理进行了研究，传播管理、关系管理、冲突管理、信誉管理、议题管理和危机管理"六朵金花"竞相开放，所以公共关系参与者（持筹人关系）、传播模式、整合营销传播、网络公共关系理论、危机管理、跨国公众外交等几个方面的研究取得了丰硕的成果。公共关系管理主题因受格鲁尼格公共关系理论（《卓越公共关系与传播管理》）的影响日益受到青睐而成为主要理论思潮。近30年来美国公共关系理论界的新思路、新进展、新发现主要有：

（1）公共关系理论。1984年，玛丽·佛格森在《公共关系的理论建设：跨组织关系》一文中提出："关系应该成为公共关系研究的焦点领域。"很快，她的观点被其他公共关系学者所采纳，卡特李普、森特和布鲁姆在1994年的新版《有效公共关系》一书中，将"关系"概念加入公共关系定义，由此推动了一大批学者对关系观点的应用性、合理性和有用性的研究。尤其是自1997年布鲁姆等在《公共关系研究》杂志上发表《论组织——公众关系的概念和理论》一文后，美国公共关系界即兴起一系列与"关系"相关的研究。"国际传播学会"在2000年的年会中，公共关系组就有十几篇以"关系"为主题的论文发表，研究内容涵盖概念、测量、管理、文化等。莱丁汉姆和布鲁宁甚至指称"关系管理"说俨然已经成为公共关系领域的新兴理论典范。① 以詹姆斯·格鲁尼格等人开展的"卓越公共关系与传播管理研究"的管理学派占据了美国公共关系研究的主导地位,提出了权变调适理论、关系管理理论、公众细分理论,并对国际视野下美国公共关系理论的普适性问题进行了研究。②

(2)语艺修辞学理论。美国塞雷克斯大学的托斯和休斯敦大学的希斯于1992年出版了《语艺修辞与批判视角中的公共关系》,其中的"语艺修辞学理论"是受近年来在西方兴起的传播学研究朝修辞学转向的影响产物。语艺修辞学理论认为,公共关系是一个组织话语的"修辞者",口号、标语、宣传、公共演说等所有与符号生产有关的业务都是公共关系专业人员的职责,组织形象和声誉管理更是公共关系工作的重中之重。

(3)整合营销传播理论。美国西北大学的舒尔茨等人在1993年出版的《整合营销传播》中,以"整合营销传播"理论处理"行销推广"问题,执行层面则"对所有有关产品或服务的消息来源进行整合管理,期使潜在与现行顾客采取购买行动,或继续维持其品牌忠诚度"。公共关系与营销的融合,最终使公共关系有了产业化的依托,从而进入了"大营销"时代。

(4)劝服理论。此理论带有着很强的社会心理学和政治传播学的印迹。美国东北大学的卡尔教授,为验证"口碑促销"(Buzz Marketing)的效果,跟踪研究了商家刻意利用消费者口头传播的渠道,来达到促进品牌形象建立的促销尝试。③ 美国的仇伊教授和卡麦隆博士把探究的视角放到了与健康传播有关的领域。他们首先划分出五种不同的"实力"形式:专家影响型、信息奖励型、信息强加型、广告强加型和影响力实力型;另外,还有四种不同的外围变量,分别是与媒体的私交、对于媒体的开放程度、对媒体工作的认可度、和对专业知识的自信度。研究结果表明,传播者的自我认知和自信程度以及与报道者的个人熟识程度,决定着与媒体交流的"专家"效果。④

(5)持筹人关系理论(公共关系参与者)。自从1984年富里曼教授出版了具有开创性的《战略管理:一个持筹人的视角》之后,经济管理学者和公共关系学者

---

① 陈先红:《"关系生态说"的提出及其对公共关系理论的创新》,《当代传播》2004年第3期。
② 彭泰权:《美国公共关系研究的主流学派》,暨南大学,2005。
③ Carl, W. J. (2006). What's all the buzz about? Everyday communication and the relational basis of word-of-mouth and buzz marketing practices. Management Communication Quarterly, 19, 601~634.
④ Cho, S., & Cameron, G. T. (2007). Power to the people—Health PR people that is! Public Relations Review, 33, 175~185.

都开始在此基础上共同构建一个"持筹人理论"体系。① 布迟霍兹和罗森萨尔在其研究中指出:"经济组织和其持筹人之间的关系,取决于人们如何看待企业在社会整体中的角色。"②施瓦茨科普夫通过一系列对比实验,检查了几种可能影响持筹人"风险判断"的因素。③ 这些因素包括:消费者参与议题的程度、风险出现后的潜在后果、管理层的应对模式以及消费者对风险应对程序的熟悉程度等。斯图勒等人在其研究中,将持筹人关系放到了整个社会"可持续发展"与"企业社会责任"的架构下考量。他们提出了一个"可持续发展—持筹人关系管理"(Sustainable Development-Stakeholder Relations Management)的结构模型,并强调在新的社会经济形态下,那只"看不见的手"不再只是市场的调节,还应当有企业的社会责任义务。④

(6)双向均衡传播理论。马里兰大学的格鲁尼格教授提出了"双向均衡传播"模式。他认为,从长期战略角度考量,最理想、最有效的传播模式应该是一种双向、均衡的模式;⑤也就是说,传播者和信息接收者,从起点上是完全平等的,在信息交流渠道上应当是对等的,在最终传播结果上应该是互利共赢的。

(7)网络公共关系理论。从20世纪90年代初开始,数字和电子沟通取得了迅猛的发展,也很快孕育了网络公共关系。互联网的广泛应用,导致人类在传播沟通领域经历了一场革命,网络公共关系理论也应运而生。美国学者唐·米德伯格是第一代网络公共关系专家中的典型代表。他于2001年出版了《成功的公共关系》一书,并系统阐述了自己的网络公共关系思想。他认为,"现代商业活动,包括公共关系最深层次的本质已经因为互联网的出现而发生了根本性的变化"。⑥

(8)危机公共关系理论。在1996年的一篇分析文章中,美国坦珀尔大学默菲教授认为:"一般而言,一个危机的出现,往往由一系列环环相扣的事件组成;

---

① Freeman, R. E. (1984). *Strategic Management: A Stakeholder Approach*. Pitman, Boston.

② Buchholz, R. A., & Rosenthal, S. B. (2005). Toward a contemporary conceptual framework for stakeholder theory. *Journal of Business Ethics*, 58, 146.

③ Schwarzkopf, D. (2006). Stakeholder perspectives and business risk perception. *Journal of Business Ethics*, 64, 327-342.

④ Steurer, R., Langer, M., Konrad, A., & Martinuzzi, A. (2005). Corporations, stakeholders and sustainable development I: A theoretical exploration of business - society relations. *Journal of Business Ethics*, 61, 263~281.

⑤ Grunig, J. E. (2006). Furnishing the edifice: Ongoing research on public relations as a strategic management function. *Journal of Public Relations Research*, 18, 151~176.

⑥ 胡建新:《公共关系理论在美国的历史演进及其启示》,《湖南大学学报》(社会科学版),2007年第3期。

随着时间变动,这些事件逐渐积攒能量,变得错综复杂,并迅速从秩序演变至混沌无序、甚至全面失控。正如一个混沌系统一样,在事件初始阶段,一个企业组织还可能对事件发挥一定控制和影响,但一旦超过某个升级点,任何决策者都将束手无策。"[1]2007年,东伊里诺伊大学考姆兹教授将危机应对的研究划分为"危机应对形式"和"危机应对内容"两部分。通过总结不同危机的样态及其对于利益相关者(或持筹人)的影响,其中,危机的第一种,持筹人认为企业组织对于危机负有主要责任;第二种,持筹人认为企业负有一定责任;第三种,持筹人不认为企业组织对危机负有责任,并提出一个危机管理中的"光环效应",认为一个企业组织的良好声望,会在危机出现时像"光环"一样保护其免受更深的侵害。[2]

过去的发展成果证明,以美国为根据地所孕育的公共关系理论体系,面临并呼唤着突破。20世纪90年代后,在公共关系不断重新界定自己的同时,公共关系的理论创新也是势所必然。美国公共关系研究学者在公共关系理论发展创新中,普遍认为公共关系的演变至少有四个趋势:一是大机构的增长以及他们对于公众责任的认知与公共关系传播;二是社会中利益团体不断增加的变化、冲突和对抗与公共关系渗透;三是传播技术的迅速发展和民众自我意识的提高对公共关系的期待;四是全球民主的推进与公共关系日益结合。[3] 公共关系是一门多学科相互渗透、兼容并蓄并在广泛地吸收和融合大量社会科学理论的基础上构建而成的新兴学科,其跨学科领域研究如传播管理、沟通管理、危机管理、企业公共关系、政府公共关系、生态公共关系、绿色公共关系、网络公共关系、博客广告、公共利益与非营利公共关系、新媒体冲击下的公共关系业策略调整与前景等都成为趋势。美国作为引领世界公共关系发展的主要阵地,无论从企业的市场运作,还是整个国家在全球发动的魅力攻势,都是在深化公共关系实践的同时,勾画着新的理论研究轨迹。[4]

---

[1] Murphy, P. (1996). *Chaos theory as a model for managing issues and crises.* Public Relations Review, 22(2), 95~113.
[2] Coombs, Timothy (2007). *Crisis management: A communicative approach.* In Botan C. and Hazleton, V. (Eds.), Public Relations Theory II, pp. 171~197. Mahwah, NJ: Lawrence Erlbaum.
[3] 黄孟芳:《美国当代公共关系理论发展研究》,《新闻界》,2009年第6期。
[4] 吴旭:《国际前沿公关理论扫描》,人民论坛网,2010。

二、现代公共关系在欧洲和日本的发展状况

1. 欧洲公共关系的发展

20世纪四五十年代,欧洲的几个主要资本主义国家都先后组织了全国性的公共关系组织,其中最大的是1948年在伦敦成立的英国公共关系协会CIPR(the Chartered Institute of Public Relations)。它是欧洲最发达的公关机构,也是欧洲公认的公共关系权威机构,仅次于美国,在全球排名第二。目前,英国已有超过48000人在公共关系行业工作。英国公共关系协会的作用是:推进该机构成员的专业兴趣,使他们的工作做得更成功;为了公众利益而促进技能、知识、能力、实践和专业行为标准的提高;推动学习、研究公共关系的实践和发展;在鼓励促进沟通和增进所有企业行为道德的方面,有效地使公众了解公共关系的贡献;为公众及行业专业中涉及公共利益的关系提供咨询,代表该机构的成员和行业的利益。英国公共关系协会负责英国公共关系业的高层决策,通过一系列的公共关系行业行为,引领会员共同促进整个公共关系业发展,为公共关系业完善各种制度,代表其成员通过行业行为准则,制定了公共关系行业的政策。英国公共关系协会通过教育培训来提升整个行业的各种标准。

1959年,在比利时成立了由比利时、英国、希腊、荷兰、前联邦德国等国参加的欧洲公共关系联盟(CEPR),它是目前欧洲公共关系组织的中心,旨在努力协调各国公共关系协会的活动,以达到专业的原则,符合职业道德和实践的协议。2004年欧洲公共关系联盟为了加强学生联合会成员的沟通,欧洲联盟的学生公共关系成为该组织公共关系发展最重要的元素。可以看出,欧洲公共关系的实践已经走过了漫长的道路,协会和社团的成立,以促进其成员的专业发展为目的,有助于实现作为一种公共关系职业的专业标杆。公共关系协会成为职业化发展的催化剂,它们为整个欧洲发展卓越的公共关系专业知识和持续公共关系专业发展计划提供了有力的支持和保障。

2. 日本公共关系的发展

公共关系作为一种独立的行业在亚洲也得到了迅速发展。公共关系在"二战"结束后开始从真正意义上进入了日本。当时主要是通过GHO(驻日联合国军总司令部)的推广、证券市场民营化大潮、经济团体的推动、电通公司的介绍等渠道进入了日本。20世纪90年代,日本高度膨胀的泡沫经济开始破灭,日本经济开始进入长期的低迷阶段。企业高层在长达十几年的低迷经济当中才开始意识到企业品牌、企业社会责任等问题,并开始重视树立企业形象的企业公共关

系。进入 21 世纪,经济全球化和 IT 革命的发展给企业和社会关系带来了巨大变化。危机管理、行业自律、CSR(企业社会责任)、IR(财经公共关系)、企业内部沟通、集团经营、全球发展等一系列经营上的问题给公共关系提供了发挥重要作用的平台,双向沟通的方式也得到了认同。以日本电通公司为例,公司有长期客户,服务内容除了媒体公共关系、活动、制作物、调查等传统内容之外,国外公共关系业务发展等的需求量增加显著。公共关系在日本也属于一个正在发展的行业,并且有比较大的市场潜力。[1]

第二节 中国公共关系的新发展

一、中国公共关系的发展状况

1. 台湾、香港地区的公共关系

(1)台湾公共关系的发展。早在 20 世纪 60 年代,台湾公共关系学术与实务就起步了,此时发展的主轴为政府及公营机关。90 年代后,由于新的公共关系公司陆续开设,公共关系热潮持续加温,不仅公共关系公司数量增长,公共关系服务的专业度也有大幅的提升。除了举办与媒体有关的操作与活动之外,议题管理、危机管理等策略面的操作亦逐渐成熟,公共关系凸显专业顾问的功能。近年来,台湾的公共关系专业组织也比较活跃,台湾公共关系管理学会就是其中之一。该组织是以发展公共关系管理理论与实务研究为任务的非营利学术团体,它致力于推动国际产学合作及国际事务参与,并以发展公共关系管理理论与实务研究、促进国际产学合作及交流活动、培训各领域公共关系管理人才和推动公共关系管理专业认证制度为宗旨。[2]

(2)香港公共关系的发展。香港的公共关系专业组织近年来发展较快。例如:香港公共关系专业人员协会成立于 1995 年 5 月 1 日,是由现职公共关系专业人员组成的非营利性专业团体。创会成员包括公营及私营机构的公共关系专业人员、公共关系公司顾问及自行开设顾问的专业人员。香港公共关系专业人员协会自成立以来一直致力于推广公共关系为专业行业,定期举行会议及论坛,

---

[1] 葛少君:《公共关系在日本》,《国际公关》2005 年第 5 期。
[2] 台湾公共关系管理学会网站 http://home.kimo.com.tw/taiwan_prma。

以达到交流意见和经验的目的。香港公共关系专业人员协会深信公共关系将在香港的经济中扮演越来越重要的角色。香港早年只有浸会大学(前身为浸会学院)和香港树仁学院提供广告、公共关系本科课程,近些年来,由于公共关系专业渐受重视,香港大学也陆续举办有关课程。浸会大学、香港中文大学还开办了传播学硕士课程,为培养公共关系、传播专业人员提供了良好的教育环境,并对公共关系全球化予以特别重视,在"公共关系及广告专题"新辟了"全球公共关系"(Global Public Relations)专题,一些大学的学生还自发成立了公共关系组织,为公关理论探讨与实践搭建了平台。与香港的其他专业教育一样,香港的公共关系教育是在沿用了西方模式的基础上,又融入了香港自身的特色,其公共关系教育课程未来将朝着致力专业经理人培训、注重整合传播教育、加强与内地合作、深耕全球地方化(Glocalization)公共关系教育、提升与业界联系及合作等几个方面发展,具有浓郁的香港"本土"公共关系特色。①

公共关系理论和实务传入我国台湾、香港地区的时间早于传入中国大陆,从区域看是沿海到内地,即现代公共关系思想和公共关系实践首先在沿海地区的服务行业开始应用,一些外资公司和广州等地的大酒店,凭借成熟的公共关系操作经验,以其独特的社会作用和作为一种新的经营思想、技术向中国内地引入了完整意义上的公共关系运作。

2. 中国大陆公共关系的新发展

(1)中国公关行业的发展。自中国加入世贸组织以来,更多的领域向国外资本开放,在这波热潮中,垂涎中国市场已久的外资公共关系公司纷纷进入,这股携带外资与全球客户的公共关系行业巨鳄们确实给本土公司带来了巨大震惊。20多年来,中国公共关系事业发展迅速,各种公共关系机构与公共关系专业人员迅速增加。2007年,我国公共关系行业年度营业额发展到了108亿元人民币,年增长率超过33%。② 这一情况,反映了中国公共关系事业的繁荣和公共关系应用层面的快速发展,各政府部门在不断追求自身的公众形象的同时,越来越多的企业更需要专业的公共关系公司为他们改善企业形象、吸引媒体报道,提高知名度,提高产品或服务的销量、提供政府公共关系以及危机公共关系服务等。2008年北京奥运会、第17届世界公共关系大会、2010年上海世博会、广州亚运会等一系列重大国际性活动也为公共关系服务提供了舞台和巨大的商机。快速增长的公共关系行业,带来了旺盛的人才需求。据劳动和社会保障部统计的数

---

① 上海外国语大学中国公共关系学术网 http://pr.shisu.edu.cn/s/19/t/50/0b/2c/info2860.htm.
② 《中国公关业2007年度调查报告》,中国公关网,http://www.chinapr.com.cn/.

字表明,在近几年的岗位需求中,公共关系行业一直都占前几位。目前,全国专业的公共关系公司超过3000家,对人才的需求正保持每年35%的增长速度。

中国公共关系市场与国际接轨的步伐大大提速,上海世博会、广州亚运会以及国家创新工程项目都成了市场热点,非典、禽流感、汶川地震、舟曲泥石流等一系列灾难性事件,客观上也为危机公共关系提供了广阔的市场。网络公共关系、博客公共关系、体验营销、城市营销、CSR等新兴服务不但带来了传播方式的更新,公共关系作为对传统传媒依赖性很大的产业,自然深受其影响,导致中国公共关系市场呈现出多元化发展的态势,市场分化、细化、深化已成定局。蓝色光标上市不但拉开了公共关系公司资本运作、业务整合的序幕,也将加剧市场的竞争,特别是人力资源方面的竞争也将更加剧烈。这是历史的机遇,中国公共关系业迎来了最佳的战略发展时期。

(2)中国公共关系教育的发展。经过二十多年的发展,在公关教育界人士的努力工作下,中国公共关系教育已经形成了全面的、立体多维的、各层次相互衔接、学历和非学历交叉并存的格局,形成了专业公共关系教育、课程公共关系教育和职业公共关系教育三个不同的类别。规范的学历教育与证书教育(国家级公共关系职业资格认证),是当今公共关系教育的主体,从社会的一般普及性的专业讲座,到面对全体大学生的基础素质课程教育;从高校的专业性的大专层次的教育,到普通的本科教育,再到高层次的研究生教育和博士层次的教育;从业界的短期职业培训到有系统的、标准化的终身职业教育等三个方面的发展,使得现阶段的公共关系教育呈现规范化、专业化和标准化的特点。

目前,全国已有近20所大学设立了公共关系专业或辅修专业,有600多所大学开设了公共关系必修课或选修课,高等院校从事公共关系学科课程教学的教师已有1000余人,中国大陆高等院校的公共关系教育已基本形成规模。中国公共关系教育进入了相对理性、平稳的发展阶段。特别是进入2000年以来,中国的公共关系教育则稳步发展。其表现为:

部分本科专业公共关系课程教育得到普及。在高校的新闻传播、管理、人文等学院,在公共卫生管理、行政管理、广告、营销旅游、文秘等专业,"公共关系学"常被设置为本科专业学位课或专业必修课。不少综合性大学还将"公共关系学"设置为全校性文科基础选修课,成为面对全体大学生的基本素质教育的一门重要课程。

公共关系专业本科教育点逐渐增多。中山大学政治与公共事务管理学院经历十几年的实践探索,为国内公共关系本科教育提供了成功的经验。东华大学、中国传媒大学、上海师范大学、上海第二工业大学、上海外国语大学、海南大学、华东师范大学、中国计量学院、浙江传媒学院等公共关系本科相继设立。据不完全统计,中国大陆已有16所普通高等院校设立本科的公共关系学专业。

公共关系专科及高职教育稳步发展。各地高校及高等技术学校为适应市场经济发展的需求,设立公共关系专业实用技术型人才,成为公共关系教育起到了有力支撑。

公共关系职业培训与职业资格认证体系逐步完善。1997年11月15日,全国公共关系职业审定委员会在京成立;1999年1月4日,国家职业资格工作委员会公共关系专业委员会成立;1999年1月25日至26日,《公关员》标准在北京通过鉴定;1999年5月,"公关员"正式列入国家职业分类大典;1999年7月21日,《公关员职业培训和鉴定教材》在北京通过国家鉴定。2000年12月3日全国公关员资格认证考试启动。当年,有6713名公共关系专业人员参加了职业资格考试,有4957名获得了初、中、高级职业资格证书,通过率达73.89%。中国大陆有了第一批持有国家劳动与社会保障部颁发的公共关系职业资格证书的公共关系专业人员。2004年,随着《公关师国家职业标准》的颁发,高层次的公共关系职业教育培训已被提到中国大陆公共关系教育的日程上来。

公共关系教师队伍专业素养稳步提高。在中国高等院校急需开展公共关系教育,急需建设一支高水平的公共关系教师队伍,并把高校公共关系教育统一、规范起来。经过十多年的不懈努力,中国高等教育学会公共关系教育专业委员会已拥有千余所高校会员理事和千余名理事,覆盖了全国31个省、市、自治区。专委会专家、学者云集,教学成绩显著,科研成果丰硕,向心力、凝聚力日益增强,成为知名度、美誉度不断提升的学术团体。专委会积极开展公共关系教育,组织《现代公共关系丛书》(一套6本)编写工作,特别是由李健荣和邱伟光教授主编的《现代公共关系》一书,作为普及公共关系知识的教材,被评定为21世纪国家级精品教材。为向更高层次发展而开展的对全国大学公共关系学科建设研究,是中国公共关系界十分关注的问题,更是一项带有奠基性的重大课题,对公共关系专业学科建设产生了深远的影响。专委会还要求公共关系教师从事公共关系教育,必须以人格育人、以人品育人、以自身高尚的情操去陶冶大学生的心灵,这不仅大大地提高了教师的水平,对高教公共关系意义重大,而且对中国公共关系事业乃至世界公共关系都有积极意义。可以看出,中国高等教育学会公共关系教育专业委员会已经在人才培养、教材建设、师资队伍的建设、公共关系知识理论运用等方面作出了较大的贡献,已成为在全国有较大影响的群众性公共关系专业学术团体。

二、中国公共关系的发展成果与发展趋势

1. 中国公共关系的研究成果

(1) 中国公共关系基础理论研究从"蓓蕾初绽"到"海纳百川"。西方公共关系理论与中国本土公共关系实践的彼此磨合、相互贯通、融为一体,经历了一个漫长的过程。中国公共关系基础理论学术研究若从 1986 年国内出版第一本公共关系著作算起,迄今已逾 24 年。国内公共关系学界早年略有些原创性的研究主要集中在对公共关系定义的探讨上,其中不乏中国化的理解。在这一过程中,中国的公共关系专家、学者进行了不懈的努力和艰苦的探索,大致形成了"形象塑造"、"传播管理"、"关系协调"三大理论学派。这三派代表人物通过翻译向国人介绍西方公共关系理论、知识,在当时对公共关系理论在中国大陆的传播发挥了重要的作用,为中国公共关系学科研究和学科教育的起步奠定了基础。尤其值得一提的是美国当代公共关系理论大师格鲁尼格教授 1996 年和 2000 年先后两次应邀来华参加中国国际公共关系大会,发表演讲并介绍卓越公共关系的课题研究成果,中国高等教育学会公共关系教育专业委员会高级顾问于里教授以老朋友和学者的双重身份,与其进行了深入的交流;郭惠民教授和廖为建教授在与其多次交流中,形成了三人的对话论文——《关于公共关系学若干基本问题的国际对话》,构成了中外公共关系学术的首轮接轨与碰撞。

国内一些学者在有了更好的对外交流条件的基础上,从国际视野的角度,提出了公共关系的"生态管理说",其代表作是纪华强教授的专著《公共关系的基本原理和实务》和陈先红教授的专著《公共关系生态论》。两位作者不约而同地在他们的公共关系研究中导入了现代生态观和生态理论,有一定的"自主创新"特征。

在中国进入全面公共关系新时代的背景下,国内一些公共关系学者力图在公共关系理论上有所突破、有所发展,在国内公共关系理论探讨方面,逐步从宏观大论转向实际应用领域、咨询策划专业领域、管理实务操作层面以及公共关系与产品品牌、企业形象、城市形象等方面,促进了中国公共关系理论研究进一步与中国具体实际相结合。郭惠民教授在《企业的公共关系与社会责任》中认为,企业公共关系的最高目标就是通过企业与社会的协调发展,促进企业的成长、社会的和谐、人类的进步。公共关系的最高境界也就是没有公共关系的痕迹,超越公共关系而实现企业社会责任全面和终极的目标。胡百精学者在《细解中国国家公关路线图》中对我国国家公共关系路线进行了梳理:以北京奥运会为节点,中国国家公共关系正从消极防御阶段过渡到积极防御阶段,进而转向相持对话

第十三章 公共关系的未来发展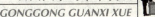

阶段。在构建国家公共关系统一战线的同时,我们要锻造国家公共关系的三种武器:媒体外交—意见领袖游说—公众人物表达。从总体上看,这一阶段的理论研究视野基本上仍集中于国内问题,研究方法基本上是传统的文献研究的方法,局限于对问题性质的分析与观点的阐述,但中国公共关系基础理论研究已经从当初的"蓓蕾初绽"进入了"海纳百川"的发展阶段。

(2)公共关系理论专题研究的"创新跨越"和"共谱新曲"。经过公共关系学者们的不懈努力和未来中国公共关系的发展,在公共关系学术领域里,中国的学者几乎与国际同步,正在探索整合传播战略、策略性传播战略、战略性公共关系管理、公共关系与品牌价值创造等公共关系学前沿理论研究课题。随着我国国际影响力的提升,中国内地公共关系研究正进入一个以"创新和跨越"为主要特征的新发展阶段。这一特征主要表现在公共关系研究在国内重大事务中的作用不断增强,高等院校、行业协会、专业公司、政府部门、企业公司正携手开展具有独立的、创新性的重大研究项目。近几年来,中国国际公共关系协会致力于公共关系研究在国家重大活动中发挥作用的努力,协会主持的"抗击非典危机管理"、北京"申奥"、上海"申博"、"国际贸易与公共关系高层论坛"等研讨活动得到国家有关部委的肯定和企业界的高度评价;中国高等教育学会公共关系教育专业委员会主持的"全国首届公共关系专业学科建设研讨会"、"高校形象建设论坛"、"高教公关礼仪文化高峰论坛"、"2010全国高校学生礼仪大赛"等,特别是将公共关系学的概念和基本范畴、公共关系的本质和规范体系等公共关系学的基础理论作为重点科研课题予以立项资助研究,对中国高教公共关系专业学科建设和高教公共关系事业的发展具有历史意义,对加速高端公共关系人才培养、尽快满足市场经济对公共关系专业人才的需求,具有重要的现实意义,并在国内外产生较大影响。复旦大学和清华大学已经进行一年多的"政府新闻发布会效果评估研究项目",从理论与实践的层面对政府公共关系发展提供实质性支持,这些都显示着我国公共关系研究正由初期的引介阐释,走向探索发展、创新研究、各行业进行实践探索共谱新曲的新阶段。

2.中国公共关系的发展趋势

当前中国公共关系45亿的年产值根本无从概括这个行业巨大的生命张力,中国公共关系年平均36%的增长率无疑是当今中国发展最快的行业,可以说公共关系已成为今日中国经济链条中不可或缺的动力环节,更是明日中国经济新干线上最不容忽视的加速器。公共关系行业的超快速发展说明,市场的需求已经领先,这无疑为公共关系的未来发展创造了更加宽松的环境,展望未来公共关系的发展将呈现如下的态势:

(1)公共关系市场国际化。随着我国改革开放进入了一个新阶段,在越来越多的外国企业将全球投资发展的中心转移到中国的同时,国内企业也走向国际市场的竞争,实现与世界的融合和发展,这预示着中国公共关系的市场也已迈入国际化的新时期。首先,更多的国际公共关系公司挺进中国市场。专业无敌的国际公共关系,凭借公共关系发源地之真传,承载多年国际市场翻云覆雨的佳话,在利益的驱动下,乘着中国加入世贸组织的东风,随跨国公司一道来中国淘金,大量的中小型国际公共关系公司已经涌入中国。其次,中资公共关系公司也不断发展壮大。深谙本土之道的国内大型公共关系公司凭借处于家门口的成本优势,最了解"关系"在中国的经营之道,并借鉴外来公共关系公司带来的成熟的运营模式和新鲜的公共关系理念,神速地占领了公共关系市场,包括微软、康柏、惠普、诺基亚和摩托罗拉的许多公共关系业务已收于中资公共关系公司的名下。最后,公共关系市场资源整合趋势明显。国际公共关系公司本土化、本土公共关系公司国际化已经成为事实。奥美公司收购西岸公司之后,市场整合趋势更加明显,嘉利公司收购博能公司开创了本地公司收购之先例,蓝色光标分拆出蓝色印象和蓝色动力,PFT传播集团整合内部资源,福莱灵克和帕格索斯结为战略联盟,国际公司和本土公司以及本土公司之间的合作力度加大,特别是中外公共关系公司合作的倾向更加明显,合资公共关系公司的增加,旨在开拓国内及中资客户在海外的业务。公共关系公司的国际化和国内公共关系业务的国际化将推动中国公共关系市场的国际化,最终促使公共关系市场不断成熟壮大。

(2)公共关系服务产业化。随着公共关系在组织中的战略地位的确立,公共关系行业将为组织提供诊断、咨询和策划等全方位的服务。在21世纪新经济时代中,公共关系活动将逐步向产业化方向发展,并与信息业、咨询业、广告业、文化业等相结合,共同构成知识产业的支柱性产业和主导性产业。首先,专业服务层次进一步提升。公共关系公司将从日常公共关系简单项目执行发展到向高层次整合策划、顾问咨询和品牌管理方面逐步转变,公共关系公司的业务操作规范更加国际化、标准化,服务水准将纳入国际统一的标准体系中。专业服务技术的研发和新型服务手段的使用,将逐步改变目前国际公共关系稳坐高端市场、本土公司只能占据中低端市场的格局。本土公共关系与国际公共关系的服务水平将逐渐趋于同质化,整个公共关系业的服务专业化水平将得到大幅度的提升。其次,专门化的公共关系公司层出不穷。针对不同行业组织的专门化公共关系公司的快速发展和类型日益增多,如金融公共关系公司、通信公共关系公司和旅游公共关系公司等这种专门化公共关系服务公司的出现,将给组织带来更为详尽到位的全方位服务。人们就像离不开法律顾问一样离不开公共关系公司,由此而生的公共关系咨询业将成为新世纪公共关系业的新的增长点,咨询业表现出来的强劲的智力劳动的价值将得到充分的尊重。最后,持证上岗的职业化趋势明显。自2000年12月以来,在全国范围内推广的公关员资格考试将不断普及和规范。随着公共关系职业的认定、公关员资格考试的规范化,中国公关职业将迈入持证上岗职业化的新时代。

(3)公共关系理论研究多元化。中国的学者们在研究公共关系基础理论的过程中,愈来愈重视思索公共关系学如何科学化、体系化和清晰化的问题,并反思公共关系的本质和探索本土化的"中国式公共关系"的理论依据所在,创新了一些理论概念,提出了一些新的理论观点。目前,许多学者已涉及卓越公共关系、大营销中的公共关系、政府公共关系、公共危机管理、议题管理、网络公共关系、生态公共关系、博客公共关系、新媒体环境下的公共关系、效果评估、整合传播等公共关系理论前沿问题研究;调查研究、内容分析、个案研究等现代研究方法逐渐被重视;现代公共关系的管理运作模式、操作性工具研究等已开始进入实务研究的领域,表现出我国公共关系理论探索研究视野的扩大,并逐渐国际化、多元化,并接近国际公共关系研究前沿。除了借鉴国外新近发展起来的科学理论外,在公共关系理论建设上,目前也取得了一些有价值的学术成果。有的学者提出适度竞争、均衡协调、持续发展、居安思危等思想,已成为中国公共关系学思想内核,我国古典文化的鲜明人文特征、天人合一的世界观、讲求和谐的辩证人生观、义利统一的伦理观等,在许多方面与现代的企业伦理观念、公共组织的社会责任理论、人的全面发展等新型管理理论,存在许多相融相通之处,这些都是非常喜人的研究成果。

(4)公共关系教育战略化。世界经济全球化和新经济的兴起,给人类的生活、学习和生产带来前所未有的机遇和挑战。同样,公共关系业面临的新问题也将是前所未有的,市场迫切需要大量的公共关系专业人才特别是复合型的公共关系专业人才。中国公共关系专业教育教学应如何迎接经济全球化这一挑战,在学科发展定位、人才培养模式、课程设置、教学内容、教学方式等方面应如何推进改革,才能快速培养出具有国际视野、懂得全球一致的业务规范和趋向统一的管理法规、能够把"国情和特点"与国际规则结合起来、能够从全球视角把握公共关系运行规律与发展趋势的一流公共关系专业人才,来适应新世纪中国公共关系发展的需要,成为一个十分现实而迫切的战略化大课题。公共关系作为一种智力产业,专业化智力劳动的价值将得到前所未有的尊重,又由于市场经济体制的发展,各类组织均已改变以往那种大而全的组织管理架构,并接受了资源稀缺的生产新观念,这势必促使组织在开展公共关系活动的时候,考虑吸纳最优秀的公共关系专业人才加盟,让组织有限的传播资源取得最大的效益。在公共关系行业发展的推动下,在规范化的高等教育的导引下,社会化的公共关系教育与培训将有增无减,全社会的普及型及提高型的公共关系教育与培训将有规模、有系统地交叉运行。各行各业会更重视全员公共关系的教育,同时,各种协会与组织主持的专门化培训会应社会专门化公共关系服务的细分市场的形成而更趋成熟,也会激活公共关系的人才市场。

(5)公共关系手段现代化。早期公共关系活动的传播手段主要是利用报纸、杂志的新闻宣传,这种单一的文字语言传播必然使公共关系的活动受到一系列的限制。随着科学技术的迅猛发展,公共关系活动的技术手段也日益现代化,广播、电影、电视的推广应用,卫星空间传播工程的兴起,电脑的广泛应用,网络手段和博客技术以及科学的调查研究方法的不断出现等,不仅扩大了公共关系活动的范围,也大大增强了公共关系活动的效果。因特网多媒体时代的到来,网络传播已经成为一种主流媒体支持着公共关系传播的开展,像电子邮件、组织形象介绍的网址、主页、网上新闻发布、网上展览、网上市场调查和网上新品推广等,使得公共关系传播的那种平等性、双向性和反馈性得到更大程度的提升,信息传播双方已成为真正意义上的交流伙伴,实现了更深层次的沟通。未来的公共关系手段将是更加数字化的手段,在高科技的服务支撑下,人类传播史上的革命还将继续并实现真正意义上的双向互动。

(6)公共关系建设和谐化。构建和谐社会给公共关系学科建设提供了良好的契机与发展方向。为增强公共关系科学理论的时代性与适应性,公共关系的目标应该定位于组织与公众关系的和谐,使公共关系目标直接与两者关系的最佳状态相结合,它将为各类公共关系职能活动提供一种战略视野,也将为公共关系学科理论体系的建设提供一种新的契机。公共关系作为协调社会关系的重要管理机制,其目的就是通过对组织社会环境关系的管理为组织创造适合其生存、发展的和谐的社会生态环境。从组织的公共关系管理视角看,公共关系的和谐是以维护社会、公众利益作为自己的最高伦理标准,追求公共利益与组织利益的和谐一致,强调组织与社会、公众利益一致性下的发展;从组织管理的公共关系实践看,公共关系强调通过人性化管理、组织的社会责任和一套行之有效的沟通机制,化解矛盾、对立和冲突,对各种错综复杂的社会关系加以全面有效的调整协调,使组织内部、组织与组织、组织与整个外部社会环境形成和谐安定、协调有序的良好关系;从学科建设角度看,它将有助于我们突破学科研究中单一的业缘群体视野,推动我们把学科研究的触角延伸到各种区域性社会实体,促使我们去研究地区公共关系活动的特点和规律,避免学科理论同实践相脱节的尴尬,增强公共关系学科的时代性与适应性。公共关系从企业公共关系、政府公共关系,发展到各行各业。高科技公共关系、时尚公共关系、环境公共关系、艺术公共关系、体育公共关系、财经公共关系及奢侈品牌公共关系等公共关系手段和技巧更为丰富多彩,从一般的新闻发布、媒介宣传及市场推广的营销公共关系,到政府关系协调、超大型活动策划等,都需要适应构建和谐社会的要求,学科理论建设必须坚持伦理道德的方向,这也是公共关系"说真话"的真谛。

第三节 中国特色公共关系的建设

公共关系作为一种外来的现代管理艺术,想要在中国这块古老的土地上生存、发展,更好地发挥其功能,为社会主义市场经济服务,就必须使其符合中国国情,具有中国特色。

公共关系在我国的发展与改革开放的历程是完全同步的。随着现代化和全球化的趋势以及跨国公司的不断发展、市场机制的不断完善、法制的不断健全、社会的不断进步,中国的公共关系哲学准则在深植于中国传统文化土壤的同时,还应该吸收符合自身需要的西方理念,只有这样,建设中国特色的公共关系才能拥有现实的土壤。中国传统儒家文化的"中庸之道"可使中国现代公共关系的理论和实践充分弘扬华夏民族文化中"关人情、重伦理、尚道义"的优秀传统,并在市场经济的有利条件下,将中国独特的文化传统、价值观念、风俗习惯以及特殊的社会心理,与公共关系的基本精神加以融合,建构出具有中华民族特色的现代公共关系体系。

一、"大概念":公共关系中国特色的建构

儒学的"崇仁、重义、隆礼"的"人和"思想体系,是中华文明史上的宝贵精神财富,经过历史长河的冲刷、荡涤,这些精华已积淀到了中国民族文化的深层内核,成为中华民族的优秀历史传统,并在中国传统文化中占主导地位。它造就了中华民族的理想人格、思维方式、价值取向、社会心理以及交往原则。传统的"人情观念"体现了中国人讲究的是"人情味"、"人之常情"。开展现代公共关系,只要保证"关系"符合法律,符合纪律、制度和标准,符合伦理规范,合理地运用"人情",有助于协调组织与公众关系,增进彼此友谊,加强合作,促进国际对外交流和联结炎黄子孙情感,发展现代经济产业。传统中庸思想的"适度"原则,为我国的经济发展创建一个安定、协调、平衡、和谐的社会环境及建设有中国特色的社会主义提供有益的借鉴。传统的儒家"义利观"价值取向提出了"重义轻利"、"见利思义"、"取利有道"的思想,重申"利"必须符合"义"的审美规范,既不反对"有利可图",但又绝不"唯利是图"。传统的"人礼规范",要求人与人相处都要互

敬、互爱、和睦、友好,要尊长、敬师、执朋、携幼等,众多方面都要讲礼,构成了以中华文化为核心的东方文化的礼仪特色。传统的"忧患意识"和"竞争意识"则体现了知己知彼,也就是要了解公众,然后透过公众的需求去了解己和彼,满足公众的需求,直至把双方的善意向公众传达。由此可见,儒学中的一些基本范畴对现代公共关系理论和原则的建构有着重大的启示和指导作用,诸如"适度竞争、均衡协调、持续发展、居安思危、贵和持中"等思想,已成为中国式公共关系的思想内核。

二、"大公关":公共关系新媒体时代的战略

"大公关"应包含大思维、大内涵、大手段。处在"大公关"时代,国家和政府的形象问题显得极为特殊和重要。从邓小平提出"韬光养晦,绝不当头"到"和平发展""走出去"的战略,都显示出了中国正迅速调整和丰富着国家发展战略。在加强软实力的背景下建构国家公共关系战略,体现在对国际机构和国际重大活动的积极参与上。例如,举办奥运会、世博会、世界杯足球赛等全球性媒介事件就是对国际机构和国际重大活动参与的最好体现,也是建构国家软实力的有效途径。而像国际性的非典、禽流感、地震、海啸等灾难的救助,也都表明了公共关系危机管理和整合传播手段大公关的必要性和有效性。中国举办2008年奥运会,既是对中国软硬实力的综合肯定,也是中国在更大范围、更广泛领域提升软实力的千载难逢的历史机遇。21世纪公共关系行业的国际化,是塑造国家精神和强化民族凝聚力的生动体现,也产生了影响非凡的公共关系效果。"大公关"适应和开创了品牌信息传播的新局面,是未来品牌传播的趋势和主流。通过对行业的深度认知、对专业的精辟解析,公共关系的视野不能只停留在低层面的运作上,而要成为部门、地区乃至国家软实力的构成。真正的公共关系战略和公共关系传播应该着眼于帮助组织改善组织与组织间(行业)、组织与政府、组织与顾客、组织与媒体、组织与供应商、组织与其他所有品牌利益方的关系。通过改善与这些相关集群的关系,实现组织经营业绩最大化。只有让组织真正理解"大公关"的本质,才能使组织真正实现他们的目标。

三、"大学科":公共关系理论研究的革新

中国公共关系20多年的发展历程中,应用于中国公共关系实践的理论多是舶来品,随着中国公共关系逐渐融入世界,中国诸多学者在深感舶来理论具体指导中国实践"水土不服"的同时,也深感只有民族的本土化的理论,才能在世界公共关系舞台上彰显自己的价值。近几年来,中国本土的公共关系研究发展势头迅猛、成果丰硕,涌现了一大批优秀的研究者和理论家,他们从中国国情出发,博

采众长,以全球视野敏锐地捕捉全球公共关系发展的最新趋势和脉络,借鉴他山之石,结合中国实践并作批判和调整,而最终为我所用,促进了中国社会的和谐与可持续发展,也取得了一些有价值的学术成果。这主要表现在重新思考公共关系的本质和探索本土化的"中国式公共关系"的理论依据所在,创新了一些理论概念,提出了一些新的理论观点。如《新媒体与公共关系研究》(陈先红、何舟主编)、《中国公共关系发展报告——蓝皮书》(孟建主编)、《2005—中国公关行业调查报告—公关蓝皮书》(No.1)(齐小华主编)、《发展公共关系学》(孔祥军著)、《公关伦理学》(熊卫平著)、《现代公共关系教程》(李健荣、邱伟光主编)等一大批公共关系理论著作就是典型代表,其中学科交融和公共关系理论创新不仅仅是公共关系学界的一种独特思考,更是在中国的本土实践和改革大背景下完成的。中国的学者对公共关系学本质的思考和专业学科的完善提出了一些全新的见解,这对公共关系更好地融入中国社会发展的历史进程,具有深远的意义。

四、"大融合":公共关系教育体系的完善

公共关系学作为一门综合性极强的边缘型、交叉型学科,其教育有许多独特之处,这主要体现在教学目的、教学方法、课程设置、师资配备、实践活动等多个方面。但从具体办学目的和任务上看,公共关系教育主要是两大部分:一是公共关系思想、公共关系理论和公共关系职业道德的教育;二是公共关系实务技能的培训。由于生源、课时、师资等限制,学历公共关系教育、非学历公共关系教育以及不同层次的公共关系教育体现在办学定位的具体目标和任务上应有不同的侧重。中国公共关系教育中存在的三个关键性问题:公共关系学科建设的不完善、公共关系教学结构失衡和公共关系教育的前瞻性与国际化尚存在很大的差距。当前的公共关系教育无法满足公共关系产业未来的发展需求。现阶段我国的公共关系学历教育存在的问题在于过于强调以知识教育为主,培养的学生大多停留在纯理论研究方面,缺乏公共关系技术与能力的实践与训练。由于公共关系专业需要相当强的动手能力,办学成本较高,声像技术传播实务课程就显得有些跟不上。一些公共关系创意、概念没有条件用影视、平面操作设备再现。目前,国内公共关系专业人员缺乏这方面的训练,因而不能真正满足专业公共关系公司在公共关系技能方面的要求。所以在公共关系专业学历教育上,在强调理论性、思想性的同时,还必须明确培养学生公共关系实务技能的重要性。目前,中国公共关系教育界也在做大量的调研,针对上述关键性问题做了讨论与实践,提出了以提高公共关系教育国际化水平为核心的一系列公共关系教育改革措施,从学科设置、培养目标、课程方案、教学方法和课外实践等五大方面进一步强化中国公共关系教育与国际公共关系教育的接轨。同时,也借鉴国外经验,通过高

校与行业协会、政府、企业等的合作引进业界资源,整合高校在学科基础教育方面的优势和实践领域的专家在高级专业课程训练方面的优势,共同打造创新型高级公共关系专业人才和合格公共关系师资的培养基地。

五、"大模式":公共关系实务操作的整合

从公共关系实务操作应用来看,当代公共关系应当构造一个多层次、多功能的运行系统,即"大模式"操作。这种操作系统能够面对市场对公共关系的各种需求,发挥整体效果,提高公共关系的适应性和有效性。具体来说,这个整体操作系统应当是公共关系调查与预测系统、公共关系创意与策划系统、公共关系组织与管理系统、公共关系评估系统、公共关系传播沟通系统、公共关系广告系统、公共关系营销系统、公共关系咨询决策系统、公共关系技术保障系统和公共关系危机应急系统等子系统构成的相互配合、协同运作的庞大而灵敏的操作模式。公共关系专业人员只有加强对行业的认知深度、对专业的解析以及对企业文化、企业精神的理解,能够理清长期规划与短期目标的分配比例与实施步骤,愿意为企业愿景共同努力并真心实意为公众利益服务,公共关系才能有效满足市场的复杂需求。

六、"大服务":公共关系沟通传播的策略

公共关系学本身就是一门通过传播沟通渠道达到社会和谐的学问。随着社会的发展,当代公共关系要为企业和社会组织提供更加广泛而有效的"大服务"来彰显传播沟通的魅力,才能保障自己的生存与发展。"大服务"是指公共关系应当为更加广泛的社会领域或行业,即所谓的"大行业"提供有效服务,扩大公共关系功能的"外延";同时,公共关系又要适应社会发展的要求,为企业和社会组织提供超前、主动和创造性的全方位式的服务,服务在前而运作其后,亦即深化公共关系功能的"内涵"。目前,有相当多的企业对公共关系意识的认识不足,有公共关系意识的企业又大部分选择自己的公共关系部做简单公共关系,而真正寻找公共关系公司的客户,又偏重于短期项目的服务。很多企业还只是把公共关系、广告、营销等服务作为自己的救急药方,解燃眉之急,因此,在新媒体时代下的品牌公共关系的新营销,特别要求专业公共关系公司在服务对象的公共关系沟通传播策略上,要趋于多元化、灵活化,通过自身的专业提升,让更多中小企业能加入公共关系的新思路上,通过全新的载体与灵活的运营,在市场上争夺企业自己的品牌话语权。公共关系活动主要还应以满足企业主的需求为目标,以市场的竞争程度与行业的发展前景为参照标的,通过互动参与向平面媒体、网络媒体以外的个性化参与主体,提供全方位的服务,即广告、公共关系、营销将在各

分支中形成一条链条,并且链条上的各个部分都要发挥效应而又相互制约,共同达成唯一目标,真正让企业主享受到公共关系专业的"大服务",达到双向沟通的双赢目标。

七、"大创意":公共关系专业技能的方向

当代公共关系公司的功能是为企业和社会组织提供专业和职业的公共关系技能服务。同以往的公共关系公司注重"形象策划"不同,当代社会的发展客观上要求公共关系公司发挥自己的专业优势,为企业和社会组织提供整体性与战略性的创意与策划。原来注重于提高企业知名度与美誉度的策略性"公共关系活动"的策划与创意,被注重企业或社会组织的社会文化生存环境的营造和整体行为方式的规划所替代。当代公共关系公司必须面对"社会文化心理导向"的"市场文化",为企业或社会组织创造新观念,营造新环境,建构新秩序、新规范,培育新市场,选择新手段,构造新模式,使其能够在公平、正义的整体社会文化环境中有序而健康地运行和发展。任何一个行业与企业的发展都离不开知识、创新与积累。真正的公共关系策划也是公共关系公司的一项重要专业技能。通过高水平的公共关系策划,可以使"酒香不怕巷子深"的企业走出老宅深巷,打出响亮的品牌,占领更广阔的市场,获得更好的经济效益和社会效益。从2008年北京奥运会、2010年上海世博会到2010年的广州亚运会的成功组织与举办,都充分展示了国际事件公共关系的大创意,不仅塑造了中国良好的国家形象与综合实力,而且有利于世界不同文化的融合,有利于进行跨文化的国际战略沟通。真正高水平的公共关系策划必须是把管理策划与营销策划紧密结合到一起。新媒体时代下的公共关系发展,呼唤真正掌握顾问、关系管理、目标管理等高级专业技能和善于进行大创意公共关系策划、组织实施的公共关系专业人才,只有这样,我国公共关系事业才能开始真正进入一个专业化、职业化的新阶段。

八、"大智业":公共关系新文化市场的培育

智业的出现是社会分工的结果,是组织职能深化的体现。公共关系是由社会关系发展需要和创意推动的,当代公共关系应当成为一种综合性的智力产业。现代公共关系行业尽管在全球范围内已有近百年的发展史,但它作为一种社会产业尚未发展到较为成熟的阶段。在新的"市场文化"带来公共关系深刻变革的时期,公共关系产业必然要适应这一发展趋势。智业难以脱离生产经营而独立存在,尤其当企业面对相对狭小的商品营销市场时,公共关系活动作为一种综合性的技术(艺术)系统能较为有效地帮助企业实现营销目标,因而公共关系实务就成为一种独特的经营管理和传播的手段。而一旦企业面对广阔而复杂的社会

文化导向的"大市场",原有的公共关系手段就难以给企业提供有效的服务。目前,公共关系企业对企业或社会组织提供策划本应是专业创新的"大智业",可是,我国在企业策划中,开始就把它降格为"徽标、礼品袋和广告"之类,企业策划被肢解,缺乏完整性和系统性。智业最终的功能是对其他产业服务提供智力成果的价值,接受者通过使用智力成果,实现智力成果的价值转移和裂变,从而获取收益。早期的公共关系策划从宣传发展而来,形成了重视对外传播的传统,这个传统也为公共关系的发展立下了汗马功劳。但知识经济时代,公共关系的灵魂就是创新。从沟通传播和整合营销以及快速掌握信息的能力来看,企业或社会组织要能够创造新观念、营造新环境、建构新秩序、培育新市场、选择新手段、构造新模式,以有效适应更加复杂的社会文化大市场的公共关系。这种公共关系实质上就是一种广义的智力产业,即"大智业"。显然,这需要加大公共关系新文化市场的培育力度,并经过一个艰难的过程。

建设中国特色的公共关系学需要通过长期的认真研究、批判吸收和自主创造,在解决中国公共关系重大实践问题的过程中,发现和提出一些重大的、经得起考验的公共关系学理论,在此基础上逐步形成有中国特色的完整的公共关系学理论体系,与此同时,也需要创造一个有利于公共关系发展的良好环境。中国公共关系的蓬勃发展不可避免,也不可阻挡,公共关系学的中国化有着令人鼓舞的和辉煌的前景。

案例分析

【案例】

北京警方成立首个省一级公安机关公共关系部门

本报讯 昨天上午,北京市公安局"公共关系领导小组办公室"正式成立,此举意味着北京将成立全国首个省一级公安机关的公共关系部门。今后,警方将开办官方微博,听取民意。

市公安局局长傅政华说,由于互联网时代的到来,人们思想活动的独立性、选择性和差异性明显增强,涉警舆论必然成为各类媒体的热点,因此,警方与社会公众、媒体、弱势群体进行公开、及时的信息交流和沟通,加强对社会公平、正义、公信度的宣传尤为重要。

北京警方将整合现有的资源,在做好常态新闻发布的基础上,通过网上开博客和微博、沟通联系意见领袖、与网民面对面交流互动、制作推广形象宣传片、设立形象大使、开办警民互动基地、推进警务公开和警营开放等方式,广泛听取社会和群众对公安工作的意见和建议,赢得群众的理解、信任和支持,避免因误解

第十三章 公共关系的未来发展

导致的矛盾和摩擦。

北京所有的户籍人口、流动人口、境外来京人员都是公安机关公共关系的服务对象,警方将通过公开的互动、公平的执法,最终实现树立首都警察的公信,达到为公众利益的服务最大化。

7月底前,北京市公安局各下属单位要建立相应的公共关系机构,同时对每名民警进行公共关系意识和形象意识的培训。

"公共关系领导小组"由北京市公安局局长傅政华担任组长,副组长和成员为副局长和政治部主任。领导小组下设的办公室成员单位则涵盖了新闻、外事、信访、网络安全等多个部门。

市公安局局长接受了记者的采访,表示"直面尖锐批评我们有心理准备"。

记者:对于警方开微博,百姓有一些保留,认为警方会报喜不报忧,或隐瞒对警方不利的消息。对此,警方有什么回应?

市公安局:警方既然选择了加强公共关系建设,说明警方正在向阳光警务、和谐警务努力。这之中不免有些问题是警方还未能完善的,但警方绝不会遮掩,将直面公众舆论。欢迎市民和媒体监督,帮助警方获得公众支持与谅解。

比如,警方已在警务用车监管方面全面向市民开放。不仅向市民公布了举报电话,还在媒体上公布了部分违规警车信息和处理办法。

记者:哪些问题适于公开、哪些不适于公开,警方判断的标准是什么?

市公安局:对于案件侦破的技术侦察手段等容易被犯罪分子利用的危害公共安全或影响社会稳定的问题,警方会慎重处理,希望市民谅解和支持。但在合适时机,警方会向社会公布市民关注的问题。

记者:对于有些网民的尖锐批评,警方如何处理?是否会有所限制?

市公安局:北京警方一直很注重网络民意,只要不是涉及国家机密、危害公共安全、严重影响案件侦破、严重妨碍社会治安、影响社会稳定的信息,我们尊重网民意见的表达。对于普通公众关注式的批评意见和尖锐问题,我们也做好了心理准备,将直面市民质疑,并会积极联系网友,定期与各界意见领袖沟通,征得理解和支持。

记者:警方以前在公共关系建设中,做出了何种努力,取得了什么效果?

市公安局:如2010年宣武5·03劫持人质案告破后(歹徒宣武街头劫持幼儿被警方当场击毙),警方第一时间主动发布事件处置过程的信息,表明了公安机关维护社会和谐稳定的决心和能力。日前,北京警方制作的巡特警拉动演练短片在网上挂出后,3日内点击量便突破26万次。

(资料来源:《京华时报》)

【探讨】

你认为北京警方成立首个省一级公安机关公共关系部门有何意义？值得推广吗？

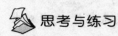 思考与练习

一、思考题

1. 中国公共关系的发展应该如何在保留自身特色的同时实现与国际的接轨？
2. 中国公共关系应如何结合中国基本国情发展创新？
3. 公共关系的发展如何与社会发展结合？
4. 在全球化时代背景下，公共关系教育如何满足社会发展的需求？

二、辨析题

目前，中国公共关系市场被国际跨国公司所占领，你认为这是中国公共关系的发展趋势吗？

参考文献

1. 于里编译:《国际公众关系原理与实务》,工商出版社,1996。
2. 李健荣、邱伟光:《现代公共关系》,人民出版社,2007。
3. 邱伟光:《公共关系》,中国财政经济出版社,2009。
4. 陈敏主编:《现代公共关系实务》,上海中医药大学出版社,2004。
5. 谭昆智、汤敏慧、劳彦儿:《公共关系策划》,清华大学出版社,2009。
6. 张雷:《公关理论精要》,高等教育出版社,2004。
7. [美]唐·米德伯格:《成功的公共关系》,机械工业出版社,2002。
8. [美]伦纳德·萨菲尔:《强势公关》,机械工业出版社,2002。
9. [美]斯科特·卡李普特、艾伦·森特、格伦·布鲁姆:《公共关系教程》,华夏出版社,2001。
10. [美]舒尔茨:《整合营销传播》,中国财政经济出版社,2005。
11. 马国柱:《素质训练》,中国社会出版社,2003。
12. 陈先红:《现代公共关系学》,高等教育出版社,2009。
13. 蒋明军、洪守义:《公共关系策划》,上海中医药大学出版社,2008。
14. 陶稀、潘清:《公共关系礼仪》,上海中医药大学出版社,2008。
15. 王群、徐强、夏文芳:《公共关系学》,上海中医药大学出版社,2008。
16. 熊源伟:《公共关系学》,安徽人民出版社,2003。
17. 李健荣、邱伟光:《高校公共关系教程》,上海中医药大学出版社,2007。
18. 李道平:《公共关系学》,高等教育出版社,2010。
19. 居延安:《公共关系学》,复旦大学出版社,2002。
20. 张云:《公关心理学》,复旦大学出版社,2010。
21. [英]萨姆·布莱克:《公共关系学新论》,复旦大学出版社,2000。

22. 廖为建:《公共关系学》,高等教育出版社,2001。
23. [美]菲利普·R·哈里斯、罗伯特·T·莫兰:《跨文化管理教程》,新华出版社,2002。

后 记

公共关系的生机与活力在于不断创新。自进入新世纪后,社会管理创新日益受到重视,公共关系对协调公众关系的功能与价值更加凸显。高校是培养人才的基地,大学生的公共关系素质直接影响到未来社会的公关发展。我们在调查高校公共关系教学现状的基础上,对教材体系、内容结构、案例选择都进行了深思熟虑的构思和设计,在每章后面都附有思考性的案例,给人以启迪,注重突出理论深度,旨在跟上经济社会和高校培养高素质创新型人才的需要,能够满足本科院校学生的专业学习和素质提高的需求。

在中国高等教育学会公共关系专业委员会理事长阎照武教授的主持和组织下,成立教材编写委员会,围绕公共关系素质设计了各章节的内容,力求反映时代特征,密切结合大学生成才需求,体现知识性、理论性、实践性、创新性较强的新一代高校本科公共关系教材。各章编写人员有:第一章阎照武,第二章贺德亮,第三章陈锦纶,第四章戚静、李军,第五章穆建刚,第六章邱伟光,第七章景庆虹,第八章赛来西·阿不都拉,第九章张宁,第十章陈小桃,第十一章王晓霞,第十二章洪守义,第十三章胡建新。在编写过程中,由主编阎照武教授、邱伟光教授对各章分别提出了指导和修改意见,并最后统一定稿。在本书编著过程中,曾经参考和引用了专家、学者的部分著述和报刊公开发表的有关资料,深受启发,在此向有关作者表示谢忱。留学美国并学成归来,最早将公众关系原理和实务技能知识译成中文读本,专门研究与讲授美国历史和文化的于里教授,在八十五岁高龄、身体多病的状态下,欣然为本书作序,令我们十分感动。此外,该书的成稿还得到安徽大学出版社的大力支持,在此一并表示感谢!

编者
2011 年 5 月